香港歷史問題

資料選評

香港歷史問題
資料選評

余繩武　劉存寬　劉蜀永　編著

責任編輯　鄭德華　姚永康
封面設計　彭若東

書　　　名	香港歷史問題資料選評
編　　　著	余繩武　劉存寬　劉蜀永
出　　　版	三聯書店 (香港) 有限公司
	香港北角英皇道499號北角工業大廈20樓
	JOINT PUBLISHING (H.K.) CO., LTD.
	20/F., North Point Industrial Building,
	499 King's Road, North Point, Hong Kong
香港發行	香港聯合書刊物流有限公司
	香港新界大埔汀麗路36號3字樓
印　　　刷	陽光印刷製本廠
	香港柴灣安業街3號6字樓
版　　　次	2008年10月香港第一版第一次印刷
	2013年7月香港第一版第二次印刷
規　　　格	特16開 (152×228mm) 392面
國際書號	ISBN 978-962-04-2454-0

© 2008 Joint Publishing (H.K.) Co., Ltd.

Published & Printed in Hong Kong

道光帝
愛新覺羅・旻寧（1782—1850）
1820—1850在位。

咸豐帝
愛新覺羅・奕詝（1831—1861）
1850—1861在位。

同治帝
愛新覺羅・載淳（1856—1875）
1861—1875在位。

光緒帝
愛新覺羅・載湉（1871—1908）
1875—1908在位。

李鴻章（1823—1901）。

葉名琛（1807—1859）。

恭親王奕訢（1833—1898）。

林則徐（1780—1850）。

關天培（1781—1841）。

巴麥尊（Henry Temple Palmerston, 1784—1865）。

克靈頓（James Hope Grant, 1808—1875）。

義律（Charles Elliot, 1801—1875）。

巴夏禮（Harry Smith Pakes, 1828—1885）。

卜力（Henry Arthur Blake, 1840—1919）。

索爾兹伯里（Salisbury Lord, 1830—1903）。

張伯倫（Chamber Lain, Joseph, 1836—1914）。

道光《廣東通志·海防略》地圖中的香港及鄰近地區。（1822）

光緒《廣東輿地圖》中的香港部分。（1896）

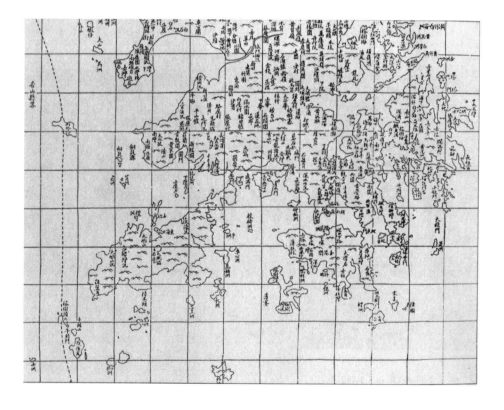

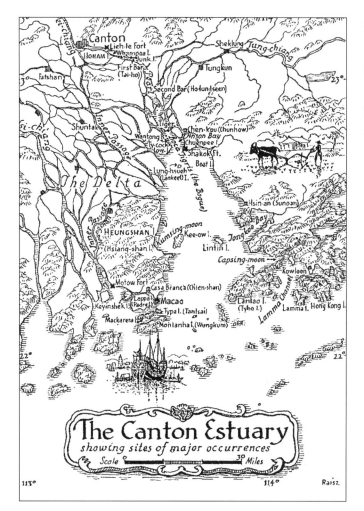

約十九世紀中期繪製的地圖，顯示英國在珠江口從事鴉片貿易的主要區域，其中包括在第一次鴉片戰爭割佔的地方。

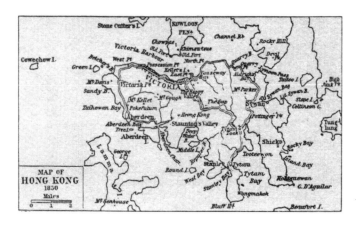

香港地圖。（1850）

No. 58.

Viscount Palmerston to Captain Elliot.

(No. 9.)

Sir, Foreign Office, May 14, 1841.

WITH reference to the Proclamation which has appeared in the newspapers of this country, issued by you to Her Majesty's subjects in China, in which you declare the island of Hong-Kong to be annexed for ever to the British dominions, I have to observe to you that no part of the territory belonging to one Sovereign can be ceded and made over to another Sovereign, except by a formal Treaty, ratified by the Sovereign by whom the cession is made; and that no subject has the power to alienate any portion of the territory of his Sovereign. Consequently, the agreement made by Ke-shen that Hong-Kong should be ceded to the British Crown, even if that agreement had been recorded in the formal shape of a Treaty, would have been of no value or force until it had been ratified by the Emperor of China. Your Proclamation was therefore entirely premature, inasmuch as it does not even appear that any formal Treaty for the cession of Hong-Kong had been signed between you and Ke-shen; and, at all events, it is certain that at the time when you issued your Proclamation, no such Treaty, even if signed by Ke-shen, had been ratified by the Emperor.

I am, &c.,

(Signed) PALMERSTON.

外相巴麥尊給義律的信，表示對其在簽約之前佔領香港島的不滿。

1899年4月16日，英軍在新界大埔舉行昇旗儀式。
這是一幅刊登於同時期雜誌上的繪畫。

前言

　　香港歷史問題，即香港地區在十九世紀中後期被英國割佔、租借的過程，不僅是中國近現代史上的重大事件，而且從世界近現代史的角度看，亦相當矚目。因為伴隨着事件的發生，絕非僅僅顯示一個古老東方帝國的衰落，一個新興殖民主義國家的野心和擴張，而且包涵着世界不同的政治制度，不同的歷史文化背景的國家在殖民主義興起時代的交往和衝突，以及殖民體系給東方社會所帶來的諸多影響。

　　由於各種原因，歷史真相為大眾認識，往往需要時間。十九世紀的香港歷史問題也是如此。

　　香港回歸祖國之前，本公司用"香港歷史問題資料選評"作為叢書總題目，於1995年出版了一套三本資料性的小冊子《割佔香港島》(余繩武編著)、《割佔九龍》(劉蜀永編著)、《租借新界》(劉存寬編著)。

　　這套叢書的三位編著者余繩武教授、劉存寬教授和劉蜀永教授都是內地著名的香港史權威學者。他們以大量的外交檔案為基礎，採用"讓文件說話"的寫作方法，使作品具有極大的可信性和說服力。這套叢書不僅有助於讀者了解香港問題形成的歷史真相，也可為讀者提供了解香港社會發展的許多有用資料，在出版十餘年後的今天看來仍然很有價值。它不僅是香港本地史學術研究必不可少的參考資料，亦可作為目前香港社會推行國民教育和通識教育的重要參考書籍。

這套叢書出版後，受到學術界和教育界的普遍歡迎，現已售罄。為方便讀者使用，我們決定將《割佔香港島》、《割佔九龍》和《租借新界》合併成一冊，重新出版。

三聯書店（香港）有限公司編輯部

2008年5月

目錄

割佔九龍...... 劉蜀永 *109-240*

編著者的話

關於"割佔香港島"

　　歷史是已消逝的往事，今人不可能回到過去的時代直接觀察和調查，而只能依憑歷史遺留的資料去認識歷史。但各種歷史文獻浩如煙海，除了專業的研究者以外，很少人有暇去仔細查閱。余繩武教授在"割佔香港島"中，試圖選錄一些有關英國侵佔香港島的基本史料，並加以必要的評論與說明，以便讀者了解這段歷史的大概。

　　英國佔領港島的經過散見於鴉片戰爭時期中英兩國的檔案資料和其他歷史記載中。中方檔案已出版的有清咸豐六年（1856年）編修的道光朝《籌辦夷務始末》，和1992年中國第一歷史檔案館整理出版的7卷本《鴉片戰爭檔案史料》，後者的內容比前者更詳盡，翻檢也比較便利。此外，中國史學會主編的中國近代史資料叢刊《鴉片戰爭》（共6冊），也有重要參考價值。英方檔案中最重要的當推英國外交部檔案（F.O.881/75A，F.O.881/75B，F.O.17等）。1992年，中國歷史學者胡濱已將F.O.881/75A和F.O.881/75B全部譯成中文，載於《英國檔案有關鴉片戰爭資料選譯》下冊。胡濱還從有關鴉片戰爭的《英國議會文書》（即《英國藍皮書》）中選譯了若干文件，收入《英國檔案有關鴉片戰爭資料選譯》上冊。英國檔案中還有一部分是中文檔，日本學者佐佐木正哉將其收入《鴉片戰爭研究 (資料篇)》和《鴉片戰爭前中英交涉文書》兩書，其中清朝官員致英方的函件是原文，英國官員致中方的函件則是當年英方自譯的。以上幾種檔案史料，構成了這本小書的資料基礎。這是需要説明的一點。

英國是通過發動鴉片戰爭奪取香港島的，佔領港島不是孤立的事件，而是鴉片戰爭全局的一個組成部分。因此，必須將香港問題置於鴉片戰爭的總背景下加以考察，才能對英國割佔港島有全面的了解。也正因如此，"割佔香港島"的內容除直接有關佔領香港一事以外，對鴉片戰爭的全局和英國侵華政策的演變，也作了適當的反映。

關於"割佔九龍"

在"割佔九龍"裏，劉蜀永教授系統論述了第二次鴉片戰爭期間英國依仗武力割佔九龍半島南部的經過。這一歷史事件的發生距今已一百四十多年，但本書提供的大量史實和歷史畫面，諸如英國文武官員怎樣挖空心思策劃佔據九龍，英軍如何渡海劫持清朝大鵬協副將，侵華英軍怎樣在九龍半島安營紮寨，英國領事巴夏禮怎樣迫簽租約，兩廣總督勞崇光如何為虎作倀，英國全權專使額爾金在簽訂《北京條約》時是怎樣的趾高氣揚，英方怎樣通過"授土儀式"炫耀"勝利"和羞辱清朝官員等等，相信仍會給讀者留下難忘的印象，使之得到深刻的啟示。"割佔九龍"主要是從政治史、外交史的角度考察歷史，但對讀者了解九龍半島歷史沿革和香港城市發展史，可能也會有一定的幫助。

根據1860年實地測量，英國割佔的這塊中國領土 (包括昂船洲在內) 面積不足8平方公里。但是，不能因此低估這次割讓產生的重大影響。這是英國對華侵略的又一重要步驟，進一步破壞了中國的領土完整，使中國方面喪失了反抗外國侵略的一個戰略要地，中國沿海地區面臨着更加嚴重的侵略威脅。從此 "香港殖民地" 的轄境擴展到中國大陸一隅，並在尖沙咀一帶建立新市區，成為與維多利亞城隔海相望的雙城。港九之間的海域變成了香港的 "內湖"。作為英國在遠東的優良轉口港和軍事基地，香港的重要性隨着九龍的被兼併而愈加提高。這在客觀上對香港的發展是有利的。但是，這種局面的出現，是以中國國土淪喪和蒙受屈辱為代價，而且當時從香港的發展中獲利的主要還是英商和英國政府，多數香港華人當時仍處於飢寒交迫、備受歧視和壓榨的境地。

"割佔九龍" 是由劉蜀永教授撰寫的《十九世紀的香港》第三章的基調發展而來，但和原書已有較大區別。首先，"割佔九龍" 使用較多篇幅和大量史料論述九龍半島在香港古代政治史、經濟史、軍事史和交通史上佔有的重要地位，比較充分地駁斥了英國軍政官員所謂九龍半島 "對中國人沒有用處" 的謬論。其次，"割佔九龍" 將有關的重要歷史文獻較完整地一一刊出，其中包括劉蜀永教授翻譯的大量英國外交部和殖民地部原始檔案，以及目擊者的回憶錄等，便於讀者深入了解歷史事件的原貌，得出客觀公正的結論。再者，編著者作為一家之言，對許多歷史文獻進行了較多的評議，與讀者磋商。例如，劉蜀永教授在香港輔政司馬撒爾關於九龍半島問題的備忘錄之後，將英國侵佔九龍的種種藉口歸納為 "香港發展需要"、"保衛香港安全需要"、"防止他國佔領"、"九龍對中國無用" 等幾點，進行了系統的批評。此外，"割佔九龍" 還對九龍半島的範圍、天地會攻佔九龍城、英國割佔 "九龍司一區" 等問題進行考訂，指出了以往的一些謬誤。

關於 "租借新界"

英國佔領中國領土香港地區，是通過相互獨立而又前後銜接的侵略三部曲來實現的：1842年迫簽中英《南京條約》，割佔香港島；1860年迫簽中英《北京條約》，割佔九龍半島南端及昂船洲；1898年，英國又參與西方列強瓜分中國、奪取在華租借地的活動，於索租威海衛之外，復迫清政府與之簽訂《展拓香港界址專條》（以下簡稱《專條》），將廣東省新安縣的大片陸地、眾多的島嶼連同廣闊的水域強行租去九十九年，將其改稱 "新界"（New Territories），正式併入英國的香港直轄殖民地（Crown colony），從而完成了對中國香港地區的領土佔領。

英國強租新界是西方列強掠奪半殖民地中國的一個典型事件，是舊殖民主義的產物，具有明顯的時代特徵，也給日後的中英關係蒙上陰影，留下許多問題。在《專條》交涉過程中及《專條》簽訂後，英方更是花樣翻新，得寸進尺，貪得無饜，致使兩國關係層波疊起，事件不斷。此後數十年間，中英兩國在《專條》性質及約文的解釋上亦每多歧異，廢除與堅持這一不平等條約，收回與固守該租借地之爭曠日持久。直至1984年《中華人民共和國政府和大不列顛及北愛爾蘭聯合王國政府關於香港問題的聯合聲明》簽字，確定中國將於1997年7月1日對包括新界在內的整個香港地區 "恢復行使主權"，這個近百年的歷史積案，方始得到解決。

英國強租新界既然是如此重要，如此內容豐富並兼具學術和現實意義的歷史事件，但奇怪的是，迄今中國大陸和香港以及英國的學術界對之卻甚少研究。在英文著作中，安德葛 (G. B. Endacott) 的《香港史》(*A History of Hong Kong*) 等書曾有所涉及，但皆略而不詳。1980年出版的史維理 (Peter Wesley Smith) 著《不平等條約 (1898－1997)：中國、英國與香港新界》(*Unequal Treaty, 1898－1997, China, Great Britain and Hong Kong*) 一書，是至今看到的有關此問題的唯一專著。本書立論尚屬公允，資料亦算豐富，但正如作者在該書〈序言〉中所云：此書的 "基本資料幾乎全是英文，主要是英國政府和香港政府的檔案"。他還滿懷期待地寫道："中文檔案無疑會增進對獲取和佔領新界問題的了解，如果能有一本中國學者的補充研究著作，那將是饒有興趣和具有重大價值的。"史維理教授上述的話，是誠懇而合理的。我們不僅需要為研究此問題挖掘盡可能多的中文檔案資料，而且要寫出中國人自己撰寫的有關此問題的專門著作。

有鑒於此，劉存寬教授自1983年起，即親赴倫敦、香港搜集有關此問題的檔案資料，並從北京中國第一歷史檔案館等處查閱有關中文案卷及資料，十年於今，已覺卷帙浩繁。編著者不敢自詡本書有何真知灼見，雖數易其稿，自知不足之處尚多。然而忠於歷史事實，確是編著者之本願，希望讀者通過 "租借新界" 能了解英國租借新界的歷史有涓埃之益。

"租借新界" 的正文是劉存寬教授在其舊著的基礎上刪繁就簡，重新加工整理而成的。為了對一些重要史實作進一步的說明、考訂和評論，增寫了 "資料與評述" 部分，幾與正文字數相垺。本書並附有插圖、參考文獻目錄、英漢人名對照表和英漢地名對照表，以備讀者參考。

割佔香港島

余繩武編著

十九世紀初之香港一角。

一　引發鴉片戰爭的諸事件與香港

　　1839 年英國對中國發動鴉片戰爭，1842 年逼簽《南京條約》，其中第三款規定割讓香港島。中國的領土香港從此淪爲英國殖民地。

　　鴉片戰爭不但就其結果來說給香港帶來深刻變化，而且從引發戰爭的一些重大事件來看，也與香港地區密切有關。

　　第一，英國之所以發動侵華戰爭，主要是爲擴大中國市場，特別是保護鴉片貿易的巨大利益。港島與九龍間的尖沙咀洋面（英國割佔香港後改稱維多利亞港），自 1821 年起即已成爲英國對華鴉片走私的據點之一；大批鴉片船每年冬季停泊在伶仃洋一帶，颱風季節移泊金星門和香港水域，從事毒品走私活動。1839 年春林則徐下令收繳鴉片時，共有二十二艘英國鴉片船停泊虎門口外，其中十六艘停泊在尖沙咀洋面，其餘六艘泊伶仃、九洲、潭仔等洋面。林則徐收繳的二萬多箱鴉片，大部分來自香港水域的鴉片船上。這些烟土並非由鴉片商人直接呈交中國政府，而是由英國駐華商務監督義律 (Charles Elliot) 代表英國政府轉交中方。這樣，他就把繳烟變成兩國政府間的問題，爲挑起侵華戰爭製造了借口。

　　第二，1839 年 7 月，在尖沙咀發生英國水手殺害中國村民林維喜的暴行。慘案發生後，林則徐要求交出兇手，由中國政府審判定罪。但義律竟拒不交兇，堅持中國法律不適用於在華英國人，並公然在停泊尖沙咀洋面的英國船上自行設立法庭，按照英國法律審訊有關人犯；事後他通知中方説，此案已"秉公審辦"，没有發現殺人兇手。這一恣意侵害中國管轄權的行徑，進一步惡化了中英關係。

第三，不僅如此，義律還多次在香港地區進行武裝挑釁。自從林則徐收繳鴉片後，一些怙惡不悛的英國鴉片販子繼續從印度運來大量新烟，在尖沙咀洋面從事走私活動。林則徐一面傳諭義律，要求速將新烟查明全繳，一面下令斷其接濟，並派師船駐守尖沙咀一帶嚴密監視。9 月 4 日，義律親率快船三隻赴九龍山强購食物，被清朝師船阻止，義律即下令向水師開火，雙方炮戰多時，英船退走。11 月上旬，義律更多次派兵攻打尖沙咀迤北官涌山梁的清軍營盤，先後接仗六次，均被清軍擊退。九龍山和官涌之戰是鴉片戰爭的兩次前哨戰，它們都是在香港地區發生的。

1. 1821 年以來英國鴉片走私船在香港水域內的頻繁活動

湖廣道監察御史馮贊勳奏摺（摘錄）

道光十一年五月二十四日

（1831 年 7 月 3 日）

溯查夷船私帶烟土來粵，從前潛聚於香山縣之澳門地方。近緣奉禁綦嚴，易於盤詰，該夷改於附近虎門之大魚山（即大嶼山——引者）洋面，另設夷船，囤積烟土，稱爲鴉片躉。並有夷目兵船，名曰護貨，同泊一處，爲之捍衛。然其貨遠在洋面，奸商不敢出洋販買，夷人亦不敢私帶入關，於是勾結土棍，以開設錢店爲名，其實暗中包售烟土，呼爲"大窰口"。如省城之十三行聯興街，多有此店，奸商到店與夷人議價立券，以憑到躉交貨，謂之"寫書"。然其貨仍在洋面，難以私帶也，則有包攬走漏之船，名曰"快蟹"。……凡由躉送貨至窰口者，皆係此船包攬。……查烟土一項，私相售賣，每年紋銀出洋不下數百萬，是以內地有用之財，而易洋人害人之物，其流毒無窮，其竭財亦無盡。

（中國第一歷史檔案館編：《鴉片戰爭檔案史料》，第 1 冊，第 85 頁）

禮科給事中黎攀鏐奏摺（摘錄）

道光十七年六月十一日

（1837 年 7 月 13 日）

緣每年各國貨船到粵，均在黃埔停泊，其地係屬內河，且必經行商出具甘結，始能進口，稽查較易。惟英吉利國有躉船十餘隻，自道光元年（1821 年）起，每年四、五月即入急水門，九月後仍回零丁洋。……由是鴉片之入口，紋銀之出口，皆恃有該躉船爲逋逃淵藪。

（《鴉片戰爭檔案史料》，第 1 冊，第 229 頁）

兩廣總督鄧廷楨致行商諭（摘錄）

道光十七年八月十九日

（1837 年 9 月 18 日）

案照本年七月初三日欽奉上諭，嚴飭洋商傳諭英吉利坐地
夷人，勒令寄泊躉船，盡行歸國，無許托故逗留等因。……延
今日久，究竟如何遵辦，並未據該總商等稟覆。且八月初六、
初十、十一、十五、十六等日，據大鵬營參將、澳門同知、香
山協縣先後稟報，磨刀外洋暨九洲沙瀝、雞頸、潭仔各洋面，
共泊躉船二十五隻，於七月二十九、三十，八月初三、初四等
日，該躉船陸續由磨刀移泊尖沙咀十九隻，由九洲沙瀝移泊尖
沙咀二隻，由雞頸移泊尖沙咀一隻。……尖沙咀在磨刀之東，
今各該夷船移向該洋寄泊，亟應禁逐。……聖諭煌煌，敢復熟
視無睹，逗留如故，豈以中華洋面為藏垢納污之區，而本部堂
控制海疆，不能執法從事耶？

（佐佐木正哉編：《鴉片戰爭前中
英交涉文書》，道光十七年文書，
第 57 件）

鴻臚寺卿黃爵滋奏摺（摘錄）

道光十八年閏四月初十日

（1838 年 6 月 2 日）

查例載：凡夷船到廣，必先取具洋商保結，其必無夾帶鴉
片，然後准其入口。爾時雖有保結，視為具文，夾帶斷不能免。
故道光三年以前，每歲漏銀數百萬兩。其初不過紈袴子弟，習
為浮靡，尚知斂戢。嗣後上自官府縉紳，下至工商優吏，以及

婦女僧尼道士，隨在吸食，置買烟具，爲市日中。……外洋來烟漸多，另有躉船載烟，不進虎門海口，停泊零丁洋中之老萬山、大嶼山等處。粵省奸商，勾通巡海兵弁，用扒龍快蟹等船，運銀出洋，運烟入口。故自道光三年至十一年，歲漏銀一千七八百萬兩。自十一年至十四年，歲漏銀二千餘萬兩。自十四年至今，漸漏至三千萬兩之多。此外福建、浙江、山東、天津各海口，合之亦數千萬兩。以中國有用之財，填海外無窮之壑，易此害人之物，漸成病國之憂，日復一日，年復一年，臣不知伊於胡底。

（《鴉片戰爭檔案史料》，第 1 冊，第 254—255 頁）

兩廣總督鄧廷楨奏摺（摘錄）

道光十八年十一月十六日

（1839 年 1 月 1 日）

查各國貨船抵粵，皆循例報驗入口，開艙起貨交易。其日久寄碇伶仃外洋者，即屬營私夷船，外間以躉船目之。蓋伶仃與老萬山以外洋面毗連，是以逐去復來，難期絕迹。嗣且假避風之名，連檣駛入金星門內洋拋泊，恣意爲奸。臣於到任後，即經設法驅逐，兩年以來不敢駛入，然仍寄泊伶仃洋，或十餘隻，或二十餘隻，每覘風勢順逆，於伶仃附近之九洲、雞頸、潭仔、尖沙咀等處洋面，徙泊靡常。該管官巡防雖密，而各洋瀰瀚無際，顧此失彼，內匪即從而偷販。此鴉片之所由滋蔓也。

（《鴉片戰爭檔案史料》，第 1 冊，第 426 頁）

欽差大臣林則徐照會（摘錄）

道光十九年八月十三日

（1839 年 9 月 20 日）

　　本大臣奉大皇帝特命來粵，斷絕鴉片根株，總要夷船全無烟土帶來，始肯歇手。前雖繳到二萬餘箱，而本年來船又多夾帶。是以義律先則求在澳門裝貨，希冀免查；迨批駁之後，即阻留各貨船，泊在尖沙咀，無非偷賣鴉片。屢次拏獲私買之漢奸，供證明確，豈可姑容。今果真心向化，願作長久正經貿易，速將各船鴉片，查明全數呈繳。……貨船既不進埔，又不回帆。尖沙咀係天朝洋面，豈可任其久泊，致將新來烟土，復行散賣，流毒無窮。

（《鴉片戰爭前中英交涉文書》，道光十九年文書，第 103 件）

2. 林維喜事件和義律破壞中國管轄權的行徑

義律致怡和洋行和顛地洋行函

1839 年 7 月 15 日於澳門

　　我很關切地通知你們：本月 7 日星期天下午，在香港錨地東面海岸的一座村莊附近，發生了一起很嚴重的騷亂；"卡納蒂克"號和"曼格洛爾"號船隻的幾名水手捲入了這場騷亂之中。這一次，一個名叫林維喜的中國人喪失了生命。……

　　我自行負責和自冒風險地提出給死者家屬一筆一千五百元

的款項，作爲對他們所受沉重損失的某些補償；另提出一筆四百元的款項，以保護他們不受附近下級官員們對這筆償金的敲榨；而且在那些蒙受損害的村民中散發一百元（那些村民中有些是年老的男人和婦女），希望平息人們……的激動情緒。

我應當補充說：死者的親屬給我送來了一封信，聲稱，他們認爲他的死亡是一個意外事故，而不是人們故意造成的。

（《英國藍皮書：關於中國的來往函件》，第154件的附件；轉引自胡濱譯：《英國檔案有關鴉片戰爭資料選譯》，上冊，第428－429頁）

林維喜之子林伏超在義律威逼利誘下所立字據

父親維喜，在於九龍貿易生意，於五月廿八日出外討賬而回，由官涌經過，被夷人身挨，失足跌地，撞石斃命。此安於天命，不關夷人之事。林伏超母子甘心向夷人哀求，幸夷人心行惻隱，幫回喪費銀些少，與伏超母子並親人等。……日後伏超母子兄弟並叔伯房親等不得生端，圖賴夷人，各表良心。恐口無憑，故立遵依一紙，與夷人收執存照。

道光十九年五月二十九日

立遵依人男林伏超

（《鴉片戰爭前中英交涉文書》，道光十九年文書，第85件）

義律致廣州知府函

1839 年 8 月 3 日於澳門

為了供廣東省城的高級官員們參考，義律請求通知廣州知府：本月 12 日星期一，他將按照英國的法律，在泊於香港錨地的一艘英國船隻上審判某些英國水手，因為他們參與了騷亂（據說在那場騷亂中當地一個名叫林維喜的中國人喪失了生命），以便對那些被證明有罪的人可以給予應得的懲罰，無辜的人則可以獲准釋放。

如果高級官員們願意命令貴官員中的任何人出席審判，義律將注意使他們受到符合他們官階的尊重。

（《英國檔案有關鴉片戰爭資料選譯》，上冊，第 438 頁）

義律致廣州知府函（摘錄）

1839 年 8 月 16 日於澳門

為了供高級官員們參考，義律榮幸地通知廣州知府：關於當地一名中國人於 7 月 7 日在香港死亡一事，他已經按照本國的法律形式進行了嚴密的調查，……現在，他嚴肅地聲明，他沒有能夠發現幹這種事情的罪犯。

（同上書，第 438 – 439 頁）

林則徐奏摺（摘錄）

道光十九年七月二十四日

（1839 年 9 月 1 日）

五月二十七日，尖沙村中有民人林維喜，被夷人酒醉行兇，棍毆斃命。訊據見證鄉鄰，僉稱係英吉利國船上夷人所毆，眾供甚為確鑿。諭令義律交出兇夷，照例辦理，將及兩月，延不肯交，臣等給與諭函，亦竟始終不接。竊思人命至重，若因英夷而廢法律，則不但無以馭他國，更何以治華民。義律肆意抗違，斷非該國王令其如此，安可聽其狂悖，而置命案於不辦，任奸究以營私，壞法養癰，臣等實所不敢。恭查嘉慶十三年，英國兵頭都路厘等在澳門違犯禁令，欽奉諭旨："即實力禁絕柴米，不准買辦食物等因，欽此。"此時義律與各奸夷均住澳門，前以裝貨為詞，顯有佔踞之意，今更種種頑抗，自應遵照嘉慶十三年之例，禁絕英夷柴米食物，撤其買辦工人。……自七月初九日至十九日，義律率其家眷，及奉逐未去之奸夷央頓等，並散住澳內英夷共五十七人，悉行遷避出澳，寄住尖沙咀貨船及潭仔空躉船上。……必俟交出兇夷，埽盡烟土，貨船進埔報驗，空躉悉數開行，一切恪遵法度，然後給還買辦工人，仍准住行住澳。

（《鴉片戰爭檔案史料》，第 1 冊，第 671—672 頁）

3. 九龍山與官涌之戰

林則徐等奏摺（摘錄）

道光十九年八月十一日

（1839 年 9 月 18 日）

七月二十九日接據大鵬營參將賴恩稟稱，該將帶領師船三隻，在九龍山口岸查禁接濟，防護炮台，該處距尖沙咀約二十餘里。七月二十七日午刻，義律忽帶大小夷船五隻赴彼，先遣一隻攏上師船遞稟，求爲買食。該將正遣弁兵傳諭開導間，夷人出其不意，將五船炮火一齊點放。……該將賴恩爵見其來勢兇猛，亟揮令各船及炮台弁兵施放大炮對敵，擊翻雙桅夷船一隻，在旋渦中滾轉，夷人紛紛落水，各船始退。少頃，該夷來船更倍於前，復有大船攔截鯉魚門，炮彈蜂集。該將弁等忿激之下，奮不顧身，連放大炮，轟斃夷人多名，……迨至戌刻，夷船始遁回尖沙咀。計是日接仗五時之久。……臣等查英夷欺弱畏強，是其本性。向來師船未與接仗，只係不欲釁自我開，而彼轉輕視舟師，以爲力不能敵。此次乘人不覺，膽敢先行開炮，傷害官兵。一經奮力交攻，我兵以少勝多，足使奸夷落膽。

（《鴉片戰爭檔案史料》，第 1 冊，

第 679 — 680 頁 ）

林則徐等奏摺（摘錄）

道光十九年十月十六日

（1839 年 11 月 21 日）

查該夷所泊之尖沙咀洋面，羣山環抱，浪靜風恬，奸夷久聚其間，不惟藏垢納污，且等負嵎縱壑，若任其踞爲巢穴，貽患曷可勝言。……節據派防各文武稟稱，尖沙咀迤北，有山梁一座，名曰"官涌"，恰當夷船脊背之上，俯攻最爲得力。當即飭令固壘深溝，相機剿辦。夷船見山上動作，不能安居，乃糾衆屢放三板，持械上坡窺探。……九月二十九日，夷船排列海面，齊向官涌營盤開炮，仰攻數次。……十月初三日，該夷大船在正面開炮，而小船抄赴旁面，乘潮撲岸，有百餘人搶上山岡，齊放鳥槍，被增城右營把總劉明輝等率兵迎截，砍傷打傷數十名，夷人披靡而散。初四日，夷船又至官涌稍東之胡椒角，開炮探試。經駐守之陸路提標後營游擊德連將大炮抬炮一齊回擊，受傷而走。……

計官涌一處，旬日之內，大小接仗六次，俱係全勝。……士密、華侖兵船，義律三板，及英夷未進口大小各船，自尖沙咀逃出後，各於龍波、筲洲、赤瀝角、長沙灣等處外洋四散寄泊。

（《鴉片戰爭檔案史料》，第 1 冊，
第 732－734 頁）

簡評：以往的香港史著作常常忽視香港地區與引發鴉片戰爭的諸事件之間的重要關係。史家在述及鴉片戰爭前英國在華的鴉片走私據點時，常提到伶仃洋和金星門，卻極少有人注意尖沙咀洋面即今維多利亞港也是一個重要的毒品走私據點。特別在林則徐勒令繳烟以後，英國鴉片船更在本國海軍的保護下盤踞尖沙咀洋面，將這一帶水域變成繼續對中國進行鴉片走私的主要巢穴。義律甚至公然要求中國師船撤出尖沙咀洋面，直把這一帶水域視爲英國的佔領區。林則徐曾指出："尖沙咀係天朝洋面，豈可任行久泊，致將新來烟土，復行散賣，流毒無窮。況林維喜命案，即因夷船久泊而起，乃兇夷既不交出，復將貨船改裝炮械，意圖滋事。一經斷其接濟，即於七月二十七日，義律率領多船，赴九龍滋擾，先行開炮，傷我官兵。……"（《鴉片戰爭檔案史料》第 1 冊，第 103 件）由此可見，英國軍艦和鴉片船盤踞尖沙咀洋面，是導致中英兩國在鴉片戰爭前夕多次發生嚴重衝突的直接原因，這些衝突實際上成爲鴉片戰爭的導火綫。

　　本章選錄的史料有助於豐富香港史的内容，爲香港史研究提出一些值得深入探討的新課題。

十九世紀初英國販運鴉片的船。

二 英國政府決定派遣侵華"遠征軍"及其目的

林則徐禁烟的消息於 1839 年 9 月傳到英國後，引起倫敦、曼徹斯特和利物浦等地工商界人士的强烈反應，他們紛紛上書英國政府，要求對中國採取武力手段，以保護和擴展英國在華利益。大鴉片商人查頓（William Jardine）多次與外交大臣巴麥尊密談，建議出兵中國並佔領沿海島嶼，迫訂不平等條約。同年 10 月，英國政府決定向中國派遣"遠征軍"。1840 年 2 月 20 日，巴麥尊任命義律和懿律（George Elliot）爲全權代表，並就侵華方針向他們作出詳盡指示。

巴麥尊致義律函（摘錄）

1839 年 10 月 18 日於英國外交部

女王陛下政府覺得，英國不可能不憎恨中國人對英國臣民和女王官員所犯下的暴行，並且他們認爲，把今後英國與中國的關係置於明確而又牢固的基礎之上，是絕對必要的。爲了達到這些目的，女王陛下政府打算派遣一支海軍部隊前往中國海面，而且很可能還派遣一小支陸軍部隊前去。

（F.O.881/75A，第 1 件；中譯

文據胡濱譯:《英國檔案有關鴉片
戰爭資料選譯》,下冊,第 521 頁;
本書選錄的英國外交部 881/75 號
檔案主要採用胡濱譯本,個別字句
據原文略有改動)

巴麥尊致義律函(摘錄)

1839 年 11 月 4 日

女王陛下政府打算佔有舟山羣島,直到中國政府對一切事情作出令人滿意的解決爲止。撤出舟山羣島的一個條件,很可能是給予英國臣民在那些島嶼上一塊像澳門一樣的殖民地,並且還要通過條約允許他們在中國東部沿海所有的或某些主要的口岸進行貿易。不過,關於這些事情,我將另外寄給您更明確的指示。

(F.O.881/75A,第 2 件)

巴麥尊致海軍部各長官密函(摘錄)

1839 年 11 月 4 日

女王陛下很高興地下達命令,派遣一支海軍和陸軍部隊前往中國沿海。

女王陛下政府的打算是,該遠征部隊抵達中國海面後,便着手佔領中國沿海的某個島嶼,用來作爲一個集結地點和軍事行動基地。……而且,如果情況變得有利於永久佔領它的話,便可能予以永久佔領。女王陛下政府傾向於認爲,舟山羣島中的一個島嶼很適合於達到這個目的;那些島嶼的中間地理位置,處於廣州與北京之間的中途,而且靠近一些可航行的大河

流的河口，從許多觀點看來都將使那些島嶼成爲一個很方便的
總指揮部所在地。

…………

由於我們同中國的關係對女王陛下的印度殖民地的利益具
有更爲特殊的意義，所以女王陛下政府認爲，把對這些措施的
總的監督和安排交給印度總督是可取的，雖然艦隊司令官和駐
廣州商務監督在與中國當局的所有聯繫中，應以女王陛下的名
義並根據女王陛下的授權提出要求及進行談判。

（F.O.881/75A，第 2 件的附件）

巴麥尊致全權大臣懿律和義律函（摘錄）

1940 年 2 月 20 日

現在，我必須給你們發出決定性的指示，供指導你們完成
所交給你們的職責之用。

……女王陛下政府的意圖是，遠征部隊所要進行的第一個
軍事行動將建立對珠江的封鎖。我必須要求，當你們一旦抵達
珠江口的時候，便送給兩廣總督一份我寫給中國大臣的那封信
的副本及它的中文譯本。……同時你們應該要求該總督毫不遲
疑地將裝有該信和譯文的那個信袋送往北京。

女王陛下政府想要遠征部隊去做的第二件事情，是佔領舟
山羣島，並封鎖那些島嶼對面的河口、揚子江口以及黃河口；
你們應從那些地區中的一處地方，把我寫給中國大臣的那封信
的另一份副本及其譯文的另一份副本盡力送到岸上，目的是將
它們送往北京。

你們將前往的最後一個地點是北直隸灣，所以當你們抵達
白河口外的時候，你們應把我上述那封信的第三份副本及其譯
文的副本一併送上岸去，以便將它們送往北京；此外，你們應

另附你們自己的一封信，要求中國方面作出答覆，説明你們奉命在一段適當的時間内等候這個答覆，或等候中國方面的全權大臣到達同你們進行談判。但是，你們所奉的命令是：如果過了一定的日期（你們應根據情況指定你們認爲合理的那個日期）而你們没有收到答覆，或是你們所收到的答覆對做出滿意的解決没有提供一個較好的前景，……那末，你們應書面通知中國政府説：你們依照所奉指示不得不認爲該政府已經拒絶接受英國的要求；除了執行女王陛下政府指示你們的在這一情況下所應採取的行動方式之外，別無其他選擇；而且已經開始的敵對行動將持續下去，並以更活躍的方式繼續進行。……無論何時只要中國政府表示具有談判的誠意，就可以進行談判。（以下説明英國的各項要求，詳見本件後附的英國政府所擬條約草案，此處從略。——引者）

（F.O.881/75A，第3件）

擬同中國訂立的條約草案

基督降生一千八百四十□年□月□日

華曆□年□月□日

序　言

大不列顛和愛爾蘭聯合王國女王陛下和中國皇帝陛下渴望終止近年來發生的分歧，決定爲此目的締結一項條約，其中包括滿足英國政府對中國政府提出的各項要求的條款。因此，他們任命下列人員作爲他們的全權大臣，即：

大不列顛和愛爾蘭聯合王國女王陛下皇家海軍白色中隊少將、最崇敬的巴斯勳位的獲得者、皇家海軍駐東印度基地總司令官懿律；皇家海軍上校兼女王陛下在華臣民的首席商務監督義律；

中國皇帝陛下的某某、某某等。

他們業經互換各自的全權證書，認爲格式妥善適當，同意簽訂下列條款：

第一款

大不列顛和愛爾蘭聯合王國女王陛下與中國皇帝陛下之間，以及他們各自的臣民之間，今後將和平友好；而且各自的臣民在對方領土內，關於他們的人身及財產應享有充分的安全和保護；同時中國皇帝陛下保證，允許英國男女臣民以及屬於他們的家庭和機構的所有人們，在廣州、廈門、福州府、上海縣和寧波城（如果應當指定任何其他城鎮，請加上它們）自由居住，不受限制或干擾，而且允許他們在那些地方佔有住宅，其住宅將不受任何性質的騷擾。爲了貿易目的前往那些口岸的英國臣民及其船隻，應受到熱情接待，並得到適當保護。

第二款

英國女王陛下有權任命一名首席監督和若干名監督或一名總領事和若干名領事，在上款所説的中國口岸的任何一處居住，以便照管和保護英國臣民的利益。這些監督或領事有權就必須進行聯繫的所有事項，同北京的中國政府及其駐各口官憲保持直接聯繫。該官員等應受到適當的尊敬，而且無論在任何時候或以任何借口，都不得對他們的人身加以約束；他們的房屋和財產應不受任何性質的騷擾。

第三款

中國皇帝陛下將位於中國海岸附近的□□等島嶼（敍述其位置、緯度、經度等），割讓給大不列顛和愛爾蘭聯合王國女王陛下，由英國女王陛下及其繼位人和後繼者永久佔有。同時，英國女王陛下同意接受該島嶼等作爲中國當局對女王陛下的監督以及對女王陛下在華的其他臣民最近採取强暴行動的一種補償。

第四款

中國皇帝同意償付□□箱鴉片烟價□□元款項，該款項是廣州的中國官員於 1839 年 3 月間作爲英國女王陛下的監督及其他幾位臣民的贖金而勒索的，他們曾被那些官員强行監禁並以死相威脅。

上述款項應由帝國政府官員按照本條約中下面所指定的方式，在廣州支付給英國女王陛下的首席監督或總領事，或英國女王陛下爲該目的而任命的其他此類人士，以便把那筆款項匯給英國政府，以後由該政府分配給有權接受該款的各方。

第五款

鑒於中國政府迄今所採取的一貫做法係强迫僑居中國的英國商人專同一定數量的中國商人（稱之爲"行商"或"公行"）進行貿易，此乃中國政府爲此項目的而准許他們的，並且阻止英國商人同任何其他的中國臣民交易──中國政府特此保證今後廢止這一做法，同時鑒於這些行商中有幾家已經破產，欠付英國商人大筆銀錢，根據本條約所附並由雙方各自全權大臣簽署的細目表，那筆銀錢總額共達□□元；雙方特此議定，中國政府應將該款按照本條約中下面所說的方式，支付給英國女王陛下的首席監督或總領事，或英國女王陛下任命的其他這類人士，由他分配給有權接受該款的各方。

第六款

由於廣州的中國官員採取暴力行動，英國女王陛下政府被迫在支付很大費用的情況下，派遣一支遠征部隊前往要求獲得補償，中國皇帝陛下保證償還英國女王陛下由此支付的費用。

英國政府應盡快準備一份關於這些費用總額的說明書，並送交中國政府；同時中國皇帝保證，該款總額將按照本條約中下面所指定的方式交付給英國女王陛下的首席監督或總領事，或英國女王陛下爲該項目的而任命的其他此類人士，以便匯給英國政府。

第七款

雙方商定，中國政府爲執行上述三款規定而償付英國政府的款項，應按照下列方式支付：

根據本條約第四款和第五款應付的款項達□□元，應平均每半年一次分四次（或六次）償付，……第一次這樣償付的款項應在本條約簽字後□星期內支付。對這些款項每年應支付五厘的利息，利息的計算如下：對根據第四款支付的款項，每期攤付部分的利息應自 1839 年 3 月 30 日算起，至該攤付部分支付之日爲止；對根據第五款支付的款項，利息應自行商破產之時算起，至支付款項之時爲止。

根據本條約第六款應付的款項，……平均每半年一次分四次（或六次）攤付；第一次攤付的款項應按照上述第六款規定，把關於款項總額的說明書送交中國政府之後□星期內支付。

第八款

本條約一旦獲得中國皇帝陛下的批准，英國女王陛下海軍部隊對中國海岸進行的封鎖將立即停止；……同時，無論什麼

時候如中國政府付清它按照本條約保證支付的全部款額, 那末,
英國女王陛下部隊將撤出中華帝國的每一部分領土, 但不包括
根據本條約等三款永久割讓給英國女王陛下的中華帝國的那些
部分領土。

………

備忘錄

　　如果中國政府表示, 它願意允許英國臣民建立商館並爲在
大陸進行貿易一事做出永久安排, 而不願割讓島嶼, 那末, 上
述第三款應予省略, 而且以下五個條款, 編號標明爲第三、四、
五、六、七等款 (商務), 應加入本條約中, 置於上述第二款
與第四款之間。如果條約中採納這些條款, 則 "商務" 這個表
明特點的字樣當然應予省略 ; 而且, 在這種情況下, 必須改變
所擬條約第一稿中自第四款以下各款的編號。

　　　　　　　　　　　　　　　　　　1840 年 2 月於外交部

　　………

第三款 (商務)

　　應允許英國臣民在第一款所規定的各城鎮内建立房屋、貨
棧和商館, 而且同任何願意跟他們做生意的人們進行貿易 ; 同
時, 不應以任何形式或任何名義, 限制他們只同某些特定的個
人進行商務交易, 也不限制他們只同某些商行、公司或商號進
行商務交易。……

第四款 (商務)

　　在中國皇帝陛下批准本條約後□個月之内, 中國政府應在
第一款規定的各城鎮中, 公佈一份關於根據法律輸入或輸出中

國的所有進出口貨物應付的關稅表；除該表中所規定的關稅外，皇帝派駐中國各口的官員對任何進出口貨物不得徵收其他的或較高的關稅。

無論何時中國政府打算對那些關稅作任何變更，應在那些變更開始實行前十二個月，將所打算的變更通知英國女王陛下的首席監督或總領事。

第五款（商務）

如果中國政府在任何時候禁止任何一項特定的商品入口或出口，那末，該禁令應公正無私地適用於所有各國的貿易。

同時，中國政府保證把目前任何一個國家的臣民或公民在華享有的關於貿易事務方面的所有特權，給予英國臣民和英國貿易；而且，如果今後把同樣性質的任何更多的特權給予任何一個國家，那末，這些特權應同時並在同樣條件下也給予英國臣民和英國貿易。

第六款（商務）

如果任何英國臣民把中國法律禁止入口的商品輸入中國，那末，中國政府官員可以對這些商品加以查獲沒收。同時，如果納稅後可以合法入口的任何商品，不交納關稅而走私運入中國，那末，中國官員根據充分的事實證據，可以對這種走私的貨物加以查獲沒收。

但是，明確規定：決不能因為違法進出口商品所產生的任何問題而對英國臣民本人加以干擾。

第七款（商務）

為了在那些常去中國的英國臣民中維持良好秩序，而且為了防止英中兩國臣民之間發生爭端或鬧事，英國監督或總領事

有權爲管理英國在華臣民而建立法庭並建立各種規章制度，如
果他本國政府命令他這樣做的話。而且，如果任何英國臣民被
指控在中國領土内有任何犯法或犯罪行爲，他應由監督或總領
事爲此種目的而設立的法庭審判；如果他被認爲有罪，對他的
懲罰應交給英國當局。總之，凡英國在華臣民成爲被告的所有
訴訟案件，應由上述法庭審判。

（ F.O.881/75A，第 3 件附件 3 ）

　　簡評：前述的九龍山和官涌之戰，實際上已揭開鴉片
戰爭的序幕。英國政府派出 "遠征軍" 意味着對中國正式宣
戰。無論一些人怎樣美化英國的侵略，事實雄辯地證明：這
是不列顛帝國爲保護對華鴉片貿易而進行的骯髒戰爭，是一
次以掠奪和壓迫中國人民爲目的的殖民戰爭。

　　1840 年 2 月 20 日巴麥尊的訓令和所附的對華條約草案
中，詳細開列了英國的廣泛要求，這個草案實際上是日後《南
京條約》的藍本，值得認真一讀。

　　上述訓令和條約草案均提出割取中國海島的要求。從
1839 年 11 月 4 日巴麥尊致海軍部函中可以看出，他企圖割
佔的主要是舟山羣島。

　　至於香港島，儘管英國首任駐華商務監督律勞卑
（ Lord Napier ）早在 1834 年即曾主張予以佔領，但英國
政府在派出侵華遠征軍時並未考慮這個問題。香港位於南海
之濱，離北京很遠，從軍事上說，佔領香港不足以對清廷構
成重大威脅；而從經濟上說，當時英國企圖打開廣闊的華東
市場，佔香港也無助於這一目標的實現。檔案史料表明，當
巴麥尊策劃奪佔中國海島的時候，他的目標是在華東，而不
是在華南。

上：清政府在尖沙咀修築的炮臺。

中、下：清政府所建的九龍城寨炮臺。

三 炮口下的談判和割讓香港要求的提出

　　1840 年 6 月英國"遠征軍"到達中國海面，首先宣佈封鎖珠江，隨即北上攻佔舟山羣島的主要城市定海。8 月中旬來到白河口投遞巴麥尊致清政府公函，聲稱中國禁烟是對英國的侮辱，要求賠償烟價和割讓島嶼等等。清廷派直隸總督琦善負責對英交涉。琦善竟荒謬地指責林則徐"措置失當"，保證要"秉公查辦"，"必能使貴統帥有以登覆貴國王"，並建議將談判改在廣東進行。英國人本不願在北方過冬，欣然同意琦善的要求。

　　同年 12 月，義律（懿律因病回國）與琦善在廣東繼續談判，所議事項主要有三，即賠償烟價、增開口岸和割讓香港。除賠償烟價取得一致意見外，其他問題沒有達成協議。

1. 中英白河口談判

巴麥尊致中國皇帝欽命大臣函（摘錄）

1840 年 8 月 16 日在白河口遞交

本件末尾的簽名人、英國女王陛下首席外交國務大臣榮幸地通知中國皇帝的大臣：由於中國官員們對僑居中國的英國臣民加以傷害，而且由於那些官員對英國君主加以侮辱，英國女王陛下已派遣一支海陸軍前往中國海岸，向皇帝要求賠償和昭雪。……

第一，英國政府要求將商務監督和被監禁的英國商人生命作爲代價而被勒索的贖金，退還給那些付款人；如果照英國政府所知，那些呈繳中國當局的原貨已經被處理，以致不能夠照呈繳時的原樣退還貨主，那末，英國政府需要並要求將那些貨物的價款付還英國政府，以便把該款轉交給有權得到它的各方。

其次，英國政府對於因女王陛下商務監督受到侮辱從而構成對英國君主的褻瀆一事，向中國政府要求賠償。……

第三，爲了那些同中國貿易的英國商人可以不受到北京政府或帝國各海口地方當局專橫武斷的任意擺佈，英國政府要求中國方面將英國全權大臣所指定的中國沿海一處或數處面積夠大、位置適宜的島嶼，永久割讓給英國政府，作爲英國臣民居住和貿易的地方，在那裏他們的人身可以不受干擾，而且他們的財產可以安全無恙。

此外，……英國政府要求中國政府將破產行商欠付英國債權人的款項，償還給他們。

　　……………

由於中國當局對英國官員和臣民施加暴行，所以英國方面對中國採取的敵對措施，不僅是正當的，而且甚至是必要的；在中國政府作出令人滿意的安排之前，那些行動將不會停止。

（F.O.881/75A，第3件附件2）

琦善致懿律照會（摘錄）

道光二十年八月初四日

（1840 年 8 月 30 日）

照得前經接據貴統帥呈遞貴國相公文，業經代爲陳奏。上年（十九年）欽差大臣林等查禁烟土，未能仰體大皇帝大公至正之意，以致受人欺朦，措置失當，必當逐細查明，重治其罪。惟其事全在廣東，此間無憑辦理，貴統帥等應即返棹南還，聽候欽派大臣馳往廣東，秉公查辦，定能代伸冤抑。

…………

又，割讓海島以爲貴國貿易之地一節。查天朝與各國通商，本係格外施恩，但能恭順，概不拒絕。前因嚴禁鴉片，貴國不肯具結，是以不與通商。今既欲照常貿易，自有向來互市地方，其餘本非商賈雲集之處，不但天朝體制不能另闢一境，致壞成規，且既無人購買貨物，則即爲貴國貿易計，亦屬無益。

（《鴉片戰爭檔案史料》第 2 冊，
第 257 件附件；照會日期根據
F.O.881/75A，第 43 件附件 3）

懿律、義律致琦善照會（摘錄）

1840 年 9 月 1 日於白河口

兩位全權大臣，海軍少將懿律和監督義律，現已收到總督閣下今天的照會，並且非常遺憾地發現，清朝朝廷已經拒絕英國大臣的那封信中提出的所有各項要求。……

關於林則徐及其同事們是否受到懲罰，對英國朝廷來說，是一件無關緊要的事情。……對於帝國的高級官員特別是那些被授予欽差權力的官員使英國官員和臣民蒙受的寃屈，清朝朝廷應對英國朝廷負責；因爲在這種情況下，這個傷害是中國給英國國家造成的傷害，不再由個別官員承擔責任。……

關於要求全權大臣返回廣州與欽差會晤一事，這樣説是恰當的，即如果清朝朝廷認爲適於聲明將償還鴉片烟價，並對英國政府的其他各項要求給予公正的考慮，那末，此事是不困難的。在那種情況下，應償還款項的數額、支付期限和方式，都可以在廣州解決。

(F.O.881/75A，第 43 件附件 10)

琦善致懿律照會 (摘錄)

道光二十年八月十八日

(1840 年 9 月 13 日)

烟價一節，物本違禁，又已燒燬，大皇帝斷不能允准償還。惟就本爵閣督部堂之意思之，從前繳烟之時，其中必另有情節，將來欽派大臣到粤，自必將當日繳烟，究係作何辦理之處細加訪察。……一經秉公查辦之後，處處得實，必能使貴統帥有以登覆貴國王。即據稱貴領事前被屈抑之處，於此亦可昭雪。

(《鴉片戰爭檔案史料》第 2 冊，第 328 件附件 2。該書將照會日期定爲八月二十一日，時間有誤，因琦善在八月二十一日奏摺中提及，該照會是十八日發出的。英國外交部檔案中所藏的琦善照會中也寫明"道光二十年八月十八日〔1840年 9 月 13 日〕")

懿律、義律致琦善照會（摘錄）

1840 年 9 月 15 日於白河口外

本全權大臣將在幾個星期之內動身前往廣州，至遲不過 10 月 15 日。儘管已經發生了那些事情，但如果本全權大臣於那一天或那一天之前到達廣州時，得到一項明白的聲明，宣稱將償還經朝廷特別授權的一位高級官員自英國監督手中非法無禮索取的貨價，作爲對已造成冤屈的補償，那末，本全權大臣將感到衷心的滿意。

只有通過這些辦法，才仍然有可能解決各項事務。同時，如果本全權大臣在抵達廣州時還獲悉，皇帝陛下已經欣然任命閣下爲欽差大臣，並授予閣下同本全權大臣進行談判的全權，以便在英國大臣的那封信中所提出的各項原則的基礎上建立持久的和平，那末，它將大大增强本全權大臣這樣做的希望。

（F.O.881/75A，第 43 件附件 16）

2. 中英廣東談判（1841 年 1 月 7 日以前）

英國外交部所記述的廣東談判初期情況（摘錄）

11 月 28 日，琦善通過清朝官員們遞交的一封問候信，向兩位全權大臣宣佈他已抵達廣州。第二天，兩位全權大臣把艦隊司令官懿律患病及辭職之事通知琦善，並且要求今後關於解決各項事務的所有信件單獨寫給義律海軍上校。

＊　　　＊　　　＊

（12月）11日，琦善表示……雖然已經多次聲明，"決不能夠承認"償付鴉片烟價的原則，可是，由於義律海軍上校"在所有的事情上表現行爲恭順"，所以琦善"不得不設法籌辦此事"。因此，他已"決定採取措施，提供賠款總額五百萬元"。

關於割讓領土供英國臣民居住和貿易之事，琦善指出："現在，當貴全權大臣表現行爲恭順的時候，本大學士準備代爲上奏朝廷，請求皇帝施恩，允許恢復通商。……但是，因爲貿易而許給任何一塊領土，這一點無需説是不符合道理和常識的；只要繼續佔領定海，便不能稱爲'恭順'，不可能奏請朝廷恢復通商。"

第二天，義律海軍上校向琦善……提出："第一，應付給賠款七百萬元。……第二，現在據説皇帝不願意割讓任何領土，英國政府並不希望獲得領土，它可能放棄對領土的要求，條件是允許英國商人恢復他們以前享有的在廣州、廈門和舟山進行貿易的特權，此外還有在中國政府現在或今後對任何外國船隻和商人開放的任何其他港口進行貿易的權利。……如果皇帝要求撤出舟山島，那末，應在該地獲悉現在即將簽訂的任何條約已得到皇帝陛下批准之後一個月内實行撤退；但是，在那種情況下，一支英國部隊應仍繼續佔領香港，直到所有的困難問題獲得最後解決爲止。"

琦善於15日作了答覆，……他同意付給六百萬元。關於割讓領土，天朝從來沒有發生過這一事情，而且它將來也決不可能發生。關於給予一個地方作爲貿易地的要求，"除了廣州港以外，只能夠給予其他的一個地方，作爲允許船隻開往並運送貨物的市場，而且爲了銷售那些貨物，必須在船上與商人們進行交易；仍必須遵守那些既定的法律，不得上岸居住。"……

對於琦善的這些建議，義律海軍上校於 17 日答覆説，他將接受琦善所提出的中國支付六百萬元賠款的數額。

關於開放口岸一事，義律海軍上校向琦善解釋説：他所奉的指示要求，如果不能夠獲得領土的割讓，便應當開放以前人們常去進行貿易的五個口岸，即廣州、廈門、福州、寧波和上海，而且應當佔據舟山，直到開放所有的五個口岸爲止；不過，他自行承擔責任，要求僅開放那些口岸中間的兩個口岸，一個在福建省，另一個在浙江省或江蘇省。如果這項建議獲得同意，而且如果琦善立即商定條約的條款並奏請皇帝予以批准，那末，將馬上下達指示，毫不遲疑地開始撤出舟山。……

12 月 19 日，琦善表示收到義律海軍上校 17 日的照會，聲稱：正在討論中的這件事情需要向皇帝提出一份詳盡的奏報，然後他才能夠給予義律海軍上校一個有關此事的進一步的答覆。但是，直到 26 日爲止，沒有收到琦善的答覆，義律海軍上校於那一天通知琦善説：他已經把對這些事務的進一步處理交給海軍准將伯麥，於 27 日午夜以後採用軍事手段進行；海軍准將將採取行動，除非在所説的那個時間終止之前收到對義律海軍上校 17 日的建議所做的一個完全滿意的答覆。

看來琦善的進一步答覆與義律海軍上校 12 月 26 日給琦善的照會互相錯過了，因爲琦善在那一天的一封信中通知義律海軍上校説，他已接受義律的建議，付給六百萬元的賠款，立即支付一百萬元。……

關於除廣州港外開放其他口岸貿易的要求，……他指出：如果義律海軍上校繼續煞費苦心地强迫他開放的港口，超過了除廣州之外他冒昧地乞求皇帝聖恩允許開放的另一個港口，那末，義律海軍上校將"促使大皇帝認爲，他以前奏報貴國性情恭順時説了假話，因此義律海軍上校將使他受到嚴厲懲罰。"

因此，"要由貴全權大臣考慮，哪種辦法將有所得，哪種辦法將有所失，並且再一次給予答覆。"

對琦善的上述建議，義律海軍上校於 12 月 29 日作了答覆，指出："仍有困難的唯一問題是因增闢另一個口岸而退還舟山的問題，……没有任何其他解決辦法能夠符合所考慮的目的，除非琦善欣然規定在外洋割讓一個適當的地方，英國國旗可以在該處飄揚，就像葡萄牙國旗在澳門飄揚一樣。""琦善閣下答覆這份照會的語氣，將決定兩國之間的和平或戰爭的問題。"

琦善於 1 月 2 日答覆説，……關於按照把澳門讓給葡萄牙人的同樣條件，把一個居住的地方讓給英國商人們的那項建議，那項安排"由來已久，不是由目前統治中國的這個王朝創立的"；兩件事情之間毫無相似之處，義律海軍上校拿前朝的事情進行對比是很勉強的。

1 月 5 日，義律海軍上校答覆説："他不得不從琦善 2 日照會的内容中領會到，清朝朝廷没有誠意用和平手段解決困難問題。"……

因此，海軍准將伯麥於 5 日通知琦善説：將立即採取戰爭行動；但是，他願意給予琦善閣下一天多的充裕時間，使琦善閣下能夠宣佈他的決定並防止衝突，如果琦善閣下希望如此的話。

由於没有收到對海軍准將伯麥照會的答覆，戰爭行動便於 7 日開始，那時在中國人方面進行了相當猛烈的抵抗之後佔領了穿鼻（即沙角——引者）和大角的炮台。

（F.O.881/75A，第 57 件）

3. 義律以永據沙角相要挾，企圖迫使琦善割讓香港

義律、伯麥致中國水師提督關天培的照會（摘錄）

1841 年 1 月 8 日

全權大臣義律會同總司令官伯麥必須表示剛才收到閣下今天的來照。本全權大臣和本總司令官眞誠想要維持兩國之間的和平，同意暫時停止戰爭行動，而以貴國同意下列建議作爲條件。……

一、現在由英國軍隊佔據的穿鼻（沙角）地方，應仍保留在英國官員們手中，作爲建立商館供貿易和居住的地方。

二、應立即開放對廣州的貿易，而且該項貿易應在穿鼻進行。

三、爲了帝國稅收的利益，應在穿鼻交納適當的進出口貨稅，如同該項貿易仍在黃埔進行一樣。

四、本全權大臣和本總司令官同意等候三天，以便欽差送到寫給本全權大臣的一份答覆，説明是否同意這些建議；但如果在那三天內恢復任何軍事準備工作，本總司令官將立即重新開始採取戰爭行動。

五、如果欽差通過一份正式文件立即允許現在所要求的那些進一步的條件，那末，義律仍將同意以前本人與欽差大臣之間商定的關於賠款、開放另一處口岸以及退還舟山等其他條件。

本全權大臣不能夠允許對這些條件作絲毫修改，因此欽差必須給予清楚明晰的答覆。

（F.O.881/75A，第 55 件附件 3）

琦善照會（摘錄）

道光二十年十二月十九日

（1841 年 1 月 11 日）

查沙角爲我官兵陣亡之地，皆忠義靈魂所聚，貴國之人若在此處寄寓，亦不甚祥。今貴公使大臣既爲寄居起見，本大臣爵閣部堂，即查照貴公使大臣十二月初六日所稱予給口外外洋寄居一所，代爲奏懇。

（F.O.682/863，見佐佐木正哉編：《鴉片戰爭研究（資料篇）》，第 59 － 60 頁）

義律照會（摘錄）

1841 年 1 月 11 日

由於眞誠地想要滿足閣下的願望，現在義律同意接受香港海岸和港灣，以代替沙角，將不接受其他任何地方，此事已定。英國的地界今後可以在閣下與義律之間明白予以確定。

…………

義律爲了和平以及爲了滿足閣下的願望，現在已經竭盡自己的力量；義律必定不敢容許對這些條件作任何改動。

閣下的答覆將最後決定和戰問題。

（F.O.881/75A，第 56 件附件 6;"現在義律同意接受香港海岸和港灣……"這句話，在當時英方自譯並遞交琦善的中文本中寫作："今擬以尖沙咀洋面之尖沙咀、紅磡即

香港等處，代換沙角予給，事尚可
行。"可見義律不但要求割讓香港
島，而且還覬覦九龍半島；
F.O.682/925，見佐佐木正哉：
《資料篇》，第62頁）

義律照會（摘錄）

1841年1月14日

若云沙角、大角等處，本公使仍再約議。俟貴大臣爵閣部
堂允照本公使大臣十九日公文開載，將尖沙咀、香港各等處讓
給英國主治，爲寄居之所等由辦理，則本公使大臣等即於接到
來文之時，就日將以沙角、大角二處送還。

（ F.O.682/894，見佐佐木正哉：
《資料篇》，第69頁）

琦善照會（摘錄）

道光二十一年十二月二十三日
（ 1841年1月15日）

尖沙咀與香港，係屬兩處。本大臣爵閣部堂再三籌畫，雖
地方所用較少，而實礙難奏請。……自應即照貴公使大臣前日
與鮑鵬面訂之言，止擇一處地方寄寓泊船。爲此照會貴公使大
臣，再行籌思具覆，以便即爲代奏也。須至照會者。

（ F.O.682/860，見佐佐木正哉：
《資料篇》，第70頁）

義律照會（摘錄）

1841 年 1 月 16 日

接據貴大臣爵閣部堂來文，均已閱悉。……今擬照依貴大臣爵閣部堂來文辦理，一面以香港一島接收，爲英國寄居貿易之所，一面以定海及此間沙角、大角等處，統行繳還貴國也。再本公使大臣須以迭次公文開載議辦各款，彙寫盟約一紙，以俾兩國和好永久。則望於貴大臣爵閣部堂就便之時，幸得面談，以期訂明可也。

（F.O.682/875，見佐佐木正哉：《資料篇》，第 70－71 頁）

琦善奏報英人願還定海並求在香港定居等情摺（摘錄）

道光二十年十二月二十六日

（1841 年 1 月 18 日）

竊英夷自前赴天津稟訴，奉旨准其查辦後，該夷已心知欽感。……現在據稱情願將定海繳還，並將粵東之沙角炮台獻出。……間觀西洋夷人（指葡萄牙人——引者）久沐天恩懷柔曠典，得以攜眷在澳門寄居，今此事同一律，欲求代爲籲懇天恩，自道光二十一年起，准其就粵東外洋之香港地方泊舟寄居，即不敢再求往他省貿易各等情，懇請代奏前來。

奴才除給咨該夷，令其作速由海道費赴浙江將定海刻即繳還，奴才亦即收回沙角外，可否仰懇聖恩，俟伊里布奏報收回定海後，俯准該夷自道光二十一年起仍前來粵通商，並仿照西洋夷人在澳門寄居之例，准其就粵東外洋之香港地方泊舟寄居，出自逾格鴻慈。

理合據情由六百里馳奏，伏乞皇上聖鑒，訓示遵行。謹奏。

（《鴉片戰爭檔案史料》，第 2 冊，
第 677 件）

4. 純屬虛構的 "初步協議"

1 月 20 日，義律海軍上校發佈了一項 "給女王陛下臣民的通知"，其中最重要的幾段話如下：

女王陛下全權大臣現在必須宣佈，在欽差大臣和全權大臣本人之間達成了初步協議，其中包含如下的幾項條件：

一、把香港島和海港割讓給英國。因在該處進行貿易而應付給帝國的所有捐稅，都應當像在黃埔進行貿易一樣支付。

二、賠償英國政府六百萬元，立即付給一百萬元，餘款每年平均攤付，至 1846 年付清。

三、兩國之間在平等的基礎上進行官方的直接交往。

四、在中國春節後十天之內開放廣州口岸的貿易，直到在那塊新殖民地作出切實可行的進一步安排爲止。

各項細節仍然是有待於繼續談判的問題。

全權大臣乘機及早聲明，女王陛下政府不專爲英國船隻和商人的利益謀求在華的特權；全權大臣僅僅履行本人的職責，對那些可能前往女王陛下領土的各國臣民、公民和船隻提供英國方面的保護。

（ F.O.881/75A ， 第 57 件）

簡評：以武力爲後盾進行敲詐勒索，外交談判與軍事進攻兩手交替使用，是義律一貫奉行的方針。攻佔大角和沙角就是這一方針的例證。

琦善的方針是竭力讓步,力求妥協;但道光帝態度強硬,堅拒英國的無理要求。琦善身爲人臣,決不敢公然違逆皇帝的旨意,在割地問題上更是這樣。即使在英軍佔領大角、沙角以後,琦善出於無奈,也只允許"代爲奏懇"皇帝,准英人在香港"寄寓泊船"。顯而易見,"代爲奏懇"並不等於琦善本人同意割地,何況他根本沒有擅自割地的權力。我們只要將有關的檔案資料仔細一讀,即可斷定義律在 1 月 20 日公告中宣佈他和琦善已就割讓香港島達成初步協議云云,純屬謊言。連英國外交大臣巴麥尊也對該公告的真實性及其效力深表懷疑,他在 5 月 14 日致函義律說:

"關於本國報紙上登載的您對女王陛下僑民中國臣民發佈的公告,内稱香港島已永久併入英國領土,我必須向您指出:屬於一國君主的任何部分領土,只有通過一項正式條約,經同意割讓其領土的君主批准,才能割讓和轉讓給另一國君主。爲臣者無權讓渡本國君主的任何部分領土。因此,琦善訂立的關於把香港割讓給英國的那項協定,縱使已寫成正式的條約形式,在獲得中國皇帝的批准以前,是沒有價值和效力的。

在您和琦善之間,並不像簽訂了關於割讓香港的任何正式條約,而且不論怎樣,可以肯定在您發佈公告的時候,即使琦善簽訂了這項條約,它也沒有獲得皇帝的批准。因此,您的公告全然是爲時太早。"(F.O.881/75A , 第 58 件)

巴麥尊在這裏給義律上了一堂國際法常識課,他的看法歸納起來有三點,即:一、琦善沒有割讓國家領土的權力;二、義律與琦善看來並未訂約,縱使訂有條約,也未經皇帝批准,毫無效力;三、因此義律宣佈香港爲英國領土,是没有根據的。

其實，義律從未與琦善訂立任何條約，他含糊其辭地聲稱"達成了初步協議"，致使巴麥尊也表示懷疑。然而馬士《中華帝國對外關係史》（ H. B. Morse, *The International Relations of the Chinese Empire* ）一書在述及義律的這一公告時，竟冠以"義律和琦善簽訂協定（ 1 月 20 日 ），香港割讓"的標題；後來有些歷史學者受其影響，也將義律的公告稱爲"穿鼻草約"或"穿鼻條約"，這是與事實不符的。

近年來，隨着研究的深入和新資料的發現，越來越多的人對於"穿鼻條約"的真實性提出否定的看法。胡思庸、鄭永福的《"穿鼻條約"考略》，陳勝奔的《香港地區被迫割讓與租借的歷史真相》，以及本書編者和楊詩浩合寫的《中英有關香港的三個條約問題》等文，均從原始資料中得出同一結論，即所謂"初步協議"或"穿鼻條約"純屬子虛烏有。美國學者徐中約在《近代中國的興起》（ Immanuel Hsü, *The Rise of Modern China* ）一書中說："琦善沒有在協定上蓋印，只同意代奏皇帝。"英國學者安德葛在《香港史》（ G.B.Endacott, *A History of Hong Kong* ）一書中也說："這個協定事實上從未簽訂。"

上、下：十九世紀中、後期的維多利亞港。

中：早期的香港漁港。

四　英軍强佔香港島

　　義律捏造"把香港島和海港割讓給英國"的所謂"初步協議"，其目的是爲了給吞併香港製造"條約根據"。義律的公告頒佈以後，英國侵略者迫不及待地立即進行佔領港島的準備工作。1841 年 1 月 24 日，英軍總司令官伯麥從珠江來到香港水域，向英艦"硫磺"號（ Sulphur ）艦長愛德華・貝爾徹（ Edward Belcher ）下達"勘察"香港島的命令，並於 26 日對港島實行軍事佔領。

貝爾徹關於英軍佔領港島的記述

　　我們正式參與的唯一重要的事情是香港島的割讓，該島位於九龍半島之外和大嶼山内側……

　　在海軍准將（指伯麥——引者）於 24 日返回後，我們奉命駛往香港並開始對該島進行勘察。我們在 1 月 26 日（應爲 25 日——引者）星期一 8 時 15 分登上陸地。作爲真正的首批佔領者，我們在佔領峯（ Possession Mount ，即大笪地，在今上環水坑口街附近。——引者）上爲女王陛下的健康三次乾杯。

　　26 日艦隊到達，海軍陸戰隊登陸，在我們的駐地升起英國國旗。海軍准將伯麥爵士在艦隊的其他軍官陪同下，在陸戰隊鳴槍禮的槍聲和各軍艦的隆隆禮炮聲中，正式佔領該島。

（E. Belcher, *Narrative of a Voyage round the World*, 1836－1842，第 2 卷，第 147 頁，1843 年倫敦出版；轉引自《中國叢報》〔*The Chinese Repository*〕第 12 卷第 9 期，1843 年 9 月出版）

公　告

1841 年 1 月 29 日

由皇家海軍上校、在華英國臣民的首席商務監督、具備蓋有大不列顛和愛爾蘭聯合王國國璽的全權證書以執行女王陛下駐華公使、監督和全權大臣職務的義律先生發佈。

經清朝大學士兼欽差大臣蓋印，香港島已割讓給英國君主，所以在接奉女王陛下進一步的旨意之前，必須對管理該島作出規定。

因此，由於授予我的權力，我特此聲明和宣佈，在該香港島内和島上，所有女王陛下的各種權利、特權和特惠，無論是對於或關於土地、港口、財產或個人的利益，都完全保留給女王陛下。

同時，我特此聲明和宣佈，在接奉女王陛下進一步的旨意之前，對該島的管理將移交現在擔任英國駐華臣民首席商務監督職務的人，並由他行使管理權。

同時，我特此聲明和宣佈，在接奉女王陛下進一步的旨意之前，對香港的土著和前往該島的所有中國人應按照中國的法律和慣例進行管理，免除各種嚴刑拷打。

同時，我進一步聲明和宣佈，在接奉女王陛下進一步的旨意之前，女王陛下臣民或除該島土著和前往該島的中國人之外的其他各國人在香港所犯的一切違法行爲，應由目前在中國設立的刑事和海事法庭審理。

同時，我進一步聲明和宣佈，在接奉女王陛下進一步的旨意之前，有時爲管理香港所必需的那些規章條例，須經此時擔任英國駐華臣民首席商務監督職務的人簽字蓋章後發佈。

同時，我進一步聲明和宣佈，在接奉女王陛下進一步的旨意之前，在香港島居住或前往該島的所有英國臣民和各國人，只要他們繼續服從女王陛下政府在香港島内和島上特此正式建立和宣佈的權威，便可根據英國法律的原則和慣例享有充分的安全和保護。

本公告經本人在泊於香港灣内的女王陛下軍艦"韋爾斯利"號上簽字蓋章，1841 年 1 月 29 日。

義　律

女王萬歲！

（F.O.881/75A，第 65 件附件
1）

英軍總司令官伯麥致清朝大鵬協副將賴恩爵照會

1841 年 1 月 30 日

照得本國公使大臣義律，與欽差大臣爵閣部堂琦，説定諸事，議將香港等處全島地方，讓給英國主掌，已有文據在案。是該島現已歸屬大英國主治下地方，應請貴官速將該島各處所有貴國官兵撤回，四向洋面，不准兵役稍行阻止，難爲往來商漁人民。惟思兩國現議和好，本統帥幸望，果可常遠相安，自

必盡心竭力，以保各事善妥。而貴國官如有滋擾阻止，使民不
安，係貴國終非求和之明徵，本統帥定必查明嚴辦。本統帥存
心誠信，先應明白指示，望免爭端爲美。爲此照會。

（中國史學會主編：中國近代史資
料叢刊《鴉片戰爭》，第 4 冊，第
239 頁）

義律、伯麥聯名告示

1841 年 2 月 1 日

本公使大臣奉命爲英國善定事宜，現經與欽差大臣爵閣部
堂琦議定諸事，將香港等處全島地方，讓給英國寄居主掌，已
有文據在案。是爾香港等處居民，現係歸屬大英國主之子民，
故自應恭順樂服國主派來之官，其官亦必保護爾等安堵，不致
一人致（受）害。至爾居民，向來所有田畝房舍產業家私，概
必如舊，斷不輕動。凡有禮儀所關，鄉約律例，率准仍舊，亦
無絲毫更改之議。且未奉國主另降諭旨之先，擬應大清律例規
矩之治，居民除不拷訊研鞫外，其餘稍無所改。凡有長老治理
鄉里者，仍聽如舊，惟須稟明英官治理可也。倘有英民及外國
人等，致害居民，准爾即赴附近官前稟明，定即爲爾查辦。至
所有各省商船，來往貿易，均准任意買賣，所有稅餉船鈔掛號
各等規費，輸納大英國帑。倘嗣後有應示事，即有派來官憲，
隨時曉諭，責成鄉里長老，轉轄小民，使其從順。毋違。特示。

（同上書，第 4 冊第 239 - 240 頁）

簡評：貝爾徹艦長《環球航行記》中的這段文字，是
記述英軍佔領港島經過最詳細的原始資料。英軍登陸的港島
北岸緊靠尖沙咀洋面（即維多利亞港），這是一個十分優良

的巨大深水港，位於珠江口東側，港內可泊各種船隻，颱風季節可避風浪，商業上和軍事上均具有特殊的重要性。英國侵略軍首先佔據港島北岸，主要目的就是要控制這個海港。繼佔領香港島之後，義律進一步於 1 月 30 日照會琦善，聲稱尖沙咀的中國軍事設施威脅了"該處洋面及香港海邊地方"，要求中方立即從該地撤走炮台和兵丁。這就更清楚地表明了英國侵佔整個維多利亞港的意圖。港島北岸一帶因其優越的地理條件，成為英國殖民者重點經營的地區，他們在這裏建立"維多利亞城"，作為英國統治香港的中心。

英國武力奪佔中國的領土香港島，是不折不扣的侵略行徑。不僅如此，義律和伯麥還在隨後發佈的公告和致中方的照會中多次聲稱，中英雙方議定將香港全島割讓給英國，"已有文據在案"，並以此為根據，公然要求中方立即從港島撤出所有駐軍，同時宣佈英國對香港的施政方針，氣焰極為囂張。

他們所謂"已有文據在案"，純屬欺人之談。如前所述，琦善雖然傾向妥協，在賠償烟價問題上作出重大讓步，但並未接受義律割香港的要求。即使在沙角和大角陷落以後，琦善萬般無奈，也僅同意代為奏懇皇帝，給予"外洋寄居一所"。義律將允許代奏説成是琦善同意割讓香港全島，完全是歪曲事實。正如日本歷史學者佐佐木正哉所説："琦善雖是欽差大臣，但他並没有自行割讓中國領土的權力。這種權力只操於中國皇帝之手。這一點琦善自然是完全懂得的。因此，針對義律提出的將當時由英軍佔領的沙角‘仍由英國官員據守，給為貿易寄寓之所’的要求，琦善在 1 月 11 日的照會中以沙角不適當而提議改為外洋一島，並稱：若是‘予給口外外洋寄居一所’，可‘代為奏懇’。這就是説，琦善完全懂得，他自己不要説割讓領土，就連讓外國人居住在中國領土上、變更舊體制這樣的權力也是根本沒有的。因此，他答稱：即使是給予英國‘寄居一所’，也只能代向皇帝奏懇。在這以後與義律的會談中，談判香港問題時琦善的回答也不會超出這個範圍。所以，義律在條約還沒有簽訂的情況下就宣稱他與琦善商定將香港全島讓給英國主掌、‘已有文據在案’，實在是十分蠻橫的行為。……可以認為，義律是為了逼迫琦善簽訂條約，才施展這種蠻不講理的強制手段的。"（佐佐木正哉：《琦善的革職被捕及其在香港問題上的交涉》；中譯文見中國社會科學院近代史研究所編：《國外中國近代史研究》第 15 輯）

諷刺在中國搜掠民財的英國士兵的歷史漫畫。

五　義律與琦善最後一次談判及其破裂

　　1841 年 1 月 27 日，即英軍侵佔港島的次日，義律與琦善重開談判，繼續要求割讓香港，訂立割地條約，並提出一個條約草案，被琦善拒絕。2 月 11 日和 12 日，雙方舉行第二輪會談，義律又提出一個換湯不換藥的修正案，要求照此訂約，依然沒有得逞。2 月下旬英軍大舉進攻珠江沿岸炮台，戰事再起。

1. 琦善再次拒絕割讓香港島

義律致巴麥尊函（摘錄）

1841 年 2 月 17 日於澳門

　　（ 1 月 27 日義律率軍艦多艘在珠江內與琦善會晤。）在對我們的要求和解決困難的方法進行了許多籠絡的會談之後，我把條約的一份中文譯本交給了他，請求他讓我們開始對每一項條款着手討論和解決，然後我們再進行下一個項目。

　　他抱着密切注意和顯然很苦惱的態度仔細查看了該條約的

中文譯本，指出，……我們必定不會如此不講道理，以致不考慮這個國家的習慣、政策和有關公共事務的方式。如果派遣高級官員們前往英國符合中國的法律，那末，假若他們開始時便堅持要完全按照中國的形式完成這些安排，我們將會有什麼想法？皇帝不希望同其他國家發生公開的交往；如果一定要允許這種交往，我們必須滿足於按照中國的習慣予以接受。

他最反對的那些實質問題，是關於規定支付賠款的條款、關於保持香港目前形式的條款以及關於在完全新的基礎上管理貿易的一些條款。

關於第一項條款，他説，它只能夠有助於達到毀滅他的目的；因爲在那份密封信件中充分地而且清楚地説明了條件，不能夠撤回或改變。皇帝已經拒絕批准這筆賠款；但總督閣下本人感到賠款是公正的，而且他不能夠相信，我們會拒絕採取減少他對該問題的巨大困難的方式來修改這一點。規定按照目前的方式割讓香港全島的條款，在總督閣下看來是完全沒有道理的；他確信我會撤回這項要求，滿足於該島爲我們的商人及其家屬提供一個適當的居住地方。

…………

我告訴總督閣下説，關於我們所討論的問題，我們正處於關鍵時刻。他已明白談到了對我極關重要的那一點，所以當遇到解決問題的障礙時，我不必討論其他的事情。

我不能夠允許對有關香港的那項條款作任何修改。我們必須完全據有香港，而且我們必須爲中國商人和船隻前來香港同我們進行貿易獲得許可，否則據有香港便將是完全沒有什麼用處的。由於考慮到這個事實，我已經作了許多讓步；如果對這項要求能夠獲得滿意的解決，我仍將做一切努力滿足他在其他方面的願望。如果不能夠獲得滿意的解決，我必須向他告別；在他使兩國因爲一件他本來可以放心的事情而捲入一場戰爭之前，我請求他反覆考慮，因為經驗將會證明那件事情對帝國本身有重大好處並帶來安全。對外貿易將會有巨大的增長，使帝國的稅收大為改善，而不會使政府的總的政策發生動搖。……

我們 27 日的會談結束時達成了這項諒解，即我把條約的中文譯本留給總督閣下，於次日早晨再來他這裏，弄清楚他對那項主要困難問題所做的決定。因此，我於第二天前往他的住處；……但是，工作了幾小時後，總督閣下的身體很不舒服，從而中斷了我們的事情，迫使我同意他提出的在廣州休息幾天的要求。

不過，我應當說，我不是不知道他有其他的原因希望拖延時間；事實上，對我們和對他來說幾乎一樣是必要的，因為我們必須收到舟山的來信（在撤退的命令送到舟山之後的信），以便在此地重新採取可能的戰爭行動之前，我們能夠計算整個部隊自那個地方撤離的時間。我期待到本月 15 日或 16 日收到該地的這項消息；在它送到後一個星期內，閣下可以相信將在條約上蓋印，否則我將進一步施加必要的壓力，以便按照更加有利的條件獲得解決。在這些會談與 11 日和 12 日也在虎門以內舉行的下一輪會談之間，總督閣下把他希望在條約中進行某些修改的一份草稿送往澳門，供我私下考慮。它在形式和內容方面都是完全不能接受的，我不必特別提及它。我認為，送來這份草稿提供給我一個方便的機會，在本信所附的那件照會中把我自己對整個問題所做的決定通知總督閣下。

在 11 日和 12 日重新開始的會談中，證實了該照會的良好效果；那時，在經過大約十二小時令人焦急的討論和周折之後，我們順利地把整個條約改為它目前的這種形式。

正如我曾經預料的那樣，總督閣下要求正式允許他們那方面對於那些在中國居住以及被發現在沿海有犯法行為的英國臣民所享有的權利，與我們要求對於那些出生於中國而在香港居住或前往香港的皇帝臣民所享有的權利相同。我希望，對那個微妙問題所達成的妥協，在閣下看來將是公正的和合適的。

關於批准條約的問題，我向總督閣下説明：我所能夠做的事情是向他提供保證，該條約將由一位官員代表英國女王方面批准，那位官員的地位同中國代表皇帝陛下批准該條約的高級官員相等；但是，既然皇帝陛下沒有批准條約，期待女王陛下批准是沒有希望的。

我相信，女王陛下政府根據兩國之間完全不同的習慣、中國人對於與外國交往感到陌生以及我們必須盡一切可能減少總督閣下的困難和責任等理由，將批准在這方面所商定的一些安排和修改。我願意承擔我在這方面應負的那份責任，因為我完全知道，對今後安全進行貿易來説，我們佔有香港比一項和約的規定，不管該和約措詞多麼嚴謹而且不管該和約在形式上按照西方國家的習慣多麼明確地獲得批准，將是一個更好的保證。

在我們最後一次會晤時，總督閣下抱着很苦惱的誠摯態度，極力要求在他蓋印之前再延遲十天，我必須承認，我感覺到很難不接受這項要求，……不容懷疑，欽差和我本人的動機都是因為沒有得到（英軍撤出）舟山的消息。他不能夠冒昧地信任我們，並且希望在他蓋章之前獲得關於我們具有誠意的那個證據。在我獲悉他們不會對駐守定海的一支脆弱的和不懷疑他人的殿後部隊發動突然襲擊以報復我們在此地採取的行動之前，我不認為自己處於逼迫他的地位。

（ F.O.881/75A，第 66 件）

附件 1　義律所擬的條約草案（摘錄）

…………

第三款

中國皇帝陛下把香港島割讓給大不列顛和愛爾蘭聯合王國女王陛下，該島位於中國沿海附近，即屬廣東省新安縣境內，在距格林威治靠近北緯二十二度十二英里至二十二度十八英里之間以及東經一百一十四度六英里至一百一十四度十五英里之間。皇帝陛下還允許船隻從他所有各部分領土爲貿易的目的前往該島，僅要求它們在尖沙咀海關辦好結關手續，以防止逃稅。由於考慮到這一點，所以大不列顛和愛爾蘭聯合王國女王陛下同意放棄所有進一步關於割讓領土或除廣州之外在其他口岸進行貿易的要求，而且英國女王陛下進一步保證，清朝領土內的船隻和商人前往香港港口時，將享有關於他們生命財產的充分保障和保護，並且不向英國政府交納任何費用或捐稅。

第四款

在中國居住的英國商人和其他的人犯有罪行時，應引渡給主要的英國官員，由該官員在中國官員們出席的情況下進行審判，而且他們將在香港接受所判定的懲罰。同時，前往香港的中國百姓、商人和其他的人有犯罪行爲時，應移交給距離最近的那位中國官員，由該官員在英國官員們出席的情況下予以懲罰。因犯罪而逃往香港的中國人，經英國官員們發現並證明有罪後，應引渡給中國官員對他們的犯罪行爲予以懲罰。

（ F.O.881/75A ，第 66 件附件1 ）

附件2　義律致琦善照會

1841 年 2 月 2 日於澳門

義律把一份已封好的英國女王頒發的全權證書的譯本送交

閣下，該證書授權義律同天朝的高級官員明確進行談判，以解決兩國之間的困難問題。

如果閣下認爲可以把雙方已經商定並蓋有印章的各款，按照符合兩國政府尊嚴的方式，並根據義律於上月 27 日榮幸地送交閣下的那份草案，歸納成爲一項條約的形式，那末，兩國間將有持久的和平。如果閣下拒絕辦理此事，戰爭行動便將重新開始。

義律意識到，本人已盡力避免這場災難；責任不能由本人承擔。

關於提供閣下考慮的那份草案的內容，不能夠作任何更改。義律要求對本照會立即給予答覆。

（ F.O.811/75A ， 第 66 件附件 2 ）

附件 3　琦善致義律照會

道光二十一年正月十四日

（ 1841 年 2 月 5 日）

本月十三日（ 2 月 4 日）接據來文，內開請照本月初五日（ 1 月 27 日）貴公使大臣開列各條酌定依允，不能更改等語。查前據送閱各款，本據貴公使大臣面請酌改，是以本大臣爵閣部堂就當面言明各語，於本月初九日（ 1 月 31 日）酌定四條寄閱，大意亦與貴公使大臣所擬不甚相遠，不過漢文通順，是以語句字面每有不同。今若逐條辯論，轉滋意氣。或貴公使大臣再行詳酌，或再行妥議，何如？

（ F.O.881/75A ， 第 66 件附件 3;

中文本據佐佐木正哉：《資料篇》，

第 79 頁 ）

附件 4 義律致琦善照會

1841 年 2 月 7 日於澳門

義律已經收到閣下本月 5 日的兩件照會。

義律還收到了閣下的口信；按照閣下這樣表達的願望，義律將有幸於本月 11 日與閣下會晤，那時義律誠摯地希望，對所有的事情都可以在可靠的基礎上並且按照符合兩國尊嚴的方式予以最後解決。爲了和平和減少閣下的困難，義律已經承擔十分重大的責任；但是，義律不敢完全不顧他本國君主的命令以及他本國的慣例。

（ F.O.881/75A ， 第 66 件附件4 ）

附件 5 義律致琦善照會（摘錄）

1841 年 2 月 16 日於澳門

英國全權大臣兼商務監督義律現在必須通知閣下，⋯⋯本人於今天收到總司令官伯麥的一封信，該信聲稱：他決不承擔進一步拖延的責任；如果在下月一日以前和約還没有及時訂立並蓋印，他將迫不得已地重新開始採取戰爭行動；而且，已經在爲部隊的調動進行準備。

義律誠摯地希望，閣下將能夠設法避免這場災難。

（ F.O.881/75A ， 第 66 件附件5 ）

2. 英軍攻佔珠江各炮台，進逼廣州城下

伯麥致關天培照會

1841 年 2 月 24 日

照得兩國爭論諸事，未能說明，現將交戰。本統帥愛惜存心，不忍以將弁兵卒多人致斃其命，務請貴提督即將橫檔以上、大虎以下中流左右各處炮台俱行讓給本統帥暫爲據守，則所有將弁官兵均得將身帶兵械，携同行李，安自別去。……倘貴提督果能依照本統帥此次公文情節辦理，毫無更改，即各炮台城上插竪白旗爲號可也。

（F.O.682/896; 佐佐木正哉：《資料篇》，第 73 件）

義律致巴麥尊函（摘錄）

1841 年 3 月 10 日於澳門

1841 年 8 月 2 日收到

大學士兼欽差大臣沒有在指定給他的那段時間內履行他的許諾，而且附上的那封信以及在虎門和珠江內重新開始積極的準備工作使人毫不懷疑，他已經接奉朝廷的指示避免解決問題，所以我決定停止採取克制的方針。

…………

延長在華軍事行動的可能性，不便佔領很長的一系列工事，以及必須留下對我們威力的長久記憶，都促使我建議摧毀我們

佔領的所有炮台，除了北橫檔炮台以外，因爲該地係虎門的要隘，在接奉女王陛下進一步的旨意之前我們將予以長期佔領。我們還打算在黃埔留駐一支相當大的海軍部隊。

本月 3 日，……欽差閣下委派廣州知府前來看我，要求寬限時間，或簡單地說，依賴我們的憐憫，因爲事情立即就很明顯，他已經被剝奪了解決困難問題的一切權力。不過，在這位官員最懇切的要求下，我同意暫時停止進一步的軍事行動，直到本月 5 日上午十一時爲止，把我現在附上的那些建議交給他，並告訴他說，如果到我所指定的時間欽差閣下不能夠與我會晤並在那些建議上面蓋印，我們必須繼續向前推進。

因此，在期限屆滿時，我們攻佔了部隊所在地與廣州之間僅剩下的那座炮台，所遇到的抵抗只不過是所有的大炮都發射了一枚無效的炮彈。

在到達這個位於廣州東郊邊緣的地點之後，我認爲，再向人民保證這座大城市的安全的時刻已經到來了，……我認爲我們首要的和最迫切的需要做的事情是使那部分從事貿易的居民感到放心，因爲他們隨時都在離開這座城市和他們的財產。

向人民發佈的那項公告當然獲得了直接的和最有效的效果，而且部隊撤往北橫檔以及軍艦撤往黃埔，也大大有助於恢復人們的信心。

…………

總司令官目前駐在虎門，爲佔領北橫檔進行一些必要的安排；然後其餘的部隊將退回香港，在那裏將盡快地給他們分配適當的營房。

關於這一點，我應當通知閣下：我們將佔領在鯉魚門航道處構成香港入口北側的尖沙咀半島。它有夏季季風吹過，而且土地乾燥和平坦，很適於供建築房屋之用，使它成爲建立市鎮和駐軍的最合格的地方。香港已經建立了一個廣闊的集市，以公道的價格可以很容易獲得各種供應品。

驻舟山的所有部隊於上月 24 日撤離該島，現在已抵達此地；俘虜已於同一天交還。

我們的部隊在舟山島遭到重大傷亡，是我本人同意在正式宣佈批准該大學士所訂協議之前撤出該島的主要動機，……在我看來，那場災難肯定決不可完全歸咎於氣候的影響；但是，不可否認，軍醫們的普遍意見對舟山是很不好的。同時，由於香港已在我們手中，我不敢承擔最重大的責任，使部隊在那個地點遭受另一個春季和夏季的危險。

我們從長期的經驗中獲悉，香港是一個十分有益於健康的地方，而且在那裏獲得勞動力和各種供應品都具有很有利的條件，在佔領舟山的初期是缺乏這些有利條件的。我很滿意地補充說，目前部隊的健康情況良好。

（ F.O.881/75A，第 72 件 ）

附件 1　琦善照會

道光二十一年正月二十七日

（ 1841 年 2 月 18 日 ）

照得接據貴公使大臣來文，均已閱悉。本大臣爵閣部堂本欲備文商酌，因日來抱恙甚重，心神恍惚，一俟痊可，即行辦理，爲此先行照會。既已承平，務望等待。倘再如上年之不候回文，既行滋擾，則前議一切，皆歸烏有，本大臣爵閣部堂，萬難再爲周旋，想貴公使大臣亦必知其爲難也。須至照會者。

（佐佐木正哉編：《資料篇》，第
84 頁；英譯文見 F.O.881/75A，
第 72 件附件 1 ）

附件 3　義律的停戰條件

一、應付給英國一千二百萬元，以賠償遠征部隊的費用和英國商人所遭受的損失；……英國軍隊將繼續佔領他們已經佔領的所有地方，直到全部賠款付清爲止；但那時應交還除香港島及其對岸尖沙咀半島之外的一切地方。

二、最近商定的和約應基本上保持不變，但是，應對一項條款作下列修改，並另增加四項其他條款，即：對割讓香港的條款應補充割讓尖沙咀，而且設立海關的地方應改爲九龍。應增加一項關於付給賠款一千二百萬元的條款；另一項增加的條款應規定三年內完全償清行商的債務，而且在三年內償清之後，應不再僅限於與行商進行貿易，而應把貿易的自由擴大到所有的中國商人。應增加的第三項條款，係規定把給予其他國家人民的任何特權同樣給予英國人；關於增加的第四項條款，大意是對於一切有爭議的問題應以條約的英文本爲准。

三、應在三天內開放對外貿易；而且雙方商定，本季節內貿易應在黃埔進行。

本協定於 1841 年 3 月 5 日由英國全權大臣與中國朝廷欽差大臣共同當面蓋印。

（ F.O.881/75A ，第 72 件附件 3 ）

簡評：琦善不僅在英軍侵佔港島以前始終拒絕割讓香港，而且從上面一組文件可以看出，他在英國侵佔以後也沒有改變這一立場。1 月 27 日義律提出一個條約草案，繼續要求割讓香港全島，琦善立即指出這一要求"完全沒有道理"，不能同意。同月 31 日琦善另行提出一個包含四條的條約草案，其中第一條寫道："既經奏請大皇帝恩旨，准令英吉利國之人仍前來廣通商，並准就新安縣屬之香港地方一處寄居。"（道光朝《籌辦夷務始末》，卷 23，第 815 頁。）這句話仍然是說，必須在獲得皇帝准許以後，英國人才可在"香港地方一處"（不是全島）寄居。義律蠻橫要求照英方的草案訂約，不許作任何修改。儘管如此，琦善仍要求義律對中方的四條"再行詳酌"。

2 月 11 － 12 日舉行第二輪談判時，義律提出一個修正案（即第 66 件附件 1），仍要求割讓香港全島，並規定香港的中國人與僑居中國的英國人均可享有治外法權，以表示尊重中國的"平等"地位。他要求琦善照此訂約，但琦善並未接受。英方給這個條約草案加上一個標題，稱之為"中國欽差大臣琦善與英國女王陛下全權大臣義律上校之間商定的條約草案"，這是違背事實的。

英國侵略者慣於交替使用"和平"手段和戰爭手段。當外交談判達不到勒索目的時，他們便不惜訴諸武力，進行更兇惡的勒索。

上：英國炮艦在珠江口與清水師發生激戰。（1841）

下：十八、十九世紀清水師的戰船。

六 英國政府對義律的不滿和侵華戰爭 的擴大

義律武力侵佔香港島，並未得到英國政府的賞識。巴麥尊接到義律關於此事和所謂"初步協議"的報告後十分不快，嚴厲斥責義律自行其事，沒有完全遵照 1840 年 2 月 20 日他給懿律和義律的訓令行事，沒有勒索到英國政府想要得到的更多侵略權益；並決定撤換義律，進一步擴大侵華戰爭。

1. 英國政府和商界對所謂"初步協議"的强烈反應

義律致巴麥尊函（摘錄）

1841 年 1 月 21 日發自澳門

閣下：

我榮幸地把我同欽差大臣繼續來往的信件送交閣下；所有這些信件包含我認爲我有義務爲解決與欽差閣下之間的困難而承擔責任的主要條件。

對雙方來説，那些必定會指導我們今後與這個國家交往的動機，因割讓香港而發生了如此全面的變化，所以不可能預料那個事件所產生的一系列後果，致使我相信應謹慎地採取行動，不觸及構成指示中所傳達的條約草案部分內容的大多數條款。

我相信，提供有效的保護、悄悄利用機會以及在這個新殖民地（指香港──引者）給予各國人和英國人最寬鬆的和平等的特權，將把各國同這個帝國的全部貿易迅速吸引到我們本國的旗幟下來。因此，我傾向於認為，最明智穩妥的政策將是使我們自己不受一些具體協議的約束，因為那些協議對於完全不在目前有把握預料的範圍之內的各種情況和突然事件是不必要的或不適合的。

還應當考慮，我們在這裏將始終駐有足夠的軍隊，使我們有時必須提出的那些意見具有影響；顯然需要避免為那些特許權和改革施加直接的壓力，因為很可能在不長的時間內必將由他們自己努力實現。

閣下將看到，我已經同意在穿鼻或香港支付適當的進出口貨稅，因為我認為這項安排將促進早日建立我們本國旗幟下的貿易；閣下可以允許我補充一句：我們一旦能夠在他們合法的範圍內減少這些捐稅，便將僅剩下對英國貿易中最重要項目之一施行很公道的徵稅。

其他一些很重要的情況，也促使我提議做這項讓步；我所說的是關於促使這個政府准許鴉片在交納適當的稅課後直接或間接地輸入中國的可能性。

　　　………

閣下，關於我認為為了國家利益起見，必須尊重那些指示的總的精神和意圖而不是它的字面意義的那幾點，我不能夠着手詳細說明我本人的看法和行動。

不過，我本人應該立即表明自己的信念（由於在難以忍受的環境中具有長期的經驗，可能使我的意見具有影響）：我們今後的貿易已被置於穩固的和安全的基礎之上；除非採取使女王陛下政府和國家感到苦惱的破壞性的戰爭行動作爲代價，便不可能獲得更多的純粹利益；最後，通過在開始達成切實可行的解決辦法時採取克制和謹慎的態度，比在驚慌的時刻而且在他們本國人民視爲奇恥大辱的情況下向該政府索取廣泛的特許權，將會更好地促進我國在這個帝國的永久利益。

就我個人來説（如果我可以大膽地硬要閣下注意一下這些需要考慮的事情），我感到，我應當承擔任何程度的責任，而不應當延長戰爭行動，儘管據我仔細判斷，我們所獲得的東西將有效地保證、改進和擴大我們在這個帝國的利益。

關於即將併入英國的那個地方（指香港——引者），我在這封信中將僅説明：從各種觀點看來，在女王的領土中，没有一個更爲優良的港口，也没有一個更爲寶貴的地方。

做這樣的預言没有什麼危險，即女王陛下提供的保護以及一項合理政策的影響，將在幾年内使那個地方成爲英國君主的最重要的而且也許是最有興味的領土之一。

據我看來，開放對中國人的貿易，不徵收任何種類的捐税或費用，以及對英國和所有各國船隻徵收數額很小和完全平等的噸税，是及早實現自然成爲對這個新殖民地政策的基本原則的最可靠的手段，換句話説，即最大可能地鼓勵在我們自己這個基地上的各種貿易，包括本國的和外國的貿易在内。

（ F.O.881/75A，第 48 件；此件共有十個附件，包括 1841 年 1 月中旬義律與琦善的來往照會，及 1 月 20 日義律關於"初步協議"給在華英國臣民的通告，前面有關部分已經選錄，此處從略）

巴麥尊上維多利亞女王書（摘錄）

1841 年 4 月 10 日

　　義律海軍上校似乎已經把寄給他的訓令完全置之度外，甚至在艦隊的戰鬥行動已經獲得完全的勝利，他可以自由規定條款的時候，他好像還是同意了極其不恰當的條件。鴉片賠款不及被迫交出的那批鴉片的實價，而且此次遠征費用以及破產行商的欠債都毫無着落。給全權公使的爲在華英國居民取得擔保品的明確命令並沒有執行；曾經特別通知他們要保留到全部賠款償清爲止的舟山島已經匆遽地並且是莫名其妙地撤出。甚至香港的割讓還結合着一項有關繳納捐稅的條件，這樣就使得那個島嶼並不是英王的屬地，而是像澳門一樣，在中國君主的領土上經許可才保持着的居留地。

（ Letters of Queen Victoria,
Vol.1, p.260 ）

英國女王致比利時國王函（摘錄）

1841 年 4 月 13 日

　　中國的事情使我們非常懊惱，巴麥尊感到大丟面子。如果不是由於查理・義律的那種不可思議的奇怪行爲，我們所要的一切或許已經到手了。……他完全不遵守給他的訓令，卻試圖取得他能夠取得的最低條件。

（同上書，第 261 頁）

倫敦三十九家公司致巴麥尊函

1841 年 4 月 12 日於倫敦

閣下：

對所有那些同對華貿易有關的人們來説，目前正處於如此重要的時刻，所以我們這些在信尾簽名的英國商人不能不通知閣下，我們對本國方面批准女王陛下駐華全權大臣簽訂的條約抱有嚴重的顧慮和驚慌情緒，因爲就我們從公開文件和私人消息所能獲悉的情況而言，那項條約不必要地犧牲了最近派遣遠征部隊的所有目的，而且放棄了對將來提供的一切保護。

我們在目前事態下的憂慮如此急迫，而且處在危險中的利益如此巨大，所以我們最誠摯地請求閣下在方便的時候，無論在倫敦或鄉下及早會見貿易代表團，以便我們可以獲悉閣下是否掌握了任何情報，它也許會減輕我們自然感到的一些顧慮。

（ F.O.881/75A ， 第 49 件 ）

利物浦五十家廠商致巴麥尊函（摘錄）

1841 年 4 月 16 日於利物浦

閣下：

我們這些在信尾簽名的利物浦商人，經營對印度和中國的貿易，冒昧地寫信給閣下，談論我們通過最近的陸路郵件所得到的那項消息，該消息説，女王陛下全權大臣與中國欽差之間訂立了一項初步的條約；我們是處於極爲失望和驚慌的情緒下這樣做的。

在我們所提到的 1 月 20 日正式通知英國在華僑民的那項條約中，我們看不出實現了女王陛下政府在去年派遣龐大軍隊前往中國海岸時公開宣佈企圖達到的任何一項重大的目的；我們在條約規定中，找不到企圖對賠償過去所受損失和痛苦或對減少同中國人進行新的交往中所抱猜疑和顧慮情緒提供希望的任何條款。

我們不提從中國的私人方面傳來的消息，不管該消息多麼值得相信，而且也不推測據說仍有待於繼續談判的那些細節的性質，但是，從女王陛下全權大臣發出的那項通知的內容中，我們認爲有充足理由向閣下提出緊急的請求，即女王陛下政府不批准那項條約，因爲該條約公開宣佈的主要條款是企圖在其他國家的心目中降低英國的聲望，而且該條約既沒有包含對過去的補償，也沒有包含對將來的保證。

（ F.O.881/75A ， 第 50 件 ）

巴麥尊致義律函（摘錄）

1841 年 4 月 21 日於外交部

十分抱歉的是，我不得不向你表示，我對你交涉的結果極其失望，對你進行交涉的方法也不贊同。

我給過你完備、詳盡和明確的訓令，並且英國和印度政府還以一支龐大而足用的兵力，交由你支配。

我曾特別告訴你英國政府的要求是什麼，命令你爭取達到這些目的，而你卻照着你自己的方法做去了。你已經違背和忽視了給你的訓令；你本來可以用，卻故意不用那支交由你支配的兵力；並且你沒有任何充分的必要就接受了同你奉命要爭取的差得很遠的條件。如果你要求過我們命令你要求的一切，如果當中國政府拒絕接受這些條件的時候，你曾要求陸海軍採取行動；如果武裝力量已盡了最大的努力，經過充分試驗之後，在威脅中國政府和強使他們同意我們的要求方面已經失敗，那麼你或許還有理由接受少於我們所要求的條件，以便使用一種即時的協定，使我們免於進一步的失敗，或免於費太大力量的必要；但是，即便在這種情形下，你在締結任何協定之前，也最好先向本國請示。

但是我們的武裝力量在海上和陸上已經處處奏功。我們毫無損失地佔領了舟山，並且已經充分安全地守住了它，不致受到中國人的進攻，而且我們想佔據多久就可以佔據多久。我們已在廈門和珠江下炮台顯示出我們的無敵海軍能夠輕而易舉擊敗一切遇到的中國武裝力量。我國艦隊到達白河口，已顯然給北京政府造成深刻的印象；我們佔領舟山，分明是使他們深感不安和焦慮的一個原因；並且從我們進攻珠江下炮台的勝利中顯示出來，如果你不曾完全莫名其妙地停止對上炮台的進攻，那些炮台也會在當天晚些時候被我們據有。

如果你不使用那種交由你使用的手段，就在交涉中得到了完全的成功，我自當對於你不借助武力而以溫和手段達到了我們的目的，加以讚賞。但是當你看出不充分使用那支兵力，你就不能得到你奉命爭取的東西，而那支兵力是特意為了一旦勸說無效，使你能採取強制手段而給你派去的，我不明白你為什麼不用那支正是為這個目的而派去的兵力，為什麼不略微試一下你的手段是否能使你得到所要求的一切東西，就接受了不適當的條件。

在你的整個行動過程中，你似乎把我的訓令當成了完全不必理睬的廢紙。你完全任意按照你自己的幻想，處理你的國家的利益。

我們曾命令你要求充分賠償兩年前你在廣州負責交出的鴉片。

請求國會支付這筆款項是絕對談不到的，但是我們告訴過你，要去強迫中國政府付錢，並且我們給了你強迫他們這樣做的手段。你已經同意接受比應付給鴉片持有者少得多的一筆款額，並同意把它的支付延展到這樣長的一段時間，每期的支付額又這樣小，以致它不必由中國政府支付，而以對我們的貨物增稅的形式，來由我們的商人支付。

曾經命令你要求償付遠征費用並償還行商的欠債；你似乎哪一項也不曾要求。

你曾奉命保留舟山，直到全部賠款付清爲止；並應要求把有關這一點的一項條款加進由中國全權大臣簽字並由皇帝批准的條約中；而你竟同意立即撤出該島，中方拒絕締結任何由皇帝簽字的條約，你竟也表示順從。

你已經割取了香港，一個幾乎沒有一所房屋的荒島；甚至這種所謂的割讓，據我看，由於受種種條件的限制，並不是必須經皇帝簽署才能生效的該島主權的割讓，而只是許可我們在那裏建一個居留地，其情況同葡萄牙人在澳門有一處定居之所一樣。

現在看來很清楚，香港正如澳門一樣不會成爲貿易市場；貿易將仍在廣州繼續進行；除非你在進一步交涉中，能爭取到我們爲在華僑民所要求的一切保證，那麼情況事實上依然還是和過去一樣；我們的商業交易將仍像以前一樣在廣州進行，我國商人仍將在那裏聽由中國人擺佈；只不過是可以前往荒涼的香港島並建屋閒住，以代替在澳門渡過貿易淡季罷了。我可能在這件事情上有所誤解，香港會使我們得到與以前在廣州所享有的同樣商業利益，外加上人身和財產免受侵害的好處。但是在爭取我們心目中的主要點上，你還是失敗了，這個主要點就是爲我們的貿易另闢向北發展之路，而這一目標本來會由在分期償還賠款的規定時間內繼續佔據舟山來達到的。

…………

當你讀到這裏時，你無疑已預料到，我不會結束這一封信，而不説出在這種情況下你不可能繼續保持在中國的職位這樣一句話。

我可以向你保證，我是不得已得出這個結論的，這使我深感抱歉；但是我確信，把曾經由你負責的國家利益繼續交給你掌握，實不能同我的公務責任相符合，我想我盡早這樣告訴你，對你只有好處。

誰是你的繼任人選，何時能趕來接替你，你將盡快得到通知。除了我的内閣同僚以外，我尚未對任何人談及此意。

（ Morse, *The International Relations of the Chinese Empire, The Period of Conflict, 1834 — 1860*, Appendix G ）

巴麥尊致義律函

1841 年 5 月 3 日於外交部

先生：

女王陛下政府已經考慮了您以唯一的全權大臣的身份從珠江寫來的第一號、第四號和第五號信件（沒有收到第二號和第三號信），您在那些信件中報告同中國欽差恢復談判以及那些談判的結果；我必須向您説明，女王陛下政府不贊成您在同中國欽差談判中背離您所奉指示的方式。因此，我已接奉女王的諭令向您表示，女王陛下已決定把處理對華事務交給另一位全權大臣手中，他將利用下一個經地中海由陸路旅行的機會從此地動身前往中國；在他抵達後，您將認爲您作爲女王陛下全權大臣和監督所擔負的職責已經停止，所以到那時您一有方便的機會便應返回本國。

（ F.O.881/75A，第 52 件 ）

2. 英國政府決定擴大侵華戰爭，勒索更多權益

巴麥尊致璞鼎查函（摘錄）

1841 年 5 月 15 日於外交部

女王已經欣然挑選您擔任專派往中國政府的女王陛下全權大臣，並兼任女王陛下臣民同該國貿易的首席監督。由於您具有全權大臣的身份，我隨信送給您一份全權證書，委任並授權您同獲得中國皇帝方面類似權力和授權的大臣們進行談判而且締訂任何條約或協定，以解決英國與中國之間目前存在的一些分歧；而且還隨信送給您一份有女王親筆簽名並蓋有御璽的委任狀，指定和任命您為女王陛下駐華首席商務監督。

（F.O.881/75A，第 59 件）

巴麥尊致璞鼎查函（摘錄）

1841 年 5 月 31 日於外交部

當您現在即將動身前往中國的時候，我着手給您一些決定性的指示，作為您在履行交付給您的那些職責時的指導方針。

首先，您應清楚地了解，同中國政府進行談判之事已完全委託給您，而且您以全權大臣的身份獨自決定談判應在什麼地方進行，持續多長的時間，如果談判不順利，應在什麼時候中斷談判。但是，當您一旦認為繼續談判沒有益處，而且為了促使中國政府接受英國的要求而有必要使用武力的時候，您應向指揮遠征部隊的海軍軍官通報該項事實；那時，將由他決定在

什麼時候、什麼地方以及如何使用在他支配之下的那些部隊；您不應干預停止他所採取的軍事行動，除非您從中國政府適當授權的一位官員那裏，獲得皇帝方面全面地和無條件地接受您以英國政府的名義已經提出的全部要求。

…………

那支海陸軍部隊必須執行的第一項軍事行動，將是重新佔領舟山島；它必須在您那方面開始進行任何談判之前完成。一旦佔領舟山之後，……您應當從該地發出一份照會遞交北京政府，宣佈您的到達，而且說明，您準備同中國皇帝爲該目的而正式委任並授予全權的任何全權大臣進行談判。

由於許多原因，您不宜在廣州附近進行談判。那個地點距北京遙遠，將爲拖延提供相當好的借口，那是很不方便的；而且在廣州附近地區，中國的談判者很容易受到許多不利於解決女王陛下政府要求的影響。

但是，您可以在舟山附近或白河口進行談判，而且您應當根據情況，自行斟酌確定這兩個地點中的任何一個。……

關於談判本身以及您應提出的要求，我必須吩咐您去查閱我曾經給予前任全權大臣的那些指示，它們在這方面充分闡明了女王陛下政府的意見和目的。女王陛下政府認爲，沒有理由修改或放棄最初向中國政府提出的任何部分要求；他們相信，您將能夠通過說服或使用武力的辦法獲得中國政府的立即接受。

首先應當堅持的要點是：徹底賠償 1839 年從英國臣民手中勒索的那些鴉片，它們曾被充作商務監督以及同他一起在廣州被囚禁的英國臣民的贖金；完全償付破產行商的債務，因爲必須使中國政府對那些破產行商承擔責任；而且付給英國爲了索取賠償而兩次派遣遠征部隊前往中國所支出的費用。

…………

應當注意的第二點，是關於那些爲了貿易的目的可能前往中國或在中國居住的英國臣民的安全。要做到這一點，可以通過把中國沿海的某些島嶼地方割讓給英國，或通過中國皇帝方面保證：英國在華臣民的生命財產將是安全的，他們的商業交易將是自由的和不受約束的，而且不僅僅局限於行商；同英國臣民進行貿易的中國臣民將不因爲他們那方面進行這種貿易而承受特別的負擔或特殊的苛捐雜稅。

具有極爲重要意義的第三點，是擴大我們同中國的通商，允許英國商人們同中國東部沿海的一些主要商業城市進行貿易，從廈門沿海而上，直到北方。使四、五個這樣的城市對英國貿易開放也許就足夠了；但是，爲了使這些城市有效地開放，必需具備下列兩個情況中的一個：或是允許英國臣民在這些城市中安家和居住，並且在每個城市中派駐一名英國領事官員作爲英國僑民與中國當局之間的聯繫機構，或是把東部沿海的某個島嶼割讓給英國，並且允許在該島嶼與大陸上一些城市之間自由進行通商。

據了解，中國政府已同意把香港島割讓給英國；而且該島被認爲在許多方面很有資格成爲我們對華貿易的一個相當重要的商業基地。

您應當仔細考察香港的自然位置，而且不要放棄該島，除非您認爲能夠以廣州附近的另一個島嶼替換它，那個島嶼可以更好地適合於我們所期望達到的目的，同樣能夠設防，而且對軍艦和商船可提供充分的保護。

但是，女王陛下政府擔心，香港在很長的時間內不能夠向我們的商人提供對北方一些港口進行貿易的任何新的便利條件；因此，佔有香港將不會取代獲得東部沿海的另一個島嶼地方或允許英國臣民在該沿海一些主要城市居住的必要。

女王陛下政府有理由假定：中國方面割讓香港附有這項條

件，即英國和其他各國運入香港的貨物，應在那裏向中國海關官員們交納這些貨物運入中國時將交納的那些通常既定的入口稅；在交納這些稅而且中國海關駐香港官員們對這些貨物正式打下印記之後，所有的人都有充分的自由把這些貨物運往中國的任何口岸，不應在這些口岸或其他地方交納任何進一步的入口稅。

至於這一安排包含在英國領土（指香港——引者）內派駐中國海關官員並徵收中國關稅，它無疑是異乎尋常的；而且，這項安排中關於免除這些貨物後來在一個中國口岸納稅的那部分內容，在實際付諸實行時可能會有某些困難。但是，在歐洲有在一個國家領土內由另一個國家的代理人徵稅的類似事件。……如果貨物一旦運到香港岸上後，便可以從那裏運往中國的任何港口而可以不另外交納任何捐稅，那末，英國貿易也許可能會受到很大的鼓勵；而且中國海關駐香港的官員們將不像其他口岸的中國官員們那樣，試圖徵收過高的和非法的捐稅。

…………

為了維持兩國之間永久友好的諒解，中國政府應把鴉片貿易置於某種正規的和合法的基礎之上，這是十分重要的。經驗已經證明，中國政府完全沒有力量防止鴉片輸入中國；有許多理由使得英國政府不可能為實現那個目的向中國政府提供任何有效的援助。但是，當鴉片貿易遭到法律禁止的時候，它必定不可避免地通過欺詐和暴力行為進行，從而在中國禁烟機構與從事鴉片貿易的那些人之間必定引起經常的衝突和鬥爭。那些人大體上都是英國臣民；不可能設想這種秘密的戰爭能夠在英國鴉片走私者與中國當局之間長期進行下去，而不會發生那些使中英兩國政府之間的友好諒解處於危險狀態的事件。

女王陛下政府對於這件事情不提出任何要求，因為他們沒有權利這樣做。……但是，我希望，您應利用一切有利的機會，採用您自然會想到的所有論點，強有力地給中國全權大臣並通過他給中國政府留下深刻印象，即改變中國關於此事的法律，而且採取徵收固定稅的辦法使他們不能防止的一種貿易合法化，對中國政府本身的利益來說將會帶來多麼大的好處。

（ F.O.881/75A ，第 62 件）

3. 印度總督奧克蘭關於侵華方針的重要意見

奧克蘭致義律、伯麥函（摘錄）

1841 年 5 月 10 日於威廉堡

…………

2. 進攻廣州所獲得的迅速而又輝煌的勝利，使我感到十分高興，而且我相信，當那個勝利已經使廣州處於英國軍隊支配之下的時候，不傷害那座城市是明智的和正確的。……我們有理由希望，我們也許能夠在那方面進行貿易，很可能就在英國殖民地香港（如果這是我們終於決定採取的政策），即使我們同該帝國其他地區的關係處於長期的敵對狀態。

…………

5. 我不能夠設想，女王陛下政府將會放棄那些關於賠償烟價和遠征部隊費用、割讓北部沿海和南部沿海的一個島嶼以及至少對住在廣州的英國臣民提供確實保護的要求。爲英國貿易打通一條進入人口衆多而又富裕的中國北部各省的渠道，是對國家至關重要的一個目的；我認爲，我們可以相信，英國政府將不會感到滿足，除非獲得一個立足點，它可以爲擴大我們在那方面的貿易提供最後的手段（如果不是提供立即採取的手段

的話 ）。

．．．．．．．．．．．

8. 在廣州，貿易的季節在增援部隊到達以前便會過去；我
不知道，目前重新對珠江的封鎖是否有利，而繼續停止這種封
鎖可以避免許多令人不愉快的問題。佔有橫檔島以及在一切情
況下都將留駐在香港和香港附近的海軍部隊的存在，將始終提
供重新建立封鎖的力量，如果廣東省當局的行爲看來需要採取
那項措施的話。但是，在我看來，當没有極爲必要的事情要求
在那個地區重新使用武力時，不在珠江或廣東省沿海採取煩惱
和限制的行動，可能最好地保證居民普遍的善意以及貿易自由
流向香港。

．．．．．．．．．．．

9. 我們可以預測，7 月初，集中在香港的陸軍部隊，除了
艦隊的海軍陸戰隊之外，總數將達到三千六百人至四千人。如
果把這支部隊中的一千五百人以及傷病員留駐在香港島並供佔
領橫檔之用，那末，將很可能對這些港口提供充分保護。

．．．．．．．．．．．

21. 正像我們所希望的那樣，佔領橫檔島將使我們能夠完
全控制珠江，我們當然應當繼續予以佔領，直到討論的每一個
問題獲得解決而且所規定的各項讓步得到忠實履行爲止。這是
所得利益中最重要的一項，你們可以把它用來換取你們所要求
的一些事項，而且在那些事項獲得完全實現之前，你們決不可
放棄它。

22. 我在這裏特別談到這一點，因爲緊接着我便必須提及
重新佔領北部沿海的一個島嶼，而且我知道，女王陛下政府將
認爲保有這樣一個島嶼是極爲重要的，決不會同意立即放棄它
作爲安排結束戰爭行動的一部分。

23. ……爲了發現北部沿海是否有任何其他島嶼比舟山島

本身更好地適合於我們尋求一個殖民和貿易地方的目的，你們還應對那裏的每一個地點進行最仔細的調查。如果你們沒有發現這樣一個島嶼，那末，我建議……派遣一支足夠的部隊，比如說一千二百人或一千五百人，去重新佔領定海城並佔領附近的一個地方。……佔領這樣一個地點將爲明年採取的軍事行動提供一個良好的基地，而且我不能不認爲，我們以這種方式第二次出現在舟山，將在政治上具有很大的好處。

…………

25. 在整個冬季，必須從澳門和香港獲得充足的糧食以供應該島（指舟山——引者）上的部隊，而不依靠當地的支持；對整個艦隊可能暫駐北部海域期間也應當同樣地提供糧食。

26. 我預料，在指望佔有一個島嶼作爲我們能夠攻克並爲自己保有的一項對國家的賠償時，儘管中國政府感到不高興或表示冷淡，我們可以終於促使女王陛下政府認爲這種佔有甚至比保證對大陸各港口的貿易自由更爲可取。這裏，我要說明，我不能夠想像，關於在割讓給英國君主的一個島嶼上實行混合管轄的任何計劃，會得到女王陛下政府的片刻承認；而且我相信，關於在英國的一個殖民地上爲中國政府徵稅的任何建議，將遭到女王陛下政府的完全拒絕。

…………

28. 在北部沿海的一個島嶼建立駐地之後，艦隊中的很大一部分以及剩餘的部隊應返回香港，在貿易最活躍的季節增強我們在該處的地位，那也許是最方便的。

29. 我不能夠懷疑，女王陛下政府將打算永久保有香港島，並將毫不遲疑地批准爲使該島成爲貿易殖民地特別是爲有關駐守該島部隊健康的一切目的所必需的費用。你們很可能會決定，現在而且在宣佈女王陛下的旨意以前，把該島作爲一個自由港對待，允許所有國家的船隻前往。

（ F.O.881/75B ， 第 9 件 ）

奧克蘭致印度管理局局長霍布豪斯函（摘錄）

1841 年 8 月 11 日於威廉堡

我希望維持廣州的貿易，而且在廣州城附近地區以及福建沿海一帶，如果對中國人的商船採取任何戰爭行動，那應當是有節制的。……我曾極力主張重新佔領舟山島或强行佔有東部沿海的某個其他島嶼。我曾經進一步指望，無論我們獲得的其他賠償總額可能達到多少，應佔有這樣一個島嶼，我們在攻克它之後，能夠爲自己保有它，儘管中國政府感到不高興或表示冷淡；而且我表示過佔有這一島嶼甚至比保證對大陸各港口的貿易自由更爲可取。……同時，我曾進一步考慮有條不紊地佔領並永久保有香港島，不僅是因爲有希望獲得貿易利益——我認爲那仍然是很重要的，而且因爲在可能進行的一場持久戰爭中，據我看來，我們完全需要在新加坡的前面有一個牢固的基地，以供作彈藥庫、醫院、貯藏物品以及在某種程度作進行維修船艦的港口之用。

（ F.O.881/75B ， 第 15 件 ）

4. 英國侵華政策的調整

新任外交大臣阿伯丁致璞鼎查函（摘錄）

1841 年 11 月 4 日於外交部

女王陛下政府希望對巴麥尊子爵向您提出的那些指示作一

些重要的修改，主要是爲了擴大您自由決定的權力，從而像他們所希望的那樣，促進您所作的努力獲得成功。

當戰爭行動開始的時候，由於中國政府拒絕同意您的要求的緣故，您所奉指示命令您不得干預中止軍事行動，除非您從中國政府適當授權的一位官員那裏獲得皇帝那方面完全地而且無條件地接受您以英國政府名義提出的所有要求。

目前，當談判可能恢復並具有獲得成功的最好前景時，這項命令可能在您進行談判的過程中設置一個不可克服的障礙；因此，授權您在任何時候恢復這項談判，只要您會同海陸軍指揮官們認爲，戰爭行動已經給敵人造成了充分的印象，以致使您能夠這樣做，並有希望獲得一項有利的結果。

…………

關於在採取戰爭行動過程中可能有必要佔領中國領土一事，女王陛下政府感到不傾向於把這樣獲得的任何領土視爲永久征服。他們寧可希望，女王陛下臣民同中華帝國的通商，應通過一項允許對中國東部沿海四、五個主要城市進行貿易的條約予以保證，而且應在這些城市中的每一座派駐一位領事，作爲英國居民與地方官員們之間的聯繫媒介。

除了香港島之外，女王陛下軍隊很可能將會再度佔領舟山，因爲已經發出關於那個意思的指示；而且其他一些地點也可能成爲攻擊的目標。這些島嶼地方作爲構成軍事行動的基地將是十分重要的。它們還將把作出寶貴讓步的手段置於您的手中，從而大大幫助您進行談判，而且它們將爲適當執行您可能締結的任何條約的條款提供一項有效的擔保。但是，在女王統治下，長期佔有這些領土的關係必定會帶來很大的費用，而佔領這些領土使我們能夠無視中國政府而進行貿易的範圍卻似乎有些令人懷疑。它還將傾向於使我們在政治上同中國人保持比我們所希望的更多的接觸，而且也許不可避免地最後導致我們參與在

不久的將來可能在這個奇特的民族和該帝國政府中發生的爭奪
和變動。

我們所希望得到的全部東西是安全的和管理完善的貿易；
您應當經常記住，我們不謀求任何專有的利益，不要求享有任
何我們不願其他各國臣民享有的利益。

除了我現在所說明的那些修改意見之外，您應認為您以前
所奉指示已獲得女王陛下政府的確認，而且您應當照此調整您
的行動。

（F.O.881/75B，第 19 件的附件）

簡評：英國政府發動侵華戰爭，主要目的是要強迫開
放廣闊的華東市場對英通商，並取得各種與此有關的侵略特
權。此外，它還有一個不可告人的企圖，就是實現鴉片貿易
合法化。關於奪佔海島問題，巴麥尊選定了舟山羣島。他明
確地指出，清政府若不願割讓島嶼，必須給英國更多的特權
作為交換條件，二者擇一。義律撤出舟山並放棄開放東部口
岸等要求，與巴麥尊的既定方針大相逕庭，這是他被撤職的
根本原因。

其實，義律撤出舟山是形勢所迫。當時英國侵略軍總數
僅有四千人左右，軍艦十幾艘，兵力不足，顧此失彼，並不
像巴麥尊估計的那樣可以隨心所欲地迫使中國接受一切屈辱
的條件。英軍佔領定海後，遭到當地人民沉重打擊，加上疫
病流行，傷亡慘重。1840 年 9 月義律在赴粵談判途中經過
舟山，目睹佔領軍的狼狽處境，亟盼早日從舟山脫身並結束
戰爭，於 29 日致函巴麥尊說：“考慮到女王陛下政府的廣
泛要求和整個形勢，我們覺得有責任表明自己的看法：不經
過曠日持久的戰爭，這些要求能否完全達到目的是值得懷疑
的。另一方面，我們認為不難找到一種臨時性的解決辦法，

包括賠償烟價，可能在廣州附近得到一個海島基地，並且在一種擴大的、穩固的、改善的基礎上在該地開闢貿易，條件是我們同意撤出舟山。"（F.O.881/75A，第 31 件）由此可見，義律是爲了擺脫困境，才有棄舟山、佔香港的想法的。

巴麥尊實際上並不反對佔領香港島。他雖在 1841 年 4 月 21 日致義律信中把香港說成毫無用處的荒島，但 5 月 31 日卻明確指示璞鼎查"不要放棄該島"。總的來說，巴麥尊的計劃是舟山和香港都應加以佔領，分別作爲在華東和華南進一步擴張的據點。不過他始終認爲，舟山比香港對英國的利益更加重要。

印度總督奧克蘭是英國統治集團中主張割取香港最力的一人。印度輸華鴉片一向以伶仃和香港等處洋面爲走私中心，印度輸華的棉花也以華南爲主要市場，因此奧克蘭對擴大印度在華南的商業特別關注，並極力主張"永久佔領香港"。他甚至認爲，割佔中國島嶼比增開通商口岸和獲得其他權益"更爲可取"。侵華英軍主要由印度派遣，軍費也由印度籌措，印度總督對侵華遠征軍有一般指導權，其意見對義律和璞鼎查顯然有不可忽視的影響。

1841 年 9 月阿伯丁擔任外交大臣後，就侵華方針作了一些調整。他認爲英國的利益在於擴展貿易和獲得與此相關的權益，而不在於割取中國領土；暫時佔領一些島嶼作爲對華戰爭的軍事基地是必要的，但是他不贊成永久佔領，因爲這將大量增加英國政府的開支，而且會加深中國政府的怨恨，不利於對華貿易的發展。

然而在香港，阿伯丁的這個訓令只是一紙空文，並未得到認真貫徹。義律在佔領香港之初即已在島上成立政權機構，他自任行政長官（地位相當於港督），並陸續任命了副行政長官、總巡理府（Chief Magistrate）、船政廳和工務處等重要官員。同時，港英當局還廉價拍賣港島土地，以吸引英商和其他外國商人前來貿易居住。所謂的"女王城"（Queen's Town）已經開始興建，"皇后大道"也已開始施工。

1841 年 8 月璞鼎查接替義律職務，宣佈義律前此關於香港的各種安排繼續有效。此後，港島的建設進一步加快步伐，大鴉片商人馬地臣率先在島上建成一座磚石結構的建築物，其他洋商也紛紛建造倉庫和住宅。不久，港英當局的幾幢房屋和永久性營房也相繼落成。同時，"女王城"中還出現了一個攤販雲集的"廣州市場"，後來改稱"中央市場"。1842 年 2 月，璞鼎查正式宣佈將英國駐華商務監督署從澳門遷港。

以上事實表明，早在鴉片戰爭結束以前，英國侵略者已打定了永久佔據香港的主意，並已將港島變爲事實上的英國殖民地。1842 年 5 月璞鼎查致函英國外交部說："這個居留地已經取得長足進展，爲了女王陛下及其臣民的榮譽和利益，不允許再將它交還中國皇帝去統治。"（Charles Collins, *Public Administration in Hong Kong*, p.39）璞鼎查在這裏提出了與阿伯丁截然相反的主張，阿伯丁對此並未提出異議，說明他事實上已放棄了先前的意見。

1842年8月29日清朝欽差大臣耆英與英國全
權代表砵甸乍簽署《南京條約》。

七　香港島的割讓

　　璞鼎查於 1841 年 8 月 10 日抵達澳門，同月 21 - 22 日赴港島視察，對殖民當局的各項工作表示滿意和支持，隨即留少數陸軍和軍艦 5 艘在香港駐守，他本人率侵略軍主力北上，先後攻佔廈門、定海和寧波等地。

　　1842 年春，英國政府指示遠征軍佔領鎮江，截斷南北大運河的航運，斷絕北京的漕米供應，以迫使清政府投降。同年 6 月，大批增援部隊從印度來到中國，於是璞鼎查立即下令進犯長江。6 月 16 日英軍攻佔吳淞，19 日佔上海，並沿江西上，於 7 月 21 日攻陷鎮江，當地駐防旗兵一千五百人殊死奮戰，直到最後一人。8 月 4 日英軍進逼南京城下，清朝議和代表耆英、伊里布被迫接受英方開列的議和條款，於 29 日在英國戰艦上簽訂《南京條約》，其中第 3 款規定割讓香港。

1. 城下之盟與香港的割讓

璞鼎查"曉示"（摘錄）

1842 年 7 月 5 日

茲因中國如此不端相待，是以本全權公使大臣，奉命前來中國，務求伸寃，然後善定事宜，復修舊和。當未伸寃之先，則有統領水陸軍師大憲等，奉命照義爭戰，專心求爲伸寃。迨有中國大臣，奉皇帝欽賜全權，准其自行酌商辦理，才可戢兵不戰矣。

夫伸寃昭雪之大端者三也。即賠還所奪之貨物，及年來相戰之使費一也。其兩國官員，嗣後以友理相待，平行通交二也。割讓海島，以給英人居住貿易，致免再釀爭端三也。得此三者，其餘事端不難善定也。本公使大臣恐爾民人等被官員誘惑，向我兵弁相害，致惹軍師怒氣，累及家眷，特先列情曉示，爲此示仰沿海各省居民知悉。

（佐佐木正哉編：《鴉片戰爭研究（資料篇）》，第 159 頁）

璞鼎查致耆英照會（摘錄）

1842 年 7 月

照得六月十四日，接准貴將軍由廣東通事人遞來書信一封，均切閱悉。……至信內所説善定和好等語，原正本國君臣所極願，……惟和好之情，必照本國討要各款，方能議及。如貴將

軍一經奉皇帝欽賜全權，俾得自主，依各該款議定諸事，本全
權公使才可咨會統領軍門等，請爲戢兵不戰，待我酌商事件。
乃未奉欽賜全權之先，斷不敢如斯咨請。……

　　再本全權公使會同統領軍門等，昨到鎮江，不日仍要進赴
江寧（即南京——引者）。而本公使心懷，惟欲救生民命，倘
若貴將軍及牛督部堂（指兩江總督牛鑑——引者）等，能可籌
畫贖救省城之計，本公使即當請統領等不要進城，免致殺斃多
命。

（同上書，第 165 - 166 頁）

道光帝密諭

1842 年 7 月 26 日

　　據耆英片奏，探見逆夷登岸，京口情形危迫。……伊里布
現往鎮江，著即會同耆英妥籌商辦。前因該夷懇求三事：一還
烟價戰費；一用平行禮；一請濱海地作貿易所。已有旨密諭耆
英：廣東給過銀兩，烟價礙難再議，戰費彼此均有，不能議
給；其平行禮可以通融；貿易之所，前已諭知耆英，將香港地
方暫行賞借，並許以閩、浙沿海暫准通市。該逆既來訴冤，經
此次推誠曉諭，當可就我範圍。惟前據該逆照覆，似以耆英、
伊里布不能作主爲疑。恐其心多惶惑，不肯遽斂逆鋒，著耆英、
伊里布剴切開導，如果真心悔禍，共願戢兵，我等奏懇大皇帝，
定邀允准，不必過生疑慮。該大臣等經朕特簡，務須慎持國體，
俯順夷情，俾兵萌早戢，沿海解嚴，方爲不負委任，不必慮有
掣肘，以致中存畏忌，仍於事無益也。將此密諭知之。

（《籌辦夷務始末》，道光朝，卷 55，
第 2127 頁）

耆英奏摺（摘錄）

1842 年 8 月 1 日發

六月二十四日、二十五日（即西曆 7 月 31 日、8 月 1 日），兩奉廷寄，仰蒙我皇上指示：有應行便宜從事之處，即著從權辦理，此事但期有成，朕亦不爲遙制等因。欽此。

奴才跪讀之下，愧懼交深，五中欲裂！敢不激發天良，懍遵辦理。

（同上書，卷 57，第 2215 －2216 頁）

耆英、伊里布致璞鼎查照會

1842 年 8 月 3 日

六月二十七日（即西曆 8 月 3 日）接到來文，以本大臣無全權字樣，礙難公議通商之事。查本朝向無全權大臣官名，凡有欽差大臣字樣，即與貴國全權二字相同。至通商一事，欽奉大皇帝簡派本大臣（都統）前來會議，是以疊次咨明在案。今若實心願通舊好，即按兵不動，揀派人員，會同公議，以期早定和局，覆書告知，尚望貴公使熟思之。須至照會者。

（《鴉片戰爭研究（資料篇）》，第 176 頁）

英國所要各條款（摘錄）

1842 年 8 月 12 日

關讓地通商一端，大清必將香港地方讓與大英永遠據守。蓋大英之國體，既被大清之凌辱，理當讓地方以伏其罪，而補所傷之威儀也。

（同上書，第 199 － 200 頁）

伊里布、耆英、牛鑑照會（摘錄）

1842 年 8 月 14 日

本月初八日（西曆 8 月 13 日），塔芬布、張士淳回省，以本大臣等有意延緩，並非誠心善定，暗設伏兵。倘本大臣等如此居心，天日在上，定遭誅殛。今將奉到諭旨，原封寄閱，貴公使閱之，自必釋然。至所用馬頭，除香港地方業經貴國建蓋房屋，應聽貴國安置外，其廣州、福州、廈門、寧波、上海地方，貿易通商，俾兩國均獲利益，尤屬妥協。……其餘各款，更易善定。所有本大臣酌議之處，是否可行，仍希貴公使善為指定，以期兩國永結和好，實天下幸甚，蒼生幸甚。

（同上書，第 201 頁）

耆英、伊里布、牛鑑奏摺

1842 年 8 月 14 日發

竊臣等於本月初八日（即西曆 8 月 13 日），將辦理夷務情形，會摺馳奏。先於初七日，據該夷將請求各款，開列清單，交委員塔芬布等攜回。臣等公同閱看：一、係索討洋錢二千一百萬元，本年先交六百萬元，其餘分年帶交；一、係索討香港作爲馬頭，並求准往廣州、福州、廈門、寧波、上海等處貿易；一、係與中國官員用平行禮。其餘雖尚有請求，大抵不出三款之外。並據堅稱若能如其所請，即當永訂和好，不敢再啟兵端；不如所請，即行開仗，並往別省滋擾等語。臣等正在會同酌議，擬即明晰照覆。

詎料初八日戌刻，該夷因聞訛傳，有調壽春兵來省防剿之信，忽換紅旗，並於鍾山之上安設大炮，聲稱定於次早開炮攻城，勢甚猖獗。臣等查江寧省城，雖已派撥弁兵分段防守，惟周圍五十餘里，兵力不敷。且所調江西、湖北、徐州各官兵，均曾經挫衂，士氣不揚，未敢恃以爲固。況鍾山逼近省會，該夷登高臨下，一經轟擊，勢必不支。兼之民風柔懦，一聞此信，均各驚慌，即有男婦數萬人，赴臣等各衙門，遮道號呼，籲求救命。

臣等查該夷自犯順以來，由粵入閩，歷浙入江，屢經命將出師，總未能挫其兇燄。近復大集醜類，兵船多至八十餘隻，輒敢攻陷京口，橫據長江，斷我南北衝要。茲復連檣併進，直逼金陵，以致危在旦夕。臣等目睹萬分緊急情形，若再事固執，萬一危城莫保，臣等死不足惜，所慮三省根本，一有動搖，不惟京口梗塞不通，即安徽、江西、湖北各省會，該夷均可揚帆直達。並據江都縣彭以竺探報，該夷有戰若不勝，即遣漢奸偷挖高堰等情。如果屬實，禍患尤不可問。

臣等伏思該夷所請各條，雖係貪利無厭，而其意不過求賞馬頭，貿易通商而止，尚非潛蓄異謀。與其兵連禍結，流毒愈深，不若姑允所請，以保江南大局。現已照會該夷，申以盟誓，如果悔禍戢兵，即照所議各條速爲商定，一面奏明乞恩。倘犬羊之性仍不馴伏，臣等惟有激勵將士，嬰城固守，成敗利鈍，非所逆睹。惟念臣等均荷聖恩，畀以重任，不能宣威殄寇，又復膽大擅專，罪難擢數，應請旨將臣等一併從重治罪。

（《籌辦夷務始末》，道光朝，卷58，
第 2261－2263 頁）

廷 寄

1842 年 8 月 18 日發

諭軍機大臣等：耆英等奏，形勢萬分危急，姑允所請一摺。前有旨諭知耆英等便宜從事，不爲遙制，原爲保全民命起見。茲據奏稱：該夷將請求各款開單索討，並因傳有調兵防剿之信，又復換旗安炮，江南民風柔懦，男婦數萬，號呼籲救，已據該大臣等允其所請等語。覽奏不勝憤恨！繼念江南數百萬生靈，一經開仗，安危難保，既經該大臣權宜應允，朕亦只可以民命爲重。惟所稱本年先交洋錢六百萬元，從何措給？香港准其賞借，廈門、寧波、上海等處亦可准其貿易，但只許來往通商，不准久住據爲巢穴。其福州一處，内地係屬陸路，且山徑叢雜，商旅不便，閩省既有廈門通市，自不得復求福州。著耆英等再行商酌，將福州一處撤去，即萬不得已，或於閩省泉州附近酌與通商，均著妥行定議。惟該夷既稱，能如所請，不敢再啟兵端。現在業經俯允，該夷如何退出長江？各省夷船如何遣散回國？該大臣等必當切實議定，永杜兵萌，不可稍涉含糊，徒顧目前，仍成不了之局。所請從重治罪之處，著毋庸議。

（同上書，卷 58，第 2263－
2264 頁）

耆英、伊里布、牛鑑照會（摘錄）

1842 年 8 月 15 日

照得中國與貴國通商和好各條款，現經照貴國原議，另繕清單，先鈔一份，送貴公使閱核，即於本日委員赴靜海寺，再行會議酌定。須至照會者。

計黏單一張。

右照會

大英欽奉全權公使大臣世襲男爵璞。

道光二十二年七月初十日

今將兩國善定各事宜，開明於後：

一、香港地方業經英國蓋造房屋，應准寄居。其粵之廣州，閩之福州、廈門，浙之寧波，江蘇之上海等五處，均准英國貿易通商，並設副領事居住，專理商賈事宜，與各該地方官公文往來。至應納餉稅，由中國議定則例，頒發曉示，以便英國按例交納。（其他各條從略）

（佐佐木正哉編：《鴉片戰爭研究（資料篇）》，第 207 頁）

璞鼎查照覆

1842 年 8 月 16 日

大英欽奉全權公使大臣世襲男爵璞，爲照覆事：

七月初九、初十等日（西曆 8 月 14 日、8 月 15 日），先後接准貴大臣等合銜會文，及貴部堂單銜覆文共三角。適將備貴督部堂

文照覆，正遇貴差弁前來接遞，因將所備和約十三條譯出草稿，

先送貴大臣閱看，容俟照覆公文譯明，再行賚遞。至和約內開
條款，俱係先日送閱原條，及疊次與貴委員等議定之情無異，
惟於開和約式樣，略有相差也。須至照會者。

（同上書，第208頁）

《南京條約》（摘錄）

1842 年 8 月 29 日簽訂

第三款中文本：

因大英商船遠路涉洋，往往有損壞須修補者，自應給予沿
海一處，以便修船及存守所用物料。今大皇帝准將香港一島給
予大英國君主及嗣後世襲主位者常遠據守主掌，任便立法治理。

（王鐵崖編：《中外舊約章匯編》，
第 1 冊，第 31 頁）

璞鼎查致伊里布、耆英、牛鑑照會（摘錄）

1842 年 9 月 5 日

茲議明定章程，英商歸英國自理，內民由內地懲處，甚屬
妥協，足表貴大臣等求免爭端之實心矣。嗣後應如所議，除兩
國商民相訟小端，即由地方官與管事官會同查辦外，所有犯法
討罪重端者，英人則交本國總管審判，華民則交內地大官究懲。
惟帶同家屬常住香港，已有內民千餘，此時香港既歸我國主掌，
斯民即我國治屬，倘仍住該地，必然與英人無異。今擬除該民
不應交內地官外，其餘暫住香港，以及常時來往商人，即係中
國黎民，仍如所議，即交中華大官懲處。

（《鴉片戰爭研究（資料篇）》，第
221－222頁）

耆英、伊里布奏摺（摘錄）

1842 年 10 月 13 日

再廣東香港地方，已准令英夷棲止，惟該處尚有民戶，難保不無滋事犯案者。除罪名較重，解交新安縣照例審詳外，其有酗酒賭博、鼠竊剪綹、犯笞杖罪名者，應就近解交尖沙咀巡檢審理，以期久安。相應奏明，俟奉到諭旨後，即咨明廣東督臣撫臣欽遵辦理。

（《籌辦夷務始末》，道光朝，卷 61，
第 2380 頁）

廷　寄

又諭：據耆英等奏，香港地方民戶滋事犯案，請分別解交知縣、巡檢審辦。著照所議，咨明該督撫遵辦。

（同上書，卷 61，第 2383 頁）

2. 互換《南京條約》批准書和"香港殖民地"的成立

阿伯丁致璞鼎查函

1843 年 1 月 4 日於倫敦外交部

逕啟者：

麻恭少校在 12 月 10 日抵達倫敦，提交給我去年 8 月 29 日你和中國全權大臣所簽訂的條約，以及你的第 38 號至第 45

號急件。麻恭少校還遞交給我軍機處字寄欽差大臣恭奉中國皇帝批准條約的咨文譯本，這項文件是你爲了上述目的託付麻恭少校的。

我已經把你的急件進呈女王，並且我奉女王陛下的命令通知你，女王陛下既經得知你在條約簽訂之前同中國全權大臣談判的詳情，以及在簽約後，爲把兩國間關係置於圓滿基礎上而採取的措施，對於你處身於這種困難環境中所表現的才能和熱忱，深爲讚許，並且完全認可你的一切處置。

女王陛下政府認爲最好盡快把英中關係置於條約保護之下。他們覺得，在他們對中國事態的變遷所應作的一切部署能夠作出最後決定以前，不宜把麻恭留在國內。麻恭少校現在業經晉升中校並已奉命携同女王陛下的條約批准書立即返回中國；我乘他離國之便，送達給你一些一般性的指示，作爲你的行動指南。

我應該向你指出，第一，女王陛下的意圖是在你逗留中國期間，全部事務的監督都靠你單獨負責。因而，批准書一經在適當的時候交換以後，你就應負起那時已成爲英王領地的香港島政府的責任；並且你應採取你認爲最合適的方式，宣佈該島轉讓給英國國主，同時你已奉女王陛下政府之命擔任總督職務。此後你就要掌管該島的政府，並對它抵禦外國侵略的防務作一切必要的部署。你應該建築爲保護海港內船舶所必需的防禦工事以及島上駐軍敷用的兵營。你應該爲兵營愼選最合乎衛生的地點，凡是有礙兵營附近空氣流通、或妨礙軍隊在必要時自由行動的建築物，你不應允許私人營建。

你應該爲島上的警務作力所能及的最好準備，直到女王陛下對於這一點有所取決。你應該留心避免對該島或港口與拋錨地作可能束縛國主行使權力的財政上的安排。

關於島上任何一部分土地的出租，女王陛下政府允許你分

配給那些想要安家立業的人們以足夠的地段去興建他們所計劃
的建築物，爲他們佔用這些建築物提供方便。但是女王陛下政
府不願在目前情況下將土地給那些目的在取得租給地以便轉手
圖利的人們。你當然要保留那些最宜於興建公共建築物的地段，
以及沿岸那些看來最宜於建立海軍設施的地段，在島上保有這
種設施，用來修理女王陛下的船艦將會是有必要的。你還應記
住，在指定地段給私人時，最好爲街道留出寬廣空間，用以保
證空氣流通，並盡量防止因居住過於擁擠而可能產生的惡果。

出租土地給私人興建房屋和其他建築物的條件，在一定程
度上必須以女王陛下政府對治港政策所持的看法爲依歸。女王
陛下政府的意向是，香港應成爲一個自由港，因此港口稅應盡
量輕微，以便給予各國商業以一切可能的鼓勵，顯然不能期望
從進出口稅中獲得收入來應付隨該島的佔有而產生的開支。可
以指望的財政收入的主要來源，就是土地；如果由於島上所實
施的商業規章的寬大，外國人和英國臣民都被吸引前來安家立
業，這樣就會使該島以極有限的面積而成爲一個大的商業轉口
港，女王陛下政府認爲他們有充分的理由把一切因這樣一種情
況而使土地增值所可獲取的利益，歸諸英國國主。所以女王陛
下政府提醒你不要把土地的任何部分作永久的讓與，他們寧願
人們向國主租地，租期卻盡可放長到足以保證租地人在他們租
到的土地上去放手興建。這樣就會立刻得到一種永久性的財政
收入以支付島上的開支，並且有理由斷定，這項收入必會隨着
財產價值的增加而增加。把一塊塊土地用拍賣的辦法出租，或
許也是有利的；不過使用這種辦法的利弊究竟如何，你當然能
就地作出最好的判斷。出租土地所得的租金，必須登進香港政
府的賬戶，它將構成一筆資金，不僅可以指望用它來支付機關
的經常費用，而且可以指望用它來付給在島上興辦和保持公共
工程的費用。

(H. B. Morse, *The International Relations of the Chinese Empire, The Period of Conflict, 1834 — 1860.* Appendix O, pp. 665 — 667)

耆英奏前往香港與璞鼎查面定通商章程並換和約摺（摘錄）

1843 年 7 月 12 日發自廣州

竊奴才於行抵粵省後，……接據夷酋璞鼎查來文，請定期會晤，面定大局。奴才當以此事非與該酋面加商榷，終難定局，而於未開市之先，令其來省會晤，易啟民間疑慮。且香港情形究竟若何，將來能否杜其走私，亦應親往察看明白，庶有把握。當於五月二十六日（陽曆 6 月 23 日）早，帶同廣東臬司黃恩彤、侍衛咸齡等，由黃埔換船開行，經過獅子、零丁、磨刀、銅鼓各洋面，約計水程四百餘里，是日下午即抵香港。……該夷於近年以來，在土名裙帶路一帶，鑿山開道，建蓋洋樓一百餘所，漸次竣工。並有粵東無業貧民蜑戶，在該處搭蓋棚寮，販賣食物，約計夷商不滿數百，而內民之貿易及傭力者已不止數千人。奴才率同黃恩彤等與璞鼎查接見數次，將通商章程及輸稅事例，反覆辯論，大局粗定。奴才當因夷性多疑，事既得有頭緒，亟應堅其所約，以免再有反覆。即於二十九日（陽曆 6 月 26 日）恭齎鈐用御寶和約，發給該酋敬謹祗領，並據該酋將該國和約呈進前來。奴才驗明收訖後，即於六月初一日率黃恩彤等駛回粵省。

（《籌辦夷務始末》，道光朝，卷 67，第 2644 — 2645 頁）

《中國叢報》關於換約情形的報導

1843 年 6 月 26 日星期一下午 5 時,舉行了交換《南京條約》批准書的儀式。……麻恭中校宣讀女王陛下的公告, 宣佈香港爲英王的領地。儀式完成後, 耆英退席, 然後宣讀皇家委任狀, 任命亨利・璞鼎查爵士爲香港殖民地及其屬土的總督。

（ *Chinese Repository*, vol. xii, p.335 ）

璞鼎查關於吞併香港的公告

1843 年 6 月 26 日

大不列顛和愛爾蘭聯合王國女王陛下與中國皇帝陛下批准的、經兩國君主親筆簽字並加蓋御璽的媾和條約, 已於今日正式交換, 現將該條約及後附的蓋有國家印章的皇家憲章和委任狀予以公佈、刊印, 望一體周知和服從。

准男爵、巴斯大十字最高級勳爵士亨利・璞鼎查閣下已於今日宣誓就職, 負責主管香港殖民地及其屬土之政府。

遵照女王陛下在皇家憲章中所宣佈的慈諭, 香港島及其屬土將被命名爲"香港殖民地"; 總督閣下願意更進一步指出, 目前設於香港島北部的城市, 應以女王陛下的名字命名, 並且今後一切公函和檔案等等均應注明"維多利亞"字樣。

願上帝保佑女王。

亨利・璞鼎查

(G.R.Sayers, *Hong Kong 1841 − 1862*, Appendix Vlll)

　　簡評：英國武力侵佔香港島十九個月之後，終於通過逼簽《南京條約》製造了所謂條約根據。這個條約是清朝政府在英國炮口下被迫簽訂的賣身契，本身就是英國侵華的罪證。因此，儘管《南京條約》規定中國割讓香港島，它絲毫掩蓋不了英國武力吞併中國領土香港的侵略本質。

　　《南京條約》的訂立給中國帶來了前所未有的巨變，獨立的中國從此逐漸成爲受外國支配的半殖民地國家，一個屈辱的世紀從此開始。對於香港來說，鴉片戰爭和《南京條約》帶來的變化尤爲深刻，標誌着這片中國領土淪爲完全的殖民地的開端。

　　歸根到底，英國吞併中國香港地區是不折不扣的弱肉強食。但歷史不斷發展，時代不斷前進，如今中國已不是聽人宰割的舊中國，外國殖民勢力在中國爲所欲爲的歲月一去不復返。香港即將在 1997 年 7 月 1 日回到祖國的懷抱，全國人民迫切期待着這一天的到來。

割佔九龍

劉蜀永編著

從香港島皇后花園北眺海港及九龍。（約1870年）

一　自然環境與歷史沿革

　　九龍半島的範圍大致包括目前香港地區的九龍和新九
龍。這是一個丘陵起伏的半島。半島以北獅子山、筆架山等
橫開列嶂，高峯聳立，是高山地帶的外緣；半島境內地勢比
較平坦，一些孤立的小丘散落在滿載谷地沉積和河海沉積的
窪地之間；半島沿岸平地較多，可供建築商業、交通、軍事
設施和住宅等。

　　九龍半島的岬角尖沙咀隔着寬約 1.5 公里的海面，與香
港島的中環與灣仔相望。九龍半島與香港島之間是世界少有
的天然深水良港，寬 1.5 － 9.6 公里，深度 2 － 14.5 米，面
積 5,200 公頃，可供巨輪自由來往停泊。海港四周羣山拱衞，
東面入口鯉魚門地勢狹窄，可阻擋波浪；西面入口汲水門有
大嶼山及一些星羅棋布的小島減緩風浪，使整個海港成爲巨
大的袋式避風港。

　　很古的時候就有中國居民在此聚居。沿岸的土瓜灣村等
村落，至遲在七百多年前就已經存在。到 1860 年英國割佔
九龍半島南端時，該半島農業生產已具有相當規模，有耕地
二千餘畝。

　　九龍半島在香港古代政治史、經濟史、軍事史和交通史
上曾佔有重要地位。

南宋政府曾在九龍半島設"官富場"管理鹽政。慶元六年（公元 1200 年），經略錢之望等報請朝廷同意，將駐守大嶼山的摧鋒水軍一百五十人調往官富場，其駐地設在官富寨（今九龍城一帶）。宋朝時，九龍半島的航運業即比較發達。江浙與福建沿海南下船舶多行經此地，有些船戶還在這裏安家落戶。目前猶存的香港北佛堂天后廟，就是宋朝時在這裏落戶的福建船戶林道義修建的。由於九龍半島地處海上交通要衝，又具備一定的經濟基礎，南宋末年海上行朝帝昰、帝昺一行在流亡途中，才選擇官富場修建行宮，在此滯留約五個月之久。

元朝政府曾在這裏設置過縣以下的一個行政單位，名叫官富巡檢司。明清時仍有這個建置。從清朝嘉慶年間王崇熙等編纂的《新安縣志》記載的情況看，官富巡檢司管轄的土客籍村莊，大部分分佈在今天的香港島、九龍和新界，只有福田、赤尾、小梅沙等少數村莊，分佈在目前的深圳特區內。官富巡檢司的管轄範圍與目前的香港地區大體相當。官富巡檢司衙署設在官富寨。大約在清朝初年，衙署年久失修。康熙十年（公元 1671 年）巡檢蔣振元在赤尾村購地起造衙宇，將駐地遷往該處。

清朝初年，沿海地帶海盜頻繁出沒，加上鄭成功佔據台灣抗清，清政府強迫沿海居民內遷。康熙七年（公元 1668 年）恢復舊界，新安縣奉命在沿邊設置墩臺二十一座，實造八座，其中就有九龍臺，駐有士兵三十名防守。康熙二十一年（公元 1682 年），新安縣奉命裁兵，九龍臺改為九隆汛，士兵減為十名。但不久其駐軍就增加為把總一人、士兵七十三人。嘉慶年間，為了對付海盜張保仔，兩廣總督百齡督令將康熙年間設在佛堂門的炮臺，移建至九龍寨海旁。錦田鄉紳鄧英元親往九龍，動員石匠為國效勞，很快築成了九龍炮臺。

鴉片戰爭前夕，衆多英國鴉片躉船雲集尖沙咀附近海面進行販毒活動，使該海域成爲英國對華鴉片走私的重要據點。1837年9月18日，兩廣總督鄧廷楨等在致洋行總商的照會中寫道：“據大鵬營參將、澳門同知、香山協縣先後稟報，磨刀外洋暨九州沙瀝、鷄頸、潭仔各洋面，共泊躉船二十五隻，於七月二十九、三十，八月初三、初四等日，該躉船陸續由磨刀移泊尖沙咀洋面十九隻，由九州沙瀝移泊尖沙咀二隻。由鷄頸移泊尖沙咀一隻。”他們嚴正指出，絕不允許“以中華洋面爲藏垢納污之區”，並要求洋行總商通知英國駐華商務監督義律（C. Elliot），催令各躉船“全數作速開行回國”。

1839年3月，欽差大臣林則徐抵達廣州查禁鴉片。同年6月，他下令將收繳的鴉片全部銷毀。此時大批英國船隻（主要是鴉片躉船）繼續盤踞在尖沙咀海面，並不時登陸騷擾。

7月7日，英國水手在尖沙咀村“無故滋事”，毆傷村民多人，其中林維喜傷重致死。林維喜事件發生後，義律公然藐視中國的司法管轄權，聲稱如果查出係英國人將其打傷致死，定將犯人照英國法律治罪。他在停泊於尖沙咀海面的“威廉要塞”號（Fort William）上，演出了一齣審訊鬧劇，以打架鬧事的罪名對幾名水手從輕發落，並宣稱沒有發現殺人兇手。對義律擅自在中國境內設立法庭、拒不交出兇手的侵略行徑，林則徐極爲憤慨。他要求義律將新煙查明繳出，同時下令斷其接濟。

義律對林則徐的要求置之不理。他率領英國船隊盤踞在尖沙咀海面，並無理要求中國水師從當地撤走。他一再製造事端，先後挑起九龍山之戰、穿鼻之戰和官涌之戰。

1839年9月4日，大鵬營參將賴恩爵率師船三艘在距尖沙咀 20 餘里的九龍山口岸巡邏。義律率英船五艘前往該地，遞上稟帖，求賣食物。清軍正待回答，英船突然一齊向清軍開炮。清軍開炮還擊，經過五個時辰的激戰，將英船逐回尖沙咀海面。

11 月 3 日，英船兩艘在東莞穿鼻洋面向關天培率領的舟師開炮挑釁，再次被清軍擊退。

為防止英船長期盤踞在尖沙咀海面，林則徐下令在尖沙咀以北的小山梁官涌"固壘深溝，相機剿辦"。英軍看到官涌清軍對其構成極大威脅，多次從兵船上炮轟官涌營盤，並派兵登陸仰攻。林則徐派出候補知府余保純和新安縣軍政官員多人，指揮官涌清軍迎頭痛擊。從 11 月 3 日到 13 日，"旬日之內，大小接仗六次，俱係全勝"。

九龍山之戰和官涌之戰使林則徐更清楚地看到尖沙咀一帶在軍事上、交通上的重要地位。為防止英軍捲土重來，他於 1840 年 4 月 21 日奏請在九龍半島的尖沙咀、官涌兩地修築炮臺兩座。當年七月炮臺"趕辦完工"後，命名為"懲膺"、"臨衝"。他為這兩座炮臺購辦大炮五十六門，並派兵八百餘名駐守在炮臺附近山梁。他還奏請將原來的大鵬營升格為大鵬協，派大鵬協副將移居九龍山，居中調度。

鴉片戰爭以後，因香港島被英國割佔，九龍半島地位岌岌可危。面對危難的局勢，清政府決定將官富巡檢司改為九龍巡檢司，巡檢駐地遷回官富九龍寨。①道光二十三年十月（公元 1843 年 12 月），道光皇帝在諭旨中說："所有祁壎等前奏，廣東新安縣屬之官富司巡檢，請移駐九龍地方，改為九龍巡檢，作為海疆要缺。即照所請，准以試用從九品許文深試署，……"九龍巡檢司下設七個大鄉，其管轄範圍大體相當於目前香港地區的九龍、新九龍和新界。②

九龍司設置之初，巡檢駐地九龍寨既無城垣、衙署，又無兵營，困難重重。1846年，兩廣總督耆英奏請修建九龍寨城"以便防守"。他說："查九龍山地方，在急水門之外，與香港逼近，勢居上游，香港偶有動靜，九龍山聲息相通。是以前經移駐大鵬營副將及九龍山巡檢，藉以偵察防維，頗為得力。第山勢延袤，駐守員弁兵丁無險可據，且係賃住民居，並無衙署兵房堪以棲止，現值停工，又未便請動公項。英夷雖入我範圍，不致復生枝節，而夷情叵測，仍應加意防備。今於該處添建寨城，用石砌築，環列炮臺，多安炮位，內設衙署兵房，不惟屯兵操練足壯聲威，而逼近夷巢，更可藉資牽制，似於海防大有裨益。"

廣東當局對九龍城工程極為重視，指派廣東試用通判顧炳章等任督工委員，專司其職。據顧炳章編《勘建九龍城炮臺全案文牘》記載，建城地點九龍寨在九龍山中間白鶴山五里以內的沿海地帶，當時有店舖、民房數百餘戶。顧炳章等經過實地踏勘，決定在白鶴山南麓距海三里的一片官荒地上修築石城一座，周長199丈，城牆上築城門、敵樓各四座。城上東西南三面配置大炮三十二門。城內開有水池，城北還添築腰牆一道，圈圍山頂周170丈。此外，將城外舊有的九龍炮臺南面加高培厚，添易三千斤大炮兩門，與城寨成犄角之勢。九龍城工程還包括修建武帝廟、副將衙署、巡檢衙署、演武亭、大較場、軍裝火藥局和兵房等配套工程。這項頗具規模的工程於1846年11月25日興工，1847年5月31日完竣，共用時間六個月零六天。

九龍巡檢司的設置和九龍城的修建使九龍半島成為清政府在今香港地區的政治、軍事中心。

九龍半島地名範圍考析 *

　　前幾年國內一些學者撰寫的論文中，把第二次鴉片戰爭期間英國割佔九龍半島今界限街以南、尖沙咀以北的中國領土，稱爲割佔 "南九龍半島"；把 1898 年英國强租界限街以北、深圳河以南的中國領土（即今天的新界本土和新九龍），稱爲强租 "北九龍半島"。也就是説，把尖沙咀以北、深圳河以南這個範圍很大的地區統稱爲九龍半島。這種説法值得商榷。

　　"半島" 是近代地理科學的概念。《辭海》中 "半島" 這個條目的釋文是： "伸入海洋和湖泊中的陸地，三面臨水，一面同陸地相連。如我國的遼東半島、山東半島等。" ③尖沙咀以北、深圳河以南這個地區東臨大鵬灣，西臨深灣（后海灣），南臨維多利亞港，三面臨海；北面同廣東大陸相連。從這些特徵看，稱其爲半島，似乎没有不妥之處。然而，一個地名的形成有其歷史因素，並具有約定俗成的性質。需要從歷史的角度進行考察，才能判斷稱其爲 "九龍半島" 是否恰當。

　　清代在與香港地區有關的地方志中，比如康熙年間靳文謨等修纂的《新安縣志》、嘉慶年間王崇熙修纂的《新安縣志》、道光年間阮元等修纂的《廣東通志》、光緒年間戴肇辰修纂的《廣東府志》等志書中，皆無 "九龍半島" 的説法。但在十九世紀，"九龍半島" 的説法已大量出現在英國官方文件及英國人的著作和書信中。可見 "九龍半島" 的説法出自英國人。那麼，他們是怎樣使用這個概念的呢？1860 年 3 月，英國强租了九龍半島今界限街以南的部分。英國外交大臣羅素在向全權專使額爾金發出的指令中説： "女王陛下政府獲悉，關於九龍半島，巴夏禮先生已爲她從中國當局取得這塊土地的永租權。"④羅素的説法並不準確。當時英國在遠東的官員都明白，租借的只是"九龍半島一部分"，但他們並未去函糾正這一錯誤。筆者認爲出現這種情況的原因在於他們心目中九龍半島北部面積並不大，如果九龍半島北部包括如今的新界本土，面積比其南部大幾十倍。他們就不會對羅素的説法無動於衷了。後來英國有關方面醖釀租借今界限街以北、深圳河以南廣大地區及其附近島嶼，幾乎所有文件、信函只使用"展拓香港界址"這一説法，而不提"九龍半島"。這就進一步説明，絶大多數英國官員並不認爲目前的新界本土和新九龍都在九龍半島的範圍之内。

筆者曾就九龍半島的範圍問題，請教過香港大學地理地質系高級講師薛鳳旋先生。薛先生在 1986 年 11 月 11 日的覆信中説，"北九龍半島"這個提法，他們没有碰到過。筆者參閲過他與彭瑞琪、蘇澤霖先生合著的《香港與澳門》一書。該書認爲，九龍半島北面邊界是獅子山和筆架山。⑤按照他們的説法，九龍半島實際上可分爲兩個部分。一部分在尖沙咀以北，界限街以南，現稱"九龍"；另一部分在界限街以北、獅子山和筆架山以南，現稱"新九龍"，包括荔枝角、深水埗、九龍城、觀塘等地。筆者認爲這樣確定九龍半島的範圍比較合理。首先，這個地區具備半島的地理特徵。其次，它與歷史文獻中使用的九龍半島概念大體吻合。再者，它與目前香港的行政區劃相一致。這樣劃分無論對於研究地理、歷史，還是對於該地區的行政管理，都會提供許多方便，不致造成概念上的混亂。

康熙年間在九龍設防

康熙七年奉特大人暨提督親行踏勘展界，新安沿邊奉設墩臺二十一座。

⋯⋯⋯⋯⋯

續奉文行查，將不甚緊要之臺改作瞭望臺。新安營汛地實造墩臺八座。

碧頭墩臺一座，安兵三十名。

茅洲墩臺一座，安兵三十名。

嘴頭角墩臺一座，安兵三十名。

鰲灣角墩臺一座，安兵三十名。

屯門墩臺一座，設千總一員，安兵五十名。

九龍墩臺一座，安兵三十名。

大埔頭墩臺一座，安兵三十名。

麻雀嶺墩臺一座，設把總一員，安兵五十名。

（靳文謨纂：《新安縣志》，卷8，

第3、4頁）

康熙二十一年奉命裁兵，今定官兵分防東西二路臺寨汛塘。

東路

屯門寨，千總一員，安兵三十名。

⋯⋯⋯⋯⋯

北佛堂臺，把總一員，安兵三十名。

九隆汛，安兵十名。

大埔頭汛，安兵十名。

麻雀嶺汛，把總一員，安兵二十名。

…………

（同上，第 6 頁）

……展界稍復後，今從新安營撥守碧頭諸汛……九龍臺把
總一，兵七十三名。

（杜臻：《閩粤巡視紀略》，卷 2，
第 39 頁）

嘉慶年間建九龍炮臺

據錦田《鄧氏族譜・家傳・鄧英元傳》所記，謂："鄧英
元號峻軒，錦田永隆圍人。乾隆五十四年己酉恩科武舉
人。……嘉慶十五年，海氛大熾，提督錢夢虎，以佛堂門原有
康熙間所建炮臺，年久圮壞，孤懸海外，無陸可通，又無村莊
居民，互相捍衛，且距大鵬營，二百餘里，距九龍汛，水陸四
十餘里，控制不能得力。應將該臺移建九龍地方，兵與民合，
聲勢聯絡，較爲得力。總督百齡，著新安縣勸捐建築。知縣李
維榆，以經費不易措，親至錦田，謀諸英元。英元曰：九龍一
帶，石匠甚多，若曉以義理，必當效力輸將。乃親往九龍，集
石匠，勸其爲國效勞。羣匠悅服，踴躍協助。建築落成日，英
元題'鎮若金湯'石額以誌。"

（羅香林等編：《一八四二年以前
之香港及其對外交通──香港前代
史》，第 169 頁）

簡評：康熙年間九龍墩臺是新安縣沿海重要墩臺之一。該墩臺一度裁員，但很快調整佈署，兵力比裁減前增加一倍有餘。嘉慶年間又在九龍修建了堅固的炮臺。這表明清朝初年清政府即已注意到九龍半島在軍事上的重要性。

鴉片躉船在尖沙咀

道光十七年八月十九日

兵部尚書兩廣總督部堂鄧、太子少保兵部侍郎廣東巡撫部院祁，諭洋行總商知悉：

……據大鵬營參將、澳門同知、香山協縣先後稟報，磨刀外洋暨九州沙瀝、雞頸、潭仔各洋面，共泊躉船二十五隻。於七月二十九、三十，八月初三、初四等日，該躉船陸續由磨刀移泊尖沙咀洋面十九隻，由九州沙瀝移泊尖沙咀二隻，由雞頸移泊尖沙咀一隻。復於八月初九日，由尖沙咀移泊潭仔二隻。初十日由尖沙咀移泊雞頸一隻。……水師提督咨同前由聲明，尖沙咀在磨刀之東，今各該夷船移向該洋寄泊，亟應禁逐等因。……毋違特諭。

（佐佐木正哉編：《鴉片戰爭前中英交涉文書》，第 120 － 121 頁）

鄧廷楨又奏英躉船開行並加勁堵逐摺（摘錄）

……本年正月，輪值香山協副將惠昌燿管帶備弁舟師赴堵。茲據該副將暨署澳門同知蔣立昂先後稟稱：零丁各洋，分泊躉船處所，因堵拿嚴緊，並無民船在彼遊奕窺伺。……其尖沙咀洋面，查尚泊船十六隻。零丁、九州、三角、潭仔等洋，共泊船六隻，綜計尚有二十二隻。……

（文慶等編：《籌辦夷務始末》

（道光朝），卷6，第150－151頁）

義律無理要求中國師船退出尖沙咀

道光十九年　月　日

英吉利國領事義律書寄佛山分府大老爺、澳門軍民府大老爺：

　　爲通知事，現聞尖沙咀洋面，有師船三十四隻，在彼灣泊，使本國船隻極難得以接濟食物。維思饑餓之人，正恐有冒險求食者。如其師船久泊該處，攘出不幸，自不能仍責義律保其各事平安是問也。且此事緊急，望可早爲辦理爲幸。謹此書呈。

（佐佐木正哉編：《鴉片戰爭前中

英交涉文書》，第217頁）

　　簡評：十九世紀三十年代大批鴉片躉船停泊在尖沙咀海面，是九龍半島歷史上灰暗的一頁。義律要求中國師船撤離該地，表現出侵略者的橫蠻無理。但這些事情亦曲折地反映出九龍半島在軍事和航運方面的重要性。

林維喜事件

道光十九年　月　日

　　英吉利國領事義律，爲聲明事。現聞貴委員來澳，查問尖

沙咀村外地方，於五月二十七日，有人斃命之原由。……倘查
係英吉利國人打傷，該民人不幸致死，義律定必將犯人照本國
之律例審辦其罪。……

（佐佐木正哉編：《鴉片戰爭前中
英交涉文書》，第 219 頁）

　　……　　一、毆斃林維喜之兇夷，係英國船上水手。衆供早
經指定。即花旗亦已辦明。且查義律已將登岸酗酒在場滋事夷
人數名，拘禁在船。若此數人之中，不能審定正兇，何妨送請
天朝官憲，代爲審明。只留一個應抵之人，其餘仍即發回。此
係天朝辦理命案定例，無枉無縱。若再抗違不遵，在一人漏網
之事猶小，而外夷壞法之罪難容，惟有聲罪致討，痛加剿辦，
以伸天朝國法。……尖沙咀係天朝洋面，豈其任行久泊，致將
新來煙土，復行散賣，流毒無窮。況林維喜命案，即因夷船久
泊而起，乃兇夷既不交出，復將貨船改裝炮械，意圖滋事。一
經斷其接濟，即於七月二十七日，義律率領多船，赴九龍滋擾，
先行開炮，傷我官兵。是伊自來肇釁，此次之敗，亦由自取。
既經冒昧嘗試，豈尚不知利害乎。……

（同上，第 226－227 頁）

林則徐等奏義律狡猾情形並斷接濟勒兵分堵海口摺（摘錄）

道光十九年七月二十四日
（公元 1839 年 9 月 1 日）

　　況夷酗酒打降，習以爲常。五月二十七日，尖沙村中有民
人林維喜，被夷人酒醉行兇，棍毆斃命。經新安縣梁星源驗明，
頂心及左乳下，各受木棍重傷。訊據見證鄉鄰，僉稱係嘆咭唎
國船上夷人所毆。衆供甚爲確鑿。諭令義律交出兇夷，照例辦

理。將及兩月，延不肯交，臣等給予諭函，亦竟始終不接。竊
思人命至重，若因嘆夷而廢法律，則不但無以馭他國，更何
以治華民？義律肆意抗違，斷非該國王令其如此，安可聽其
狂悖，而置命案於不辦，任奸宄營私？壞法養癰，臣等實所不
敢。……

（文慶等編：《籌辦夷務始末》[道
光朝]，卷 8，第 215 頁）

　　簡評：圍繞林維喜事件的爭執是關於治外法權的爭執，
是林則徐維護中國司法管轄權的鬥爭。這個在近代中外關係
史上有着重要意義的事件發生在尖沙咀，說明九龍半島當時
是中國人民反對外來侵略的一個前哨陣地。

九龍之戰

林則徐等奏義律襲擊師船及葡人轉圜情形摺（摘錄）

道光十九年八月十一日

（公元 1839 年 9 月 18 日）

　　詎七月二十九日，接據大鵬營參將賴恩爵稟稱：該將帶領
師船三隻，在九龍山口岸，查禁接濟，防護炮臺，該處距尖沙
咀約二十餘里。七月二十七日午刻，義律忽帶大小夷船五隻赴
彼，先遣一隻，攏上師船遞稟，求爲買食。該將正遣弁兵傳諭
開導間，夷人出其不意，將五船炮火一齊點放。有記名外委之
兵丁歐仕乾，彎身料理軍械，猝不及防，被炮子打穿脅下殞命。
該將賴恩爵見其來勢兇猛，亟揮令各船及炮臺弁兵，施放大炮

對敵，擊翻雙桅夷船一隻，在旋渦中滾轉，夷人紛紛落水，各
船始退。少頃，該夷來船更倍於前，復有大船攔截鯉魚門，炮
彈蜂集，我兵用網紗等物，設法閃避，一面奮力對擊。瞭見該
夷兵船駛來幫助，該將弁等忿激之下，奮不顧身，連放大炮，
轟斃夷人多名，一時看不清楚，但見夷人急放三板，下海撈救。
時有兵丁陳瑞龍一名，手舉鳥槍，斃一夷人，被回炮打傷陣亡。
迨至戌刻，夷船始遁回尖沙咀。計是日接仗五時之久。……

（文慶等編：《籌辦夷務始末》［道
光朝]，卷 8，第 224 頁）

官涌之戰

林則徐等奏英兵船阻撓英船具結進口並在各處滋擾擊退摺 （摘錄）

道光十九年十月十六日
（公元 1839 年 11 月 21 日）

查該夷船所泊之尖沙咀洋面，羣山環抱，浪靜風恬，奸夷
久聚其間，不惟藏垢納污，且等負嵎縱壑，若任其據為巢穴，
貽患何可勝言？臣等自嚴斷接濟以來，已於尖沙咀一帶擇要紮
營，時加防範，本意只欲其畏威奉德，仍聽貿易如常，原不忍
遽行轟擊。而乃抗不具結，匿不交兇，迨兵船由穿鼻被創逃回，
仍在該處停檣修理，實難容其負固，又奚恤其覆巢。

節據派防各文武稟稱：尖沙咀迤北，有山梁一座，名曰"官
涌"，恰當夷船脊背之上，俯攻最為得力。當即飭令固壘深溝，
相機剿辦。夷船見山上動作，不能安居，乃糾衆屢放三板，持

械上坡窺探。即經駐紮該處之增城營參將陳連陞、護理水師提標後營遊擊之守備伍通標等，派兵截拿，打傷夷人二名，奪槍一桿，餘衆滾巖逃走，遺落夷帽數頂。九月二十九日，夷船排列海面，齊向官涌營盤開炮，仰攻數次。我軍紮營得勢，炮子不能橫穿，僅從高處墜下，計拾獲大炮子十餘個，重七、八斤至十二斤不等。官兵放炮回擊，即聞夷船齊聲喊叫，究竟轟斃幾人，因黑夜未能查數。十月初三日，該夷大船在正面開炮，而小船抄赴旁面，乘潮撲岸，有百餘人搶上山岡，齊放鳥槍，僅傷兩兵手足，被增城右營把總劉明輝等率兵迎截，砍傷打傷數十名，夷人披靡而散，帽履刀鞘，遺落無數。次日，望見沙灘地上，掩埋夷屍多具。初四日，夷船又至官涌稍東之胡椒角開炮探試，經駐守之陸路提標後營遊擊德連將大炮抬炮一齊回擊，受傷而走。

臣等節據稟報，知該處疊被滋擾，勢難歇手。當又添調官兵二百名，派原任遊擊馬辰暨署守備周國英、把總黃者華帶往會剿。復思該處既佔地利，必須添安大炮數位，方可致遠攻堅，復與提臣挑撥得力大炮六門，解往以資轟擊。並派熟悉情形之候補知府南雄直隸州知州余保純，帶同候補縣丞張起鷗，馳往會同新安縣知縣梁星源，相度山梁形勢，妥爲佈置。復扎駐守九龍之參將賴恩爵、都司洪名香、駐守宋王臺之參將張斌，就近督帶兵械，移至官涌，併力夾擊。

茲據會稟：十月初六日，該文武等均在官涌營盤會同商定，諸將領各認山梁，安設炮位，分爲五路進攻：陳連陞、伍通標、張斌各爲一路；賴恩爵及馬辰、周國英、黃者華爲一路；德連、洪名香爲一路；該縣梁星源管帶鄉勇，前後策應。晡時，夷人在該船桅上，窺見營盤安炮，即各趕裝炮彈，至起更時，連放數炮打來，我軍五路大炮重疊發擊，遙聞撞破船艙之聲，不絕於耳，該夷初猶開炮抵拒，迨一兩時後，只聽咿啞叫喊，意無回擊之暇，各船燈火，一齊滅熄，棄碇潛逃。初七日，天明瞭崒，約已逃去其半，有雙桅三板一隻，在洋面半沉半浮，餘船十餘隻，退遠停泊，所有蓬扇桅檣繩索槓具，大都狼籍不堪。該文武等因夷船尚未全去，正在查探間，即據引水等報稱：查有原扮兵船在九龍被炮打斷手腕之嘚哅喇吐，及訪明林維喜命案係伊水手逞兇之哆唎兩船，尚欲潛圖報復。該將領等，因相密約，故作虛寂之狀，待其前來窺伺，正可痛剿。果於初八日晡時，哆唎與嘚哅喇吐兩船，潛移向內，漸近官涌，後船十餘隻，相隨行駛。我軍一經瞭見，仍分起趕赴五路山梁，約計炮力可到，即齊放大炮，注定頭船攻擊。恰有兩炮連打哆唎船艙，擊倒數人，且多落海漂去者，其在旁探水之夷划一隻，亦被擊翻，後船驚見，即先折退，而哆唎一船，尤極倉遑遁去。

計官涌一處，旬日之內，大小接仗六次，俱係全勝。……

（同上，第 239 - 241 頁）

簡評：九龍山之戰、穿鼻之戰和官涌之戰揭開了鴉片戰爭的序幕。這三次戰鬥有兩次發生在九龍半島，足以反映出鴉片戰爭期間九龍半島在軍事上的重要地位。

林則徐增強尖沙咀防禦力量

林則徐又奏籌議廣東添設炮臺以防英軍摺

道光二十年三月二十日

（公元 1840 年 4 月 21 日）

林則徐等又奏：

查廣東水師大鵬營所轄洋面，延袤四百餘里，為夷船經由寄泊之區。其尖沙咀一帶，東北負山，西則有急水門、雞踏門，東則有鯉魚門、佛堂門，而大嶼巨島，又即在其西南。四面環山，藏風聚氣，波恬浪靜，水勢寬深，嘆夷船隻，久欲依爲巢穴。而就粵省海道而論，則凡東赴惠、潮，北往閩、浙之船，均不能不由該處經過，萬一中途梗沮，則爲患匪輕。

上年（即道光十九年——編者）因嘆咭唎桀驁不馴，抗違禁令，經臣等與前督臣鄧廷楨調集官兵，在尖沙咀迤北之官涌等處山梁，紮營安炮，分爲五路，痛加剿擊，該夷兵船二隻，貨船數十隻，始皆連夜遁去。但恐兵撤之後，仍復聯檣聚泊，勢若負嵎，必須扼要設防，方足以資控制。隨飭候補知府余保純、署大鵬營參將賴恩爵、新安縣知縣梁星源，會同周歷履勘。旋據該員等稟稱：尖沙咀山麓，有石腳一段，其形方長，直對夷船向來聚泊之所；又官涌偏南一山，前有石排一段，天生磐固，正對夷船南洋來路。若兩處各建炮臺一座，聲勢既相聯絡，而控制亦極得宜等語。

當經飭令將兩臺高寬丈尺及開築地平，並建造牆垛炮洞、弁署兵房、神廟望樓、藥局馬路，一切工料價值，嚴實確估。據該員等呈送圖説清摺，臣等逐一嚴算，並委員詳細勘實。計尖沙咀炮臺，估需工料銀一萬七千九百五十一兩零，官涌炮臺，估需工料銀一萬四千四十六兩零，竊思此項工程，係屬防夷要務，斷不可緩。第國家經費有常，仍不敢清動帑項。臣等公同籌畫，查有前山營生息銀一項，係由洋商捐銀，發交當商生息，前於嘉慶十四年，奏明作爲添設前山營兵餉之用，按年核實支銷，已屆三十年之久，因而存有贏餘，截至道光十九年五月底，報部册開，實存銀五萬三千八百餘兩。前項炮臺工料之資，合無仰懇聖恩，准於前山營生息銀內動支，並免造册報銷。

至此項工程，先已購料興工，趕緊建築，務於夏令南風盛發以前，一律全完，以資協制。計兩臺應安大炮五十餘門，亦已於腹地各營，酌其緩急情形，先行運撥濟用，一面籌資購補。期於普律森嚴，以仰副聖主綏靖海疆之至意。

（文慶等編：《籌辦夷務始末》[道光朝]，卷 10，第 302－303 頁）

上諭　答林則徐等摺片

諭內閣：林則徐等奏，籌議添建炮臺一摺。廣東尖沙咀一帶地方，爲夷船經由寄泊之區，又係該省船隻東赴惠、潮，北往閩、浙要道。該督等相度情形，請於尖沙咀及官涌兩處，各建炮臺一座，聲勢既相聯絡，控制亦極得宜。著照所議趕緊建築，以資防制。其尖沙咀炮臺估需工料銀一萬七千九百五十一兩零，官涌炮臺估需工料銀一萬四千四十六兩零，准其在於商捐前山營生息銀內，動支給辦，免其造冊報銷。⋯⋯

（文慶等編：《籌辦夷務始末》[道光朝]，卷 10，第 304－305 頁）

林則徐請改大鵬營營制摺

道光二十年四月二十五日到京
（公元 1840 年 5 月 26 日）

奏爲察看廣東水師情形，大鵬營現居緊要，籌議改設副將，並添撥移改官兵船隻等項，以資守禦而重海防，恭摺奏祈聖鑒事：竊照廣東虎門海口，爲中路扼要之區，於嘉慶十五年設立水師提督駐紮其地，西則香山，東則大鵬，形成兩翼。查香山協向駐副將，管轄兩營，額設弁兵一千七百零九員名，兵力較厚。大鵬原止一營，額設參將一員，管轄洋面四百餘里，其中有孤懸之大嶼山，廣袤一百六十餘里。是以道光十年，已將大鵬分爲兩營，而所設弁兵只九百九十八員名，較之香山營制，已有軒輊。且所轄尖沙咀洋面，近年更爲夷船聚泊之區，該處山高水深，風浪恬靜，夷船倚爲負嵎之固，上年調集官兵，痛加剿擊，始行全數退出。恐兵撤之後，仍復聯檣而來，佔爲巢穴。當又相度形勢，在於尖沙咀及官涌兩處，添建炮臺二座，現在工程將竣，已於另摺縷析奏報在案。

臣等復查尖沙咀、官涌兩處，即經建設炮臺，必須調兵防守，但大鵬左營額設參將一員、守備一員、千總二員、把總三員、外委五員、額外外委二員、步守兵四百九十七名。右營額設守備一員、千總一員、把總三員、外委五員、額外外委二員、步守兵四百七十五名。除分班出洋外，尚不足以敷巡守。據該營縣會議請添，經臣等與水師提督臣關天培再四籌商，應將大鵬改營爲協，撥駐副將大員統帶督率，與香山協聲勢相埒，控制方爲得力。……

臣等查外海水師副將，共有四缺，内除香山協應與大鵬分張兩翼，毋庸更議外，其龍門一協，地處邊陲，與越南夷地緊連。崖州一協，係煙瘴之區，且外臨大海，内控黎人，均爲邊疆要地，未便改抵。惟澄海一協，雖與閩省接壤，而上接南澳，下連潮州，有水陸兩鎮爲鄰，尚屬易資聲援。應將澄海協副將，改爲大鵬協副將，移駐大鵬所轄扼要之九龍山地方，居中調度。……以把總一員，兵七十五名，專防右營官涌炮臺，以把總一員，駐防九龍炮臺，將原駐九龍炮臺之千總一員，移防左營尖沙咀炮臺，併帶新設額外外委一員、兵丁一百三十名、又以外委一員、兵丁十五名，防守前經裁撤今應設回，與尖沙咀對峙之左營紅香爐汛。又大鵬額設大小米艇六隻，撈繒船三隻，分撥配巡，不敷派遣。應添大中米艇四隻，左右營各半，以千總一員、把總一員、外委二員、兵丁二百零四名配駕。又添快船二隻，以額外二員、兵丁五十六名配駕。其餘外委一員、額

外一員、兵丁十二名隨防九龍，聽候副將差遣，所添員弁船隻，
先儘水師各營移撥。……

（中國史學會主編：中國近代史資
料叢刊《鴉片戰爭》[二]，第 205
－ 207 頁）

  簡評：欽差大臣林則徐清楚地看到尖沙咀一帶在軍事上、
交通上的重要地位。他在給清廷的奏摺中至少有三次提及尖沙
咀一帶的險要形勢。其中 1840 年 4 月 21 日所發奏摺的描述尤
爲具體：“查廣東水師大鵬營所豁洋面，延袤四百餘里，爲夷
船經由寄泊之區。其尖沙咀一帶，東北負山，西則有急水門、
鷄踏門，東則有鯉魚門、佛堂門，而大嶼巨島，又即在其西南。
四面環山，藏風聚氣，波恬浪靜，水勢寬深，英夷船隻，久欲
依爲巢穴。而就粵省海道而論，則凡東赴惠、潮，北往閩、浙
之船，均不能不由該處經過，萬一中途梗沮，則爲患匪輕。”
  九龍山之戰和官涌之戰以後，林則徐對九龍半島的戰略
地位更爲重視。他奏請在九龍半島的尖沙咀、官涌兩地修築
炮臺兩座，並將原來的大鵬營升格爲大鵬協，派大鵬協副將
移居九龍山，居中調度。道光皇帝批准在尖沙咀、官涌修築
炮臺的上諭，說明清朝中央政府對九龍半島也是相當重視的。

九龍巡檢司的設置

廷寄

道光二十三年十月
（公元 1843 年 12 月）
  ……所有祁墳等前奏，廣東新安縣屬之官富司巡檢，請移

駐九龍地方，改爲九龍巡檢，作爲海疆要缺。即照所請，准以
試用從九品許文深試署，俟試署期滿，如果稱職，另請實
授。……

（文慶等編：《籌辦夷務始末》[道
光朝]，卷70，第2782頁）

九龍城的修築

耆英奏九龍山逼近香港亟應建立城寨以資防守摺

道光二十六年六月十七日到京
（公元1846年8月8日）

協辦大學士兩廣總督耆英奏：

查九龍山地方，在急水門之外，與香港逼近，勢居上游，
香港偶有動靜，九龍山聲息相通。是以前經移駐大鵬營副將及
九龍山巡檢，籍以偵察防維，頗爲得力。第山勢延袤，駐守員
弁兵丁，無險可據，且係賃住民居，並無衙署兵房，堪以棲止，
現值停工，又未便請動公項。咦夷雖入我範圍，不致復生枝節，
而夷情叵測，仍應加意防備。今於該處添建寨城，用石砌築，
環列炮臺，多安炮位，內設衙署兵房，不惟屯兵操練足壯聲威，
而逼近夷巢，更可籍資牽制，似於海防大有裨益。

溯查康熙五十六年，因西洋夷人受廛澳門，尚於距澳十五
里之前山寨，建立城垣炮臺，駐兵列炮，堵扼咽喉，至今賴之。
九龍山之逼近香港，與前山之密邇澳門，形勢無二，亟應建立
城寨，以便防守。臣等不敢因各項捐輸均已停辦，稍事拘泥，
致稽要工。惟粵東官紳，雖素稱急公，究在疊次捐輸之後，勢

須查照前辦炮臺戰船成案，給予優敍，方期踴躍樂輸，剋期集事。

　　硃批：覽。酌情妥爲之。

（文慶等編《籌辦夷務始末》[道光
朝]，卷76，第3010－3011頁）

顧炳章、喬應庚復核勘估工程情形稟

　　……兹奉前因，卑職等遵即前赴九龍山，會同地方文武各員查勘，得九龍山在新安縣之東南，距城陸路一百里，水路一百八十里。山形如弓，灣長二十餘里，南面臨海與香港之紅香爐山、羣（裙）帶路等處隔海對峙；北面依山傍田；東爲鯉魚門，直達大洋；西爲尖沙咀，內通虎門。該山居民聚處不一，多係耕種捕魚爲業。惟中間附近白鶴山五里以內沿海一帶，店舖民房數百餘戶。按志書內載，名曰“九龍寨”。現在副將、巡檢皆駐紮其間。此九龍山地勢情形也。復勘城基，非形勢未協，即地盤低窪。惟白鶴山南麓下，離海邊三里，一片官荒，地平土堅，風水亦利，既無墳田相礙，亦無潮水淹浸。就此建築城寨，核與防海衞民題義相洽。當經勘丈明確，擬建石城一座，北座南向，圓圍一百八十丈，高連垜牆一丈八尺，厚一丈四尺。城門、敵樓各四座，即以其方名。西門座居兑方，建而不開，以利方向。一切工程做法考古閱今，參之城寨、炮臺，併行不悖。城上敵臺東、西、南三面配炮三十二位，北面依山，無庸備炮。城內開池，廣深各一丈，另水井二口。通衢街道俱舖石板。正北建武帝廟一所，東北角建副將、巡檢衙署各一所。西北角建演武亭、大校場、軍裝火藥局並兵房十四間。東南、西南空地預備民居，毋致兵民互雜。城之前面，舊有九龍炮臺一座，建自嘉慶十五年。其臺原在佛堂門，因孤懸難守，移建於此。臺周三十一丈，南面安炮八位，其餘三面均係馬牆。今擬將南面加高培厚，官廳、兵房一律修葺，添易三千斤炮二位，足爲城寨犄角之勢。至於城之東北角大竹園山，及西南角尖沙咀兩處，各設卡房煙墩，由九龍協撥兵駐守，聲氣聯絡，藉通策應。城之北即白鶴山，僅離城十餘步，登山俯覽全城，如在膝下。雖山背附近竹園村堪資援應，第高阜據險，究不可不妥爲防範。今擬城北添築腰牆一道，圈圍山頂周一百七十丈，高八丈，厚三尺，酌開長形槍眼，旁設耳門，中建望樓，以杜抄襲，而期周密。……

（劉蜀永整理：〈勘建九龍城炮臺
文牘選〉，《近代史資料》總74號，
第5－6頁）

復勘九龍寨山海形勢古迹等稟

　　謹將復勘新安縣屬九龍寨地方山勢方向，海面寬闊，附近山場古迹，查明原舊尖沙咀炮臺建廢緣由、存炮數目，逐一列折呈候憲核。

　　計開

　　一、九龍寨山勢坐北向南，其來龍自東北之虎頭山，旋轉至西北乾方九龍澳，折入坎宮，白鶴山爲主山。該山南面臨海，東南直對鯉魚門水口，歸於巽位，山水氣脈均佳。今城寨建於白鶴山南麓下，城門方向以坐山坎卦爲主。北門宜開於坎宮伏位壬方，主興旺。南門開於離宮丙方，爲延年門，主益壽。東門開於巽宮巽方，爲生氣門，主榮昌。西門開於乾宮乾方，主高爵厚祿。按山形局，擬開四門，均屬大吉。惟前面離方水大，宜於鶴山上添建鎮海樓一座，供奉北帝神像，另於高坡處所，酌安炮位，以鎮風水，更爲周密。

一、城內水池開於東南角，生氣巽方，與副將衙署對照，主大吉。

一、九龍城寨南門，城腳量至九龍舊炮臺處，計長一百二十丈；由炮臺量至海邊三十餘丈。統計南門至海邊一百五十餘丈。

一、九龍城寨海邊與香港之紅香爐山隔海相對，離海面寬一千餘丈，約有五六里。九龍寨城東南首，即鯉魚門海口，寬約四百餘丈。九龍城寨西首尖沙咀與香港之羣（裙）帶路隔海斜對，海面寬約五百餘丈。其九龍山自西邊尖沙咀至東邊鯉魚門，山徑旋環共約二十餘里。

一、白鶴山在九龍城寨西北。志書內載，上有遊仙巖，巖下三小石，形如品字，上盛一巨石高約六七丈，廣約三丈餘，壁立難升。石北刻“遊仙巖”三字。第年遠，字稍模糊。昔嘗有白鶴一雙棲止石上，故名。

一、鯉魚門在九龍城寨之東南，相離海面約五六里。

一、佛堂門在鯉魚門之東南，相離鯉魚門約十餘里，志書內載，佛堂門又曰“鐵砧門”，旁有巨石長二丈餘，形如鐵砧。潮汐急湍，巨浪滔天，風不順，商船不敢行。其北曰“北佛堂”，其南曰“南佛堂”。兩邊皆有天后古廟，北廟創於北宋咸淳二年，廟之右曰“碇齒灣”，古有稅關，今廢，基址猶存。至南佛堂之山，乃孤島也。康熙年間設炮臺一座，以禦海氛。嘉慶庚午，知縣李維榆詳請移建此臺於九龍寨海旁，即現在修建九龍之舊炮臺也。查該炮臺方圍三十一丈，南面臨海，配炮八位，東邊開門，內有官廳、兵房共十間。

一、虎頭山在九龍城寨之東北，離城寨四五里。志書內載，虎頭山怪石嵯峨，險峻難行，然實當衝要道。乾隆壬子年，土人捐金，兩邊砌石，較前稍爲平坦。查該山附近大竹園村，此次所建卡房、堆臺，即在虎頭山腰處所。

一、官富山在九龍城寨之西北，離城寨五六里。志書內載，官富山下爲官富寨，縣治東南八十里。原設官富司巡檢。因衙宇久壞，蒞任者多就居民舍。康熙十年，巡檢蔣振元捐俸買置離縣城三十里之赤尾村民地，建造衙署，仍以官富司名。今奉改九龍司，所有赤尾村衙署仍存其舊。

一、官富山，志書內載官富駐蹕。宋景炎中，帝舟幸於此，即其地，營宮殿。今土人將其址改建北帝廟。其官富司衙署基，今名"衙前村"。查該處村民不過二十餘戶，地盤不甚廣闊。

一、宋王臺在官富山之東，九龍城寨之西南角，離城寨一二里。志書內載，山頂有盤石，方平數丈，宋帝昺駐蹕於此。臺側巨石有"宋王臺"三字。

一、前稟估冊所稱垛牆，即城上之垣也。查《太平御覽》內載，城上垣謂之"睥睨"，言於孔中睥睨非常也。亦曰"陴"，助城之高也。亦曰"女牆"。所謂"堞"，即女牆也。

一、前稟估冊築城前後砌石，中用泥土。今閱《聖武記》，書內云："凡磚石之城，中用沙土，炮不能透，大炮遇沙即止"等語。今擬照辦，中用沙土。

一、尖沙咀在九龍城寨之西南，離城寨約陸路十里，水路十餘里。該尖沙咀地方於道光二十年三月建造炮臺二座，一名"懲膺"，一名"臨衝"，共配鐵炮五十六位，分派大鵬左、右兩營防守。嗣於道光二十一年正月奉文，以該二炮臺不足禦侮，飭將原配炮位、彈藥運赴新安縣城防堵。其二處炮臺旋經坍塌拆毀。今查原運赴新安縣城炮位，自七百斤至五千斤，止共五十六位。除經水師提標中、左兩營撥配貞吉第十、二十三號戰船大小炮位四十位外，尚存新安縣城五千斤炮位一位、四千斤炮位一位、三千斤炮位四位、二千五百斤炮位六位、二千斤炮位二位、七百斤炮二位，以上存炮十六位，將來堪以運赴九龍寨配用。再，查所存新安縣城炮十六位，內七百斤鐵炮二位。

據水師提標左營遊擊陳魁倫移稱，該七百斤炮二位已經撥運師船，行至海康縣屬洋面，遭風失水，通報有案，並以聲明。

　道光二十六年六月十五日委員顧謹呈。

　（借用廣糧分府關防）

（同上，第 10 － 12 頁）

　　簡評：鴉片戰爭以後，由於香港島的割讓，清朝政府從地方到中央對九龍半島都有了危機感。為了防範英國進一步的侵略，他們在九龍半島採取了兩個重大舉措。一是將地方行政和軍事指揮中心南移，即將官富巡檢司改為九龍巡檢司，巡檢駐地遷回官富九龍寨；一是興師動眾修築牢固的防禦石城——九龍寨城。他們對九龍半島的重視達到前所未有的程度。既然道光皇帝認為九龍司巡檢是“海疆要缺”，在他的心目中九龍司（特別是其中的九龍半島）無疑是“海疆要地”。

1860 年的九龍半島南部

量地官克萊弗利致輔政司馬撒爾函（摘錄）

1860 年 7 月 19 日於量地官辦公室

　這個形狀和外表極不規則的半島，到目前確定的邊界為止，是一個 1774 英畝的地區。包括大約 317⅔ 英畝平坦的耕地。其餘是該地區乾旱的沙土地。這些土地以各種可以想像到的斜坡和小丘的形式逐漸升高。連接這些斜坡和小丘的是一些狹長的山嶺，其高度從高於平均海平面 20 英尺到 400 英尺不等。

（英國殖民地部檔案 C.O.129 /
78，第 121 － 122 頁）

　　簡評：佈滿斜坡和小丘的九龍半島南部面積爲 1,774 英
畝，約合 7.18 平方公里。其中平坦的耕地大約爲 317 $\frac{3}{4}$ 英畝，
約合 2,000 餘市畝。這説明到 1860 年英國侵佔九龍半島南
端時，該半島農業生產已具有相當規模。

　　前面提供的大量歷史資料表明，從政治、經濟、軍事、
交通等方面看，九龍半島都有其重要作用。它在軍事上的重
要性尤其突出。鴉片戰爭期間和戰後數年，九龍半島成爲反
對外來侵略的前哨陣地，清朝政府將其視爲海疆要地，曾採
取多種措施加强該地的防禦力量。英國軍政官員稱九龍半島
"對中國人没有用處"，恭親王奕訢稱該地爲"海口餘地"，
是完全没有根據的。

————————————

① "官富九龍寨"即"官富寨"，又稱"九龍寨"，王崇熙等編纂的《新安
縣志》中這幾個名稱都使用過。

② 毛鴻賓、瑞麟編：《廣東圖説》，卷 13，第 10 － 12 頁。

③ 《辭海》（上海：上海辭書出版社，1979 年縮印本），第 89 頁。

④ 羅素致額爾金函，1860 年 7 月 9 日，英國外交部檔案 F.O.17 / 329。

⑤ 彭瑞琪、薛鳳旋、蘇澤霖編著：《香港與澳門》（香港：商務印書館香
港分館，1986 年版），第 30 頁。

＊ 此文係本書編者所撰〈九龍半島、九龍巡檢司、九龍城史事考略〉一文
第一部分，原載《西北史地》1988 年第 2 期。

尖沙咀海警署建於1884年。

二　英國早期對九龍的政策

　　英國商人對九龍這塊土地早就抱有野心。據 1840 年 4 月 25 日《澳門新聞紙》的報導，英商在對廣東沿海地區進行 "細心考察" 之後，曾說："在各處船隻停泊地方之中，並無一處可以好過尖沙咀。"

　　在鴉片戰爭的過程中，1841 年 1 月初，英軍突然發動武裝進攻，奪取了大角、沙角炮臺。義律咄咄逼人地提出要求割讓沙角。沙角在虎門口外，是廣州第一重要門戶，琦善不敢輕易允許。義律轉而要求 "以尖沙咀洋面所濱之尖沙咀，紅坎即香港等處，代換沙角予給"。琦善向道光皇帝表示："尖沙咀新建炮臺，設兵防守，非如香港之孤懸外洋可比，且係兩處地方，礙難允准。" 他代義律奏請 "准就粵東外洋之香港地方，泊舟寄居。" 但是，他早在 1 月 15 日就向義律發出照會，擅自允許英國於尖沙咀或香港 "止擇一處寄寓泊船"。當時英國並沒有足夠的力量同時佔據香港與九龍，義律提出割讓兩處地方，不過是奸商漫天要價的手法，因此，他在覆照中，不再提尖沙咀，而只提割讓香港一島。

　　義律放棄割讓九龍的要求，有苛刻的附加條件。他在 1 月 30 日的照會中聲稱："尖沙咀不應寄存炮臺軍士，致嚇

該處洋面及香港海邊地方。"他蠻橫無理地要求中國方面將
軍械將士"統行撤回九龍"。

清軍撤防之後，英軍乘虛而入。他們幾次派遣小股部隊
入侵九龍半島，進行偵察和破壞活動。1841 年 3 月 23 日，
英軍佔領官涌和尖沙咀的兩座炮臺。5 月 24 日，他們將"臨
衝"炮臺"兵房拆卸，台基轟裂"；隨後又將懲膺炮臺拆毀，
把磚瓦石塊運回香港，用以修路造屋。7 月 20 日，又有英
國水兵"在尖沙咀之懲膺炮臺前，開架帳房二十五頂，登岸
居住"。但第二天遇到颶風發作，大雨傾盆。所有帳篷，"悉
被吹捲無存"。

印度總督奧克蘭（ G. E. Auckland ）負責指導英國遠
征軍的作戰行動，當時他不贊成佔領九龍。1841 年 5 月，
他在致侵華陸軍總司令郭富（ H. G. Gough ）的信中認爲，
佔領該半島需要設置更堅固的防綫和防禦工事。同年 7 月，
他在致郭富的另一封信中又說，九龍半島的事情使他"大傷
腦筋"。據他看來，"如果沒有一支強大的軍隊，不付出高昂
的代價，很難保障該地區的安全。此外，該地很可能成爲許
多麻煩事情的根源。"

急功近利的英國商人（特別是鴉片商）卻一再鼓吹佔
領九龍半島。在討論佔領香港島的問題時，大鴉片商馬地
臣（ J. Matheson ）在 1841 年 8 月 25 日致大鴉片商威
廉・查頓（ W. Jardine ）等人的信中說："許多人寧願
要九龍，但是，我們應該兩者都要。" 1842 年 5 月 7 日，
反映英商意願的《廣東報》（ Canton Press ）聲稱：
"我們相信，已經發現比目前香港的地點更適合建造城市的
地點。例如，對面九龍的海岸……就有良好的平坦空地。"
同年 6 月 29 日，《泰晤士報》在一篇通訊中也鼓吹說：儘管
香港也應該保留，但更適宜於私人居住的地方"是九龍，而

不是香港"。

英國政府與其派往遠東的殖民官員持同樣的觀點，認爲割佔九龍半島的時機尚不成熟。因此，英國首相巴麥尊（Lord Palmerston）在 1841 年 6 月 15 日向新任駐華全權代表璞鼎查（Henry Pottinger）發出的指令中，只是說："女王陛下政府認爲香港島應該保留；但似乎對面海岸的某些地方俯臨香港一個主要錨地，因此有必要規定，中國人不得在俯臨香港錨地的那些地點的一定距離内建築任何防禦工事或工程，安放任何大炮，或駐紮任何軍隊。"

璞鼎查主張對九龍半島採取"沉默政策"，"不向中國政府提出有關香港島對面岬角的任何問題"。他在簽訂不平等的《南京條約》時，未提九龍問題。英國外交部"完全贊同"璞鼎查採取的政策。外交大臣阿伯丁（G. Abdeen）早就表示，除非中國人在那裏建築防禦工事，他不願同他們討論九龍的軍事地位問題。

英國駐華全權代表兼香港總督德庇時（John F. Davis）1844 年 5 月到香港上任以後，發現一些英國和美國商人在尖沙咀附近造屋居住。他立即採取措施加以制止。他首先命令輔政司卜魯斯（F. W. A. Bruce）發佈通告說："獲悉有人未經許可在九龍半島建造永久性房舍，總督及行政局特告誡他們，這種舉動是沒有條約根據的；萬一中國政府動手驅逐他們，他們不能指望得到女王陛下政府的支持和幫助。"接着，他又致函中國欽差大臣耆英說：英國人和美國人在尖沙咀附近建造房舍"並未得到我的允許或授權"。英國政府"完全贊同"德庇時採取的行動。由於德庇時的干預，到 1845 年春，這些英美商人已全部撤離九龍半島。德庇時對九龍半島的政策，實際上是璞鼎查奉行的"沉默政策"

的繼續。

英商對尖沙咀的看法

澳門四月二十五日（即三月二十四日）新聞紙（摘錄）

廣東各海島之中，其最大者，乃係在省之西南，即有海南，在省城之極東，即有南澳。除此之外，各處尚有無數之海島，曾有人名羅士到海南島之岸邊考察過，其內地即不得而知。即現在附近此處之海島，我等行船之人，俱已細心考察，其中之港口路逕，並已詳細註明在行船之書上。在各處船隻灣泊地方之中，並無一處可以好過尖沙咀，南澳島我等亦已小心考察過，並已註明在於書上。

（中國史學會主編：中國近代史資料叢刊《鴉片戰爭》[二]，第468－469頁）

簡評："澳門新聞紙"是林則徐組織翻譯的外文報刊資料，來源爲廣州"自由貿易派"英商主辦的《廣州周報》。1840年4月25日的這段報導反映了英商對九龍半島的野心。

義律與琦善關於尖沙咀的交涉

義律照會（摘錄）

一千八百四十一年正月十一日

道光二十一年十二月十九日

本月十九日，接據貴大臣爵閣部堂來文，均已閱悉。寄居一所，今據貴大臣爵閣部堂，擬應予給。而沙角既難允爲予給，本公使大臣仍欲權爲依照貴大臣爵閣部堂之意，今擬以尖沙咀洋面所濱之尖沙咀，紅坎即香港等處，代換沙角予給，事尚可行。若除此外別處，則斷不能收領。此議已結矣。如貴大臣爵閣部堂能允照行，其寄居一所境界，後可本公使大臣與貴大臣爵閣部堂，另行詳定。

（佐佐木正哉編：《鴉片戰爭的研究（資料篇）》，第62頁）

琦善照會（摘錄）

道光二十一年十二月廿三日

惟尖沙咀與香港，係屬兩處。本大臣爵閣部堂再三籌畫，雖地方所用較小，而實礙難奏請。因思貴公使大臣心地明白，通曉事理，必能諒此苦衷，代爲籌計盡善。況此時諸事皆定，亦不值因此一事擔延。自應即照貴公使大臣前日與鮑鵬面訂之言，止擇一處地方寄寓泊船。

（同上，第70頁）

義律照會（摘錄）

一千八百四十一年正月十六日

道光二十一年十二月二十四日

接據貴大臣爵閣部堂來文，均已閱悉，諒思貴大臣爵閣部堂極欲承平，以便兩國彼此和好，且知籌畫盡善之中。所遇難辦之處，已屬不少。本公使大臣，亦欲承平相和，自應認負重責，以期萬全。今擬照貴大臣爵閣部堂來文辦理。一面以香港一島接收，爲英國寄居貿易之所。一面以定海及此間沙角、大角等處，統行繳還貴國也。

（同上，第 70 – 71 頁）

義律照會

一千八百四十一年正月三十日

道光二十一年正月初八日

大英欽奉全權善定事宜公使大臣駐中華領事義律。爲照會事。

照得先日與貴大臣爵閣部堂，議將香港一島讓給英國主治，其對面之尖沙咀地，聽照貴大臣爵閣部堂來意，不請兼給。當經面爲説明，尖沙咀不應留存炮臺軍士，致嚇該處洋面及香港海邊地方。惟據尖沙咀炮臺數座，現聚軍士多人。本公使大臣，全賴貴大臣爵閣部堂誠信之意，請望就將該臺炮械軍士，統行撤回九龍（城）。可期相安全妥矣。不然則各該處既有軍臺，其對面之香港島山處處，即須豎立炮臺，俾開放炮彈，起火箭炮，以爲自護。並須多留英國軍士，保守地方。誠恐其中難免偶因不相順處，致壞兩國承平和好之意。不如先將各該臺汛軍械將士，

均即撤回九龍。則英軍炮臺，除須在門口等處，備武提防，堵
禦外國相敵者及海盜寇船外，自可無庸多建，兵亦不用多留矣。
此果兩相重信，友交保和常遠之美法也。本公使大臣因念如此
議擬辦理，可期相安永久。倘固未能如此，必致以安易危。欲
保和好，終適礙難。勢所必有。是故特此專請願貴大臣爵閣部堂，
熟思之。且知此際該處光景，固非善妥，一日難保無事。其尖
沙咀等處炮臺，應以軍械將士退回九龍之情至緊要，貴大臣爵
閣部堂，就便查照施行登覆。爲此照會，須至照會者。

右照會

欽差大臣文淵閣大學士署理兩廣總督部堂一等侯琦。

（同上，第76頁）

琦善照會

道光二十一年正月十四日

欽差大臣文淵閣大學士署理兩廣總督部堂一等侯琦。爲照
會事。

本月十一日接據來文，內開請將尖沙咀炮械軍士撤回，則
英軍炮臺，除須在門口等處，備武提防，堵禦外國相敵者及海
盜寇船外，自可無庸多建，兵亦不庸多留等語。查貴國求請承平，
已均議定，具有公文。原可無庸添兵防守。所有尖沙咀炮位兵丁，
現已檄行撤回。惟炮位須由海船載運。貴公使大臣即飭貴國軍
士人等，此係依允所請，撤回存貯炮位，無得起疑，致滋別故。

致所稱門口等處備武提防，堵禦外國及海盜寇船之處。查
來此貿易者諸邦，均與貴國和好，並無相敵，何庸堵禦？若謂
因海盜起見，則貴國在此寄寓，既尚須酌設提防，天朝尤當自
爲防守。否則豈有貴國寄寓之人，留兵設炮，而天朝將原設兵
炮撤回，未爲情理之平。今既允將尖沙咀兵炮撤回，則將來貴

國亦毋庸築臺設炮，方見公道信實，永久相安也。爲此照會，須至照會者。

右照會

英吉利國公使大臣義律。

（同上，第78頁）

怡良咨文（摘錄）

道光二十一年五月二十九日

查尖沙咀與官涌互相毗連，緣新築炮臺二座，一曰"懲膺臺"，一曰"臨衝臺"，均經派撥弁兵分別防守。茲於本年正月内奉前任爵閣督憲琦，以該二臺孤懸海外，不足禦侮，飭將兩臺兵炮移防新安縣城，所有防堵山梁之弁兵，亦一共撤防，九龍僅留空臺二座。續於三月初一日始爲該夷所佔據，至四月初四日，官涌之臨衝臺，又爲該逆用藥轟壞。其尖沙咀之懲膺空臺，刻下尚未繳還。……

（中國史學會主編：中國近代史資
料叢刊《鴉片戰爭》[三]，第394
頁）

簡評：當時英國並没有足夠的兵力同時佔據香港與九龍，義律提出割讓兩處地方，不過是奸商漫天要價的手法。因此，他後來只提割讓香港一島。但他放棄割讓九龍的要求，有苛刻的附加條件，即要求中國從尖沙咀撤防。這是對中國内政的粗暴干涉。連琦善也認爲此事没有道理："豈有貴國寄寓之人，留兵設炮；而天朝將原設兵炮撤回；未爲情理之平。"但最後他仍然屈從於英國的武力威脅，將兵炮撤回新安縣城。後撤的地點，竟比義律的要求還要遠三十多公里。

由於琦善的瀆職行爲,軍事要地尖沙咀一帶成了不設防地區,聽任侵略者自由往來。難怪香港總督德庇時在 1845 年報告說:"九龍早就被看作臨時中立地區。"

巴麥尊致璞鼎查函

1841 年 6 月 15 日於倫敦

女王陛下政府認爲香港島應該保留;但似乎對面海岸的某些地方俯臨香港的一個主要錨地,因此有必要規定,中國人不得在俯臨香港錨地的那些地點的一定距離內建築任何防禦工事或工程,安放任何大炮,或駐紮任何軍隊。

(馬士:《中華帝國對外關係史》,第 1 卷,第 661 頁)

簡評:巴麥尊的指令説明,義律要求中國從尖沙咀撤防的做法完全符合英國政府對九龍半島的政策。只是由於當年交通不便、通訊設備落後,信件往返十分緩慢,巴麥尊尚不知曉,反對九龍半島設防的無理要求已經變爲現實。

印度總督奧克蘭對九龍的看法

奧克蘭致郭富私人信函

1841 年 5 月 23 日於加爾各答

……我發現義律上校期望您將香港的兵站和營房設置在九龍岬角和大陸上。從各種描述看,這是人們推薦得最多的地方。

但是，與香港島相比，在那裏需要設置更堅固的防線和防禦工事，您還需要在山坡上修建炮臺。……

（《奧克蘭文書》，英國圖書館藏手稿， ADD. MS, 37715 ，中國部分〔一〕，第 113 頁）

奧克蘭致郭富私人信函

1841 年 7 月 24 日於加爾各答

……九龍半島的事情使我大傷腦筋。據我看來，如果沒有一支强大的軍隊，不付出高昂的代價，很難保障該地區的安全。此外，該地很可能成爲許多麻煩事情的根源。

（同上，第 140 頁）

簡評：印度總督奧克蘭的信件表明，鴉片戰爭期間，英國在遠東的殖民官員雖然對九龍半島抱有野心，但是力不從心，顧慮重重，不敢貿然割佔。

外交部致璞鼎查函

1843 年 7 月 6 日

作爲對您 3 月 21 日 21 號信函的答覆，我要告訴您，女王陛下政府完全贊同您的看法，即不向中國政府提出有關香港島對面岬角的任何問題。

（英國外交部檔案 F.O. 17／65 ，第 23 頁）

簡評："不向中國政府提出有關香港島對面岬角的任

何問題"——這就是英國政府早期對九龍半島奉行的"沉默政策"。但是應該看到，所謂"沉默"是有條件的、相對的。英國殖民主義者粗暴地干涉中國內政，強迫廣東地方當局從尖沙咀一帶撤防，使九龍半島南部成為聽任侵略者自由往來的不設防地區。這就是他們奉行"沉默政策"的前提。而他們對九龍半島小規模的侵略活動，鴉片戰爭前已經開始，鴉片戰爭及其以後一段時間仍時有發生。"沉默政策"的含義不過是對九龍半島暫不採取大規模的侵略行動，暫時不提割讓的要求而已。

政府通告

1844 年 7 月 27 日於香港維多利亞城

獲悉有人未經許可在九龍半島建造永久性房舍，總督及行政局特告誡他們，這種舉動是沒有條約根據的；萬一中國政府動手驅逐他們，他們不能指望得到女王陛下政府的支持和幫助。

輔政司卜魯斯

（英國殖民地部檔案 C.O. 129 / 7，第 101 頁）

德庇時致斯坦利函

1845 年 3 月 17 日於香港維多利亞城

在 1844 年 52 號信函中，就發現英美臣民在維多利亞城對面的中國海岸建造房屋後我所採取的措施，我已通知閣下。我要滿意地說，他們已停止造屋，並讓所有人員搬回香港。

除了侵略中國的領土違反條約外，這種侵佔會減少對香港殖民地官有土地的需求。通過賄賂當地官員並得到他們默許，

在該中國海岸，一個美國人已經建造了一家大型船舶修造廠，
一些英國商人已計劃修造房屋。我致耆英的信函已迫使他們回
到香港，但他們在對岸着手建立的機構已豎立在那裏。通過摒
棄一種我預料除了帶來災禍不會帶來任何好處的制度，與中國
政府之間出現意外事件和發生爭執的危險將得以避免。

（英國殖民地部檔案 C.O.129 / 11，

第 214 頁）

　　簡評：香港總督德庇時對九龍半島繼續奉行"沉默政策"
的原因，從他致殖民地大臣斯坦利的信中可以找到答案。他
虛偽地表示："侵略中國的領土違反條約"。這裏所説的條
約是指兩年多以前簽訂的中英《南京條約》。其實《南京條約》
本身就是侵略性的不平等條約，侵佔香港和侵佔九龍同樣是
侵略中國領土。可見德庇時反對侵略的表白是言不由衷。他
反對英美商人侵佔九龍土地的真正原因是以下幾點：一、鴉
片戰爭剛結束不久，香港殖民地也尚未鞏固，他竭力避免"與
中國政府之間出現意外事件和發生爭執的危險"；二、他認
爲英美商人在九龍居住會"減少對香港殖民地官有土地的需
求"；三、擔心美國勢力的滲入與競爭，在九龍"一個美國
人已經建造了一家大型船舶修造廠。"

　　在鴉片戰爭及其以後的一段時間内，英國商人起勁地鼓
吹割佔九龍。一些英、美商人甚至一度侵佔九龍土地，修築
永久性房舍。英國政府對九龍半島也懷有野心，但認爲當時
進行割佔時機尚不成熟，因而支持其在遠東的殖民官員對九
龍半島奉行"沉默政策"。

1860年代的九龍南部。

三 戰爭爆發前後的兩個事件

第二次鴉片戰爭爆發前後，在九龍半島曾先後發生過天地會攻佔九龍寨城和英軍劫持大鵬協副將兩個事件。這兩個事件將清軍的腐敗無能暴露無遺。

1854 年 7 月，在太平天國革命運動的影響和推動下，廣東省爆發了聲勢浩大的天地會起義。短短三四個月的時間，起義軍便攻克了四十餘個府州縣城。起義軍從水陸兩路進攻廣州城，長達半年之久。這場鬥爭風暴波及到了目前的香港地區。1854 年 8 月 19 日，羅亞添率領的惠州天地會起義軍進攻並佔領了九龍寨城，香港地區的貧苦羣衆踴躍參加了戰鬥。香港護理總督威廉·堅（W. Caine）對這一事件有較爲詳細的報導。起義軍佔領九龍城三天之後，大部分戰士出發攻打新安縣的軍事要地大鵬城，九龍城內留下的戰士中間又"出現了某些爭執"。在起義軍力量大爲削弱的情況下，香港一些僱佣軍（所謂"擅自對外國作戰者"），"在得到付給四百元錢的許諾後"，於 8 月 31 日替清軍重新奪回了九龍城。

1856 年 10 月，英國以"亞羅號事件"爲藉口，發動了第二次鴉片戰爭，戰爭在廣州附近爆發。英軍野蠻的侵略行徑激起了廣東軍民的憤怒反抗。新安抗敵會會長陳桂籍委派他的弟弟、舉人陳芝亭率鄉勇二千人前往九龍，進行抗英活動。他們截獲向香港偷運物資的船隻，襲擊零散英軍，刺探香港敵情，組織和鼓動香港島華人居民參加抗英鬥爭。

九龍在抗英鬥爭中充當了前哨陣地，香港英國當局對此恨之入骨。1857年4月20日，香港總督包令（John Bowring）召集行政局會議，決定採取軍事行動，强行要求九龍城清朝軍事長官引渡抗英愛國人士。第二天上午，在香港代理輔政司布烈治（W. T. Bridges）的參與和指揮下，馬德拉斯土著步兵團特遣隊二百名士兵進行了一次異乎尋常的侵略活動，渡海襲擊了九龍巡檢司署所在地九龍城。大鵬協副將張玉堂拒絕交出抗英愛國志士，竟被英軍在光天化日之下劫持到了香港。包令當天即召開行政局和立法局聯席會議，對張玉堂進行圍攻和恫嚇。包令得意洋洋地威脅張玉堂説：“把你帶到這裏，是爲了説明你無法逃出我們的手心”，“我們沒有摧毀你們的城鎮（指九龍城——編者註），此事我們本來可以在一個小時之內辦到。”包令把抗英愛國志士稱作“歹徒”，聲稱知道“某些秘謀是在九龍策劃的”，無理要求賠償抗英鬥爭造成的“損失”。他還疾言厲色地宣稱，如果抗英鬥爭繼續發生，就是張玉堂的責任。

在這次劫持活動中，英軍曾在九龍城內大肆搶劫，有的甚至把贓物拿到市場公開出售。此事當時在香港成爲轟動一時的醜聞。

天地會攻佔九龍寨城

《廣州府志》中的記載

咸豐四年秋七月二十六日（1854 年 8 月 19 日）

賊羅亞添攻陷九龍寨城。

閏七月初四日（1854 年 8 月 27 日）

官兵收復九龍寨城。

知縣黃光周協同副將張玉堂、都司譚蛟等率衆前進，斬首三十餘級，陣亡兵丁廖達邦、林禹平二人，即日收復寨城。

（史澄等纂：《廣州府志》卷 82，
〈前事略〉8。光緒五年刻本。）

威廉·堅致格雷函

1854 年 8 月 21 日於香港維多利亞城

我榮幸地報告，本月 19 日上午，一羣造反者進攻並佔領了九龍城。

據報告，進攻者幾乎都是客家人，大部分是來自本島及附近的石匠，並且都是三合會一個支派 Quan-tye 的成員。

一些官員事前已經離開。但是，大鵬協副將和另一名官員一直留到進攻開始的時候，才溜之大吉保全了性命。據說，其中一位已到這裏避難。

看來造反者的目的不過是搶劫。他們既不屬於南京的造反者，也不屬於廣州的造反者。從昨天上午起，已有幾百人加入他們的行列。他們在進攻中死亡 12 人，清帝國士兵死亡 3 人，傷 15 人。

············

威廉·堅

（英國殖民地部檔案 C. O. 129／47，

第 36 － 37 頁）

威廉·堅致格雷函

1854 年 9 月 9 日於香港維多利亞城

關於我在 8 月 21 日 61 號信件中提及的一羣造反者佔領附近九龍城一事，我榮幸地報告，佔領者經過多次討論，已逐漸從該地撤離。清帝國的軍官們已於上周重新進入並佔領該地。

威廉·堅

（英國殖民地部檔案 C. O. 129／47，

第 64 頁）

《中國之友與香港公報》的報導

在我們最近的簡要報導中，曾提到香港對面的九龍城被佔領。但在後來幾天內，大多數佔領者離開了該城。在得到付給四百元錢的許諾後，香港一些擅自對外國作戰者（即僱佣軍——編者註）於 8 月 31 日替清軍重新奪回了該城。

（《中國之友與香港公報》，1854

年 9 月 13 日）

簡評：以往的一些香港史著作認爲 1854 年太平軍曾佔

領九龍寨城，如歐德理 1895 年所著《歐西於中土：從初期到 1882 年的香港歷史》、丁又（杜定友） 1958 年所著《香港初期史話（ 1841 － 1907 ）》皆採用此種説法。但從上述中外史料看，他們的説法並不正確。 1854 年一度佔領九龍寨城的是惠州天地會（亦稱“三合會”）起義軍。編者曾撰寫《天地會攻佔九龍寨城史實考訂》（《近代史研究》 1987 年第 3 期）一文考證此事。

　　面對天地會起義軍的進攻，清軍一觸即潰；收復九龍城又要依賴香港僱傭軍。此事使香港英國當局摸清了清軍的實力。數年之後，香港輔政司馬撒爾在關於九龍半島的備忘錄中，把 1854 年 8 月九龍城清軍的潰敗，明確地説成是“中國當局孱弱的證據”。

九龍劫持事件

包令致拉布謝爾函

1857 年 4 月 27 日於香港維多利亞城政府合署

　　我在 1857 年 4 月 14 日第 66 號信函中，已榮幸地告訴您，目前落入我的手中的一些文件證明，在中國大陸有一個騷擾本殖民地的龐大組織。後來這裏得到的信息進一步確認了這個事實，即離香港最近的城鎮九龍，是造成這種危害的地區之一。由於我們未在該地區採取措施，在該處以及這裏的中國人中間普遍流行一種看法，認爲我們對窩藏在那裏的歹徒鞭長莫及，犯罪行爲不會受到懲罰。

　　在 4 月 20 日（星期一）行政局的會議上，我就要求九龍大鵬協副將引渡一些人的正當性，同議員們磋商。我們有不容置疑的證據，說明這些人在許多地方策劃危害本殖民地的生命財產安全。行政局意見一致地認爲，我們要採取的方針從各方面看都是必要的，而且對需要取得成功的部隊只會冒很小的風險。

我期望駐軍司令做出必要的安排實施我提出的目標。他的報告、第 29 馬德拉斯土著步兵團團長卡扎勒特少校（ Major Cazalet ）的報告和這封信將告訴您說，大鵬協副將聲稱他無法按要求找到那些人。他已被部隊帶了回來，不是作爲戰俘，已對他的官階表示適當的尊重。這只是爲了使我能夠與他交換意見，討論他管轄的地區與本殖民地之間應該存在的關係。

這是一個二等軍官，紐釦是紅色的，在中國的級別是高的。這個滿大人的名字叫張玉堂。本月 21 日他被帶到會議廳，立法局和行政局大部分議員在場。（韋德先生充當譯員）我向他講了大意如下的話：

你被帶到這裏來，是爲了說明，你無法逃出我們的手心。但是，採取野蠻行動或照你們對付我們的樣子行事，並非我們的習俗。

受賞金誘惑，你們中間的歹徒放火燒燬我們的房屋，綁架並企圖毒殺我們的人。我們知道某些密謀是在九龍策劃的。

我希望你知道，我們堅決要求賠償這些罪行造成的損失。如果這些罪行繼續發生，就是你的責任。

我們獲悉，有大批金錢用於捕捉本殖民地的傑出人士，並企圖切斷糧食供應，這種舉動是無法容忍的。

我們不想對無辜的百姓發動戰爭。他們的正當職業不應中斷。我們沒有摧毀你們的城鎮（指九龍城——編者註），此事我們本來可以在一小時之內辦到。

我現在的要求是，你要維持秩序，回去爲此事竭盡全力，並將已發生的事情引爲戒鑒。

　　他（指張玉堂——編者註）要求發表一些看法。這些看法被韋德先生翻譯爲如下内容：

　　據説是在九龍策劃的反對這個地方的密謀，他是知道的。但是，廣州事件發生時，他不在衙署，直到陰曆正月才回來。在此時或大約在此時，經陳桂籍（Chan-kuei-tsik）（副將把他説成是一個壞人）提議，一個姓程的到九龍監督或協助切斷對我們這裏的供應。副將他曾勸誠説，該地幾乎靠近香港，那種作法會使九龍與英國發生衝突。英國人與九龍人本來是互相諒解的。關於奸細，他説，在他直接管轄的步兵和水師中，没有一個人可能到這裏來。如果有奸細派來，可能是新安縣當局或鄉紳派來的。

　　他本人從未見過陳桂籍，並從未與他通過信。

　　作爲對我要求他盡力維持治安的答覆，他説，他願意懸賞，並採取措施逮捕某些人。這些人是上午由本殖民地派出的討伐隊要求逮捕的。他説，這些人已經潛逃，或者居住在別的地方。

　　會見結束時，我命令將這個滿大人安全帶回原地。

　　我有一切理由希望，現在採取的措施能夠保證我們的將來不再受到來自九龍的騷擾，而且不會對我們與中國的關係產生不利影響。

　　我應該補充説，代理輔政司布烈治先生陪同參加了此次討伐，並在很大程度上指揮了這次行動。他的表現使我高度滿意。

　　　　　　　　　　　　包令（簽字）

　　　　　　　（英國殖民地部檔案 C.O.129 / 63，
　　　　　　　第 45 － 52 頁 ）

包令致拉布謝爾函（摘錄）

1857 年 4 月 30 日於香港維多利亞城政府合署

在我本月 24 日的 68 號信函中，已報告了與討伐九龍有關的行動，以及我在行政局開會時與被帶來的中國指揮官交換意見的情況。我要報告說，在該滿大人離開以後，我十分驚訝和苦惱地獲悉，在九龍發生過極不光彩的洗劫，屬於中國官員的財產已被人拿走。據我所知，洗劫之事已臭名昭著，成爲本殖民地的醜聞。

我無需說，與討伐隊有關的騷擾活動，其目的僅僅在於給（中華）帝國當局友好的告誡，反對他們讓九龍成爲破壞本殖民地和平的任何運動的中心，而不會與這次討伐的良好意圖發生嚴重抵觸。

我有機會與海軍司令討論此事。他的一部分部隊隨同參與了此次討伐，但未登陸。他認爲，對我而言，最好的方針是，非正式地通知陸軍指揮官，要求把從九龍取得的所有東西立即送往政府合署。（我贊同他的意見）我用非書面形式向鄧洛普上校（ Colonel Dunlop ）表達了這一願望。隨後我獲悉，該滿大人的官印被拿走（這一損失造成嚴重後果）……

當天，幾頂滿大人官帽、兩枚破損的印章、一把金色寶劍、一些軍用品和其他不重要的物品被送往政府合署。在隨後的星期一（本月 27 日），三枚印章、兩頂滿大人官帽和一些不值錢的工具亦被送來。同時附有城防少校的便條，大意說，他相信所有的東西皆遭到破壞。

…………

（英國殖民地部檔案 C.O. 129 / 63，

第 54－56 頁）

簡評：1857 年 4 月的九龍劫持事件是英軍試探性的軍事行動。英軍劫持大鵬協副將及其在九龍城內的搶劫活動，踐踏了中國的領土主權，揭示了他們的侵略面目。但這一事件亦說明清軍的海防陣地形同虛設、不堪一擊，再次暴露了清朝當局的腐敗無能。

上：英國割佔九龍時繪製的地圖。

下：九龍半島的中英邊界，位置在今日的界限街。

四　割佔九龍的鼓噪

　　早在 1843 年 7 月 29 日，英軍少校奧爾德里奇（ Aldrich ）就曾建議在青洲島修築工事，佔據昂船洲（ Stonecutter's Island ）並在該島設防。四年以後，英國遠東艦隊司令西馬糜各厘（ M. Seymour ）提出並首次論證了割佔九龍半島的種種"理由"。 1847 年 8 月 14 日，他在致皇家工兵司令的信函中寫道："我認爲迫切需要佔有九龍半島和昂船洲，這不僅是爲了防止其落入覬覦英國殖民地的任何外國之手，而且是爲了給日益發展的香港社會提供安全保障和必需的供應。佔有九龍半島的另一個理由是，在颱風季節它是保障我們船舶安全唯一的、必不可少的避風地。我們決不應該忽視這種極其重要的佔領。"由於當時英國政府對九龍半島奉行"沉默政策"，主張暫不採取大規模的侵略行動，上述進一步割佔中國領土的建議提出後，並未受到青睞。

　　後來，經過 1854 年廣東各地天地會起義， 1856 年 10 月英軍進攻廣州城，特別是 1854 年 8 月天地會起義軍攻佔九龍城和 1857 年 4 月的九龍劫持事件，把清朝官員的怯懦無能和清軍的不堪一擊，完全暴露在侵略者的面前。 1857 年 12 月，英法聯軍進攻廣州，清軍不戰而撤。次年 1 月，兩廣總督葉名琛被俘，後被押往印度。廣東巡撫柏貴、廣州將軍穆克德納向敵人投降。侵略者任命英國駐廣州領事巴夏禮（H. S. Parkes）等三人擔任"大英法會理華洋政務總局正使司"（Allied Commissioners for the Government of Canton），對廣州實行軍事統治，監督和指揮柏貴行使傀儡政權職能。在這種情況下，清廷卻任命柏貴爲"署理欽差大臣"。清政府的妥協退讓助長了侵略者的氣焰。1858年春，參加侵華戰爭的一些英國軍官重新提出了割佔九龍半島的建議。

1858年3月2日，"加爾各答"號艦長霍爾（W. K. Hall）鼓吹當時是割佔九龍岬角和昂船洲的良好時機。他列舉了割佔這些地方的種種藉口：香港殖民地發展迅速，所有臨海土地已被佔用。隨着貿易的增長，需要在九龍爲商行和倉庫提供許多設施，出租或出售這些設施將成爲英國政府的一項收入來源。爲了保護英國在遠東日益增長的利益，需要"擴大和增加"海軍基地。在香港不能爲來華英軍提供足夠的宿營地。在颱風季節，尖沙咀的村莊成爲香港流民"出沒之地和窩贓場所"，他們可能利用滿載易燃物的小船向船舶發動攻擊。爲了避免發生這種情況，"船塢、給養站、海軍醫院和司令官邸都應修築在該地"。此外，美國或其他國家可能在九龍或昂船洲建造修船廠，有軍艦停靠在附近，把大炮指向香港方向。不久，駐紮廣州的英軍司令斯托賓齊（C. van Straubenzee）少將也向駐華全權特使額爾金（Earl of Elgin）提議割佔九龍半島。他寫道："它在我們手裏對我們的船隻有利；反之，今後其他任何一個歐洲國家佔有了它，不僅會危害我們的船隻，還會危害維多利亞城（即香港市區——編者註）本身。"他還將西馬縻各厘等"某些傑出軍官"鼓吹割佔該地的意見摘要轉呈額爾金。

英軍將領關於割佔九龍半島和昂船洲的建議送達倫敦以

後，得到了英國政府的首肯。 1858 年 6 月 2 日，外交大臣馬姆斯伯里（ Malmesbury ）寫信命令額爾金：“一旦出現機會，應竭力通過條約從中國政府手中將這些地方割讓給英國政府，至少要割佔香港對面的九龍岬角。”額爾金接到這一指令時，中英《天津條約》已經簽訂，錯過了提出割讓要求的時機。但是，他表示，如果有可能，他樂於在離開中國以前解決這個問題。

獲知英軍將領的意向之後，香港總督包令於 1858 年 8 月 20 日寫信給殖民地大臣利頓（ E. R. Lytton ）附議說：“我贊同這種意見：佔據這塊對中國人沒有用處的土地，不僅在軍事方面，而且在商業、保健和警務方面，對我們具有極大的價值。”鑒於《天津條約》已經簽訂，他建議與兩廣總督談判這個問題，並毛遂自薦承擔這項工作。爲了說服英國政府採取行動，包令援引葡萄牙侵佔中國領土氹仔的事例說：“數年前澳門總督佔據了名爲氹仔的地方，該地對中國人沒有用處，但總督認爲它對保障澳門安全具有重要意義。他在該地修築了炮臺，並且告訴我說，他的行動並未引起中國人的抗議。”

1858 年 11 月，英國政府任命卜魯斯爲駐華公使。次年 4 月，卜魯斯抵達香港。在香港逗留期間，他與侵華英軍首腦討論了帶兵北上交換《天津條約》批准書的安排；同時，就奪取九龍半島的問題，多次找香港輔政司馬撒爾（ W. T. Mercer ）談話。離開香港之日，他要求馬撒爾就九龍半島問題擬定一份備忘錄寄給他，“目的是同北方的中華帝國當局進行談判。”

馬撒爾奉命炮製了一份冗長的備忘錄，站在殖民主義者的立場上，從對香港的好處、中國人的得失、佔領土地的範圍和給中國政府的補償等方面，對割佔九龍半島的問題進行了詳細論證。

　　由於 6 月下旬英法聯軍進攻大沽炮臺遭到慘敗，卜魯斯未能完成換約的使命，更未能就九龍問題與中國政府進行談判。馬撒爾的備忘錄當時沒有派上用場。但這份文件仍有其歷史價值，它使人們清楚地看出，爲了割佔別國人領土，殖民主義者是怎樣挖空心思編造種種荒誕不經的藉口。

　　這份備忘錄由香港護理總督威廉·堅轉呈倫敦時，英國新一屆內閣已經就職。羅素（Lord John Russell）任外交大臣，紐卡斯爾（Duke of Newcastle）任殖民地大臣。新內閣仍然堅持割佔中國領土九龍半島的侵略立場。殖民地部副大臣埃利奧特（N. Elliot）在給外交部的信中寫道："我奉紐卡斯爾公爵之命，爲提供羅素勳爵參考，特通知你：鑒於從香港護理總督得到的情報，表明居住在九龍半島的華人無法無天，以及目前那裏的事態給和平治理香港殖民地造成的困難，公爵認爲有必要與陸軍大臣通信，以便命令駐華女王陛下軍隊司令，一有適當時機即佔領該半島。現在公爵願把他的意見提供羅素勳爵參考：將來任何時候調整本帝國對華關係，應該保留這塊土地。"不久，羅素即把殖民地部來信的副本秘密轉寄給卜魯斯。

伍斯納姆致德忌笠上校函

1844 年 3 月 11 日於香港維多利亞城

　　我奉總督及行政局之命，告之已收到您上月 28 日之信函，以及所附皇家工兵司令有關本殖民地防禦工事的信函。

　　許多無法推遲的緊急工程已使港督十分煩惱，以致他沒有時間很快轉而注意這個重要的問題。直到現在，他對您和奧爾德里奇少校來信中提到的地點仍不甚了解，這就妨礙了他像人們期望的那樣仔細研究此事。

他要求我説，奧爾德里奇少校提供的兩幅地圖，一幅是要在鯉魚門和三個島嶼（加列島、青洲和昂船洲）修築工事。這顯然要比在赤柱建築本殖民地監獄好處更大。

關於我們佔據昂船洲一事，那完全是全權大使璞鼎查職權範圍內的問題。但他並無理由設想中國政府會進行辯解以反對此事，因爲該島對他們並無價值。可以設想，對通過適當的工事保護這一殖民地首府和港口的必要性，將會得到他們的充分理解。

目前兩廣總督的來信使璞鼎查先生有機會讓中國政府馬上注意到這個問題。這是可以立即做到的。但是，由於需要進一步的通信，甚至可能要提交給北京的皇帝解決，此事不可能在兩三個月內得到解決。

同時，一旦報告在最近的偶發事件後"普羅瑟派恩"號輪船又適合服役，璞鼎查先生非常樂於在雙方皆認爲方便的任何日子，陪同尊敬的德忌笠少將視察那些地方。

（英國殖民地部檔案 C.O.129 / 10，
第 687 － 688 頁）

霍爾致哈德威克函

1858 年 3 月 2 日於香港，"加爾各答"號

…………

我的目的是請您注意到九龍岬角和昂船洲的極端重要性。我相信，目前如果喪失我們應該抓住的割佔機會，其他強國就會通過租賃、購買或割讓佔有這些地方。只要看一下所附地圖，閣下即會意識到佔領這些地點所能得到的無數好處。

1. 這個殖民地發展如此迅速，以致所有面向港口的臨海土

地已被佔用。隨着貿易的增長，需要在九龍兩個岬角之間的小海灣爲商行和倉庫提供許多設施，出租或出售這些設施將成爲王國政府的一項收入來源。

2. 由於日益增長的貿易需要一支日益壯大的海軍，我相信在這些海域海軍部隊的數量永遠不會減少。如果有新的港口（包括日本的港口）開放，就要有軍艦停留在每個港口，並要有人負責維護官兵健康的兵站。僅這一點就需要擴大和增加我們的海軍基地。就連爲"夏洛特公主"號（Princiss Charlotte）上的海軍數天的航程提供的供應而言，我們的場所也是有限的和不足的。這隻船被用作流動兵營。它使閣下看出，在香港甚至不能爲超過一個團的官兵和部分炮兵提供食宿。

3. 在颱風季節，所有的船隻停留在九龍岬角西部，這個錨地就像克瑟手織粗呢一樣密密麻麻，擁擠不堪。該村莊（指尖沙咀村——編者註）成爲由香港潛逃的每個流民的出沒之地和窩贓場所。有無數財物放在那裏聽憑他們擺佈，這對可能希望破壞該地的任何人羣都是一種誘惑。因爲一隻滿載易燃物的普通小船在強風來臨之前漂浮過去，就能向一些船舶發動攻擊。如果其他人從附近砍斷或解開這些船舶的纜索，就會發生衝突，……爲了避免發生這種情況，應該在該地修築船塢、給養站、海軍醫院和司令官邸。……

4. 應該奪取昂船洲，並在那裏修建檢疫處。因爲在本殖民地沒有這類設施。昂船洲和九龍以及那裏的防禦工事應該保障港口錨地的安全。這塊土地伸進我們的港口。一旦我們發現美國或其他國家在九龍或昂船洲建造修船廠，有軍艦停泊在附近，把大炮指向香港方向，那將是十分討厭的事情。如果我們不佔領該地，我確信，不出數年上述情況就會發生。

船長　霍爾

（英國外交部檔案 F.O.17／304，

第 287－291 頁 ）

斯托賓齊致額爾金函

1858 年 3 月 26 日於廣州司令部

在決定未來與中國締約的條件之前，本人感到有責任就把港島對面小塊土地（即九龍半島）割讓給英國政府的適當性或必要性，將某些傑出軍官的意見提供閣下考慮。

閣下早已到過香港港口。它在我們手裏對我們的船隻有利；反之，今後其他任何一個歐洲國家佔有了它，不僅會危害我們的船隻，還會危害維多利亞城本身。沒有人能提出更好的看法。

由於我不懷疑，總督對對面（指九龍——編者註）滿大人的影響，使我能夠得到皇家工兵提供的準確地圖。只要我的建議得到閣下贊同，我相信，很容易確定一條邊界線，並不需要包括很大範圍的土地，而且，我十分樂於提供地圖。

我看不出特別需要昂船洲，感到與可能得到的好處相比，設防的費用相當巨大。它直至現在幾乎仍然無人居住，沒有任何大的價值，很可能被割讓。

我強烈要求割佔這塊土地（指九龍——編者註）。因爲將其作爲療養地，對軍民雙方皆有好處。維多利亞城被山阻隔，西南季風吹不到那裏，卻能順利吹到九龍。

在請求包令爵士閣下在九龍當局允許下對此地點進行勘測之前，我需要等待閣下的答覆。

女王陛下軍隊駐華司令　斯托賓齊

（英國外交部檔案 F.O.17／287，

第 247－250 頁）

盧加德中校香港防務報告所附文件摘錄

1843 年 7 月 29 日，奧爾德里奇少校的報告建議在青洲島修築工事，佔據昂船洲並在該島設防。（看來已同中國政府進行過通信聯繫）

盧加德中校評論說：

"我贊同奧爾德里奇少校方案的原則，但要補充說，應該取得維多利亞城對面大陸的一部分——九龍半島。應該全部佔據它，並在那裏設防。我認為還可在那裏修建一座牢固的監獄。合適的辦法可能是，從昂船洲後面，沿着九龍半島後面的羣山山脊到東部經過鯉魚門，整個濱海地區的一條界線之內，都劃歸英國人。如果認為這樣索價過高，這條線可在九龍山頂終止，並折向東南方海旁的那座橋（可能指的是九龍城外的龍津石橋——編者註）。

在西南季風季節最炎熱的月份裏，在九龍會有海風吹來；由於山脊阻隔，在維多利亞城卻平靜無風。看來，我們佔據九龍可改善軍民雙方的健康狀況，使其生活更舒適。"

1847 年 8 月 14 日，西馬糜各厘上將在致皇家工兵司令的信函中寫道：

"我認為迫切需要佔有九龍半島和昂船洲，這不僅是為了防止其落入觊覦英國殖民地的其他外國之手，而且是為了給日益發展的香港社會提供安全保障和必需的供應。

佔有九龍半島的另一個理由是，在颱風季節它是保障我們船舶安全唯一的、必不可少的避風地。我們決不應該忽視這種極其重要的佔領。"

⋯⋯⋯⋯⋯

（英國外交部檔案 F.O.17／287，

第 252 － 253 頁 ）

備忘錄

1858 年 2 月 22 日

該海軍上將的地圖顯現出由東部延伸到九龍村 2.5 英里之內的一個海灣。從該海灣沿羣山山脊到昂船洲對面的海岸，一條界線將從山脊能看到港口及鄰近地方的所有地點包括在內。

但是，沒有勘察之前，不能確定這是否是最有利的一條邊界線。

皇家工兵上校司令　曼（ G. F. Mann ）

（同上，第 255 頁 ）

關於九龍岬角和昂船洲對保衛航行及香港城之重要性的意見

皇家工兵辦事處

1858 年 2 月 24 日於香港

在不久前卸任的盧加德中校關於香港防務工事的報告中，以及有關的通信中，多次強調佔據九龍半島和昂船洲（特別是前者）的必要性。

除了前面提及的佔領的其他理由外，一個主要的理由是，如不佔領該地，就無法防止敵人對香港港口的進攻。

目前可用兩種辦法攻擊它。敵人可能用軍艦強行闖入，或者可以在北岸設置要塞，摧毀我們的船隻。

在地勢相當低的香港海岸，無法佈署炮兵以防止敵人從西部入口闖入。這個入口最狹窄的通道寬度爲 2,000 碼；在最近、最適合佈置炮兵的佔領角，通道寬度爲 2,600 碼；在西角爲 3,300 碼。這些距離遠遠超過了大炮的有效射程。擁有輪船的敵人無須遭受許多損失，即可到達九龍岬角。除掉這一弊病的唯一辦法是在九龍岬角佈署一支炮兵。這支炮兵可與佔領角的炮兵一起在駐地火炮的有效射程之內交叉開炮。

東部入口鯉魚門是狹窄的，場地是有利的，只從香港海岸即可保衛它。因此，只要在西部入口有一塊極小的土地足以佈署一支自衛的炮兵，就會帶來極大的好處。

看來最合乎需要的是，取得一塊多少大一點的土地。這塊土地將包括從九龍岬角到鯉魚門的整個北部海岸，從已出版的地圖和山丘的外貌可以作出判斷。可以標出一條明確的邊界，只包括很小一塊土地，卻包含了能夠從東到西看到整個港口的每一個地點，以及港口附近地區在其火炮射程之內的那些地點。

爲保護該城（指維多利亞城——編者註）不受炮擊，看來需要由香港炮兵援助在昂船洲佈署炮兵，九龍的炮兵應該控制敵人船隻可能用來進行炮擊的所有錨地。

皇家工兵司令　曼上校（簽名）

（同上，第 257 – 259 頁）

簡評：西馬糜各厘上將、盧加德中校和曼上校都建議佔據從九龍岬角到鯉魚門大一點的一塊土地，即佔據整個九龍半島。軍方的侵略胃口要大些。但英國政府擔心動作過大，會引起列強（特別是法國）效仿，因而它提出的割佔方案範圍要小些。

馬姆斯伯里致額爾金函

1858 年 6 月 2 日於外交部

現將"加爾各答"號船長霍爾就佔領香港附近的九龍岬角及昂船洲的重要性致哈德威克伯爵的信函副本轉送閣下。我命令閣下, 一旦出現機會, 應竭力通過條約從中國政府手中將這些地方割讓給英國政府, 至少要割佔香港對面的九龍岬角。

（英國外交部檔案 F.O.17 / 284,

第 128 - 129 頁）

簡評: 外交大臣馬姆斯伯里的指令首次明白無誤地表達了英國政府侵佔中國領土九龍半島的意向, 標誌着英國對九龍政策的重大變化。

額爾金致馬姆斯伯里函（摘錄）

1858 年 11 月 5 日於上海

我還有某些想從欽差大臣們那裏得到的東西。由於明顯的理由, 在天津議訂的條約中對此未做規定。例如, 九龍半島問題是一個領土問題, 在那裏自然不便考慮。但是, 如果有可能, 我樂於在離開中國以前解決這個問題。

（英國外交部檔案 F.O.17 / 291,

第 126 - 127 頁）

包令致利頓函

1858 年 8 月 20 日於香港維多利亞城政府合署

我榮幸地就佔領港口北部九龍半島部分領土的問題, 呈上我致斯托賓齊少將的信函以及他的答覆之副本。

我贊同這種意見: 佔據這塊對中國人沒有用處的土地, 不僅在軍事方面, 而且在商業、保健和警務方面, 對我們具有極大的價值。如果在談判訂立新的條約之前, 能有機會與陸、海軍當局和額爾金伯爵討論有關細節, 我將感到高興。

看來，鑒於《天津條約》已經簽訂，提出此事的時機已過。我設想，只能通過與兩廣總督舉行地方性談判重提該話題。我相信，在取得對這片土地的特許權方面，不會出現不可逾越的困難。這片土地可能帶來許多好處。

數年前澳門總督佔據了名為氹仔的地方，該地看來對保障澳門安全具有重要意義，對中國人卻沒有用處。他在該地修築了炮臺，並且告訴我說，他的行動並未引起中國人的抗議。現在人們認為氹仔與澳門本身屬於同樣類型。

如果我與中國當局開始進行友好談判，以期取得這次通信中提及的對這一小小半島的特許權，而女王陛下政府認為這一行動是合乎需要的，我將樂於進行這種談判。

（英國殖民地部檔案 C.O.129 / 69，
第 89 － 91 頁）

簡評：全權特使和香港總督爭相為割佔九龍半島效力。英軍將領和英國在遠東的官員步調如此一致，是英國政府對華侵略的總政策所決定的。

馬撒爾致護督威廉·堅函

1859 年 6 月 7 日於香港維多利亞城輔政司署

卜魯斯先生在香港逗留期間，曾就奪取對面九龍半島的問題，多次與我交談。離開香港之日，他要求我就此問題擬定一份備忘錄寄給他，目的是同北方的中華帝國當局進行談判。

（英國殖民地部檔案 C.O.129 / 74，
第 96 頁）

關於九龍半島問題的備忘錄

1859 年 6 月 6 日於香港維多利亞城輔政司署

九龍半島直插香港港口，面對維多利亞城，在該城的東北東方。其位置在所附軍械地圖上一目了然。距維多利亞城畢打碼頭最近的地點是尖沙咀。兩地之間的距離約 $1\frac{3}{8}$ 英里。

1844 年 7 月 27 日，《憲報》上曾刊載過輔政司簽署的政府公告，警告那些未經許可在九龍半島建造永久性房舍的人們說：這種舉動是沒有條約根據的；萬一中國政府動手清拆這些建築物，英國政府不會進行干涉。

與此同時（1844 年 8 月 20 日），港督德庇時（John F. Davis）致函欽差大臣耆英指出：如上所述，一些美國人和英國人侵佔了中國領土，但衆所周知，他們已向沿岸中國官員交納了錢款，以便能在那裏居住。

德庇時先生並未要求中國政府干預，但是注意到這些舉動並未得到他的許可或授權。

德庇時先生向殖民地大臣報告了他採取的行動。（1844 年 8 月 22 日）

我尚未發現耆英的答覆和斯坦利勳爵的收函通知。但是，1845 年 3 月 17 日，港督德庇時向斯坦利勳爵報告說：他致耆英的信函已收到成效，已迫使那夥人回到香港。這對香港殖民地是有利的。

他還補充說，通過摒棄一種只會帶來災禍的制度，發生意外事件和與中國政府發生爭執的危險將得以避免。

以上就是迄今爲止從官方記錄中搜集到的有關香港島與九龍半島的聯繫的全部信息。多年來九龍半島一直被幾個憂柔寡斷、無足輕重的人物佔據，被石匠和燒荒人租用。我相信，前者就是在九龍炮臺行使管轄權的滿大人。

令我記憶猶新的是，大約 1853 年夏天，目前這個村莊開始出現在尖沙咀，並以收購各類石製品聞名遐邇。最近兩年，該村範圍大爲擴展，但名聲之壞從未改變。

在颱風季節已移往港口另外一側的船舶可能將會使這個討厭的居留地進一步擴大。

1856 年末或 1857 年初，我曾在一隊警察陪同下，對該地進行調查。這一機會使我確信，當地居民舉止不端、外貌骯髒、聲名狼藉。

我相信，卜魯斯先生閣下已經了解去年在女王陛下政府外交部、殖民地部和陸軍部傳閱的有關此事的所有通信。剩下的只是考慮我們佔據九龍對我們的好處和對中國人的得失，其次是我們佔領土地之範圍，最後是考慮我們對割讓土地給予的回報。

1、在對香港的好處中，我認爲首先是可以防止其他強國佔領九龍，或者更令人擔憂的，由不懂秩序、不守規章、篾視中國管轄權、不正當的移民們佔領九龍。我相信，我們有時有機會在該處行使權力，正是由於沒有這類人。

另一個要點是，要準確規定我們港口的範圍，以及隨之而來的我們行使管轄權的範圍。我曾親自聽到，一個美國商人在談話過程中詢問我們對在九龍海岸附近拋錨的外國船舶行使權力的問題。而且，無論正確與否，我們一直在行使這一權力。我認爲最可取的是，不要忽略消除對此表示懷疑的機會。

如果我沒有搞錯的話，習慣法裁判權正在消亡；在涉及到海而不是江河的案件中，海事法裁判權已開始使用。迄今爲止，香港政府高等法院仍然認爲，儘管香港港口是一個海灣，在那裏仍適用習慣法。但是，我懷疑，這一裁決只是爲了方便，而且，如果發生爭執，在將來指控應該是針對海盜等。

現在通過把九龍半島變成香港殖民地的一部分，對一切法律意義而言，該港口便成爲"領海"，便可以合法地使用習慣法。

現在我們從港口問題轉向對九龍半島本土的管轄權問題。目前尚無此種權力。如上所述，耆英根據德庇時的暗示於1844年5月驅逐美國人和英國人，說明中國政府當時能夠和曾經行使權力。但他們現在已停止這樣做。

梅先生（Mr. May）寫信給我説："我知道的事實是，没有政府官員駐紮在尖沙咀。我從不知道有九龍當局在那裏行使權力的事例。"高和爾先生（Mr. Caldwell）告訴我説，在許多情況下，九龍的司令官（即大鵬協副將——譯者註）已否認他有權行使管轄權。而且，正是在今天上午，他報告説，該軍官現在對自己的權力表示懷疑。

在這種情況下，爲了維護本殖民地及其鄰近地區的和平與良好秩序，佔領該半島是極端必要的。不能允許尖沙咀的海盜和窩主在本殖民地慫慂偷盜和搶劫。我不無遺憾地説，關於該村及其附近發生暴力事件的報告近來日益增多。

人們可能注意到中國當局孱弱的證據：1854年8月19日，九龍本身曾被一羣客家石匠亂民佔領，一支水師衛隊可能已被輕而易舉地擊潰了。衛隊指揮官潰逃得以保全性命。

還要考慮的是，香港這個城市發展過快、擁擠不堪、費用昂貴。要爲香港居民提供方便的設施，並通過偶爾改換空氣、環境，以及如同現在一樣躲避這沉悶的山坡單調的生活，來改善他們的健康狀況。

最後應該提到的是，不需要我們的政府爲獲得這塊土地增加支出。通過出售新區的土地，本殖民地的收入將大爲增加。

2、關於中國人的得失，我業已説明，他們在那裏没有權威。我推斷他們從那裏得不到税收。那塊土地對他們没有價值。如果在未來某些時候該地導致他們與其他國家或無法無天的外國匪徒發生衝突，可能對他們極爲不利。英國的佔領將會加强九龍滿大人的統治，避免 1854 年 8 月的不幸事件重演。

3、關於佔領土地的合適範圍。我知道，陸軍軍官在去年的通信中發表過他們的意見。他們作爲自己的職責，從戰略觀點出發，特別强調要取得該地。

但是，英國政府反覆地、明確地提出，香港應該指望海軍的保護。所以我久已停止過多地注意有關炮臺和炮兵的計劃，以及工兵軍官提出的龐大的防禦計劃。

斯托賓齊將軍僅要求一小片土地（ 1858 年 3 月致額爾金勳爵的信）。馬姆斯伯里的信件（ 1858 年 6 月 2 日）指定爲九龍岬角和昂船洲。

九龍城和九龍炮臺不包括在內。

我當然要將昂船洲包括在內，該島除了作爲港口的界限並無價值。在該島應該禁止建築房屋。建築房屋只會使我們處境尷尬，招致我們進一步的緊張。

4、最後，因中國政府提供這塊土地而給其補償的問題，考慮到我已提及的，該地對他們不僅是無價值的，而且是礙事和危險的，我認爲只須償付最少的一筆款項，就足以成爲合法的補償。

輔政司　馬撒爾（簽名）

（英國殖民地部檔案 C.O.129 / 74，

第 97－107 頁 ）

簡評：1858 年至 1859 年將近兩年的時間內，在第二次鴉片戰爭進行的過程中，英國統治集團內部割佔中國領土九龍半島的輿論甚囂塵上。爲了給他們的侵略意圖製造依據，他們編造了種種藉口，歸結起來主要有："香港發展需要"、"保衛香港安全需要"、"防止他國佔領"、"九龍對中國無用"

等等。香港輔政司馬撒爾關於九龍半島問題的備忘錄可以説是他們種種藉口之集大成。然而，這些説法站得住腳嗎？

英國武裝佔領中國領土香港島，然後强迫清政府通過不平等的《南京條約》加以確認，這本來就是違背國際法的行爲。這塊非法佔領的地方發展的需要，竟成爲進一步侵略中國領土的依據，其前提就是錯誤的。按照他們荒唐的邏輯推演下去，香港的發展需要佔領九龍半島，九龍半島的發展需要佔領整個新安縣，新安縣的發展需要佔領整個廣東，廣東的發展需要佔領全中國。那麼，不用很長的時間，整個中國豈不都會淪爲英國的殖民地。

英國官員聲稱九龍半島的中國居民"無法無天"，中國當局又沒有在尖沙咀行使權力，爲維護香港及鄰近地區的安全，需要佔領九龍半島。英國殖民主義者心目中"無法無天的中國居民"，主要是指九龍的抗英愛國志士。他們的抗英鬥爭對英國在香港的殖民統治構成嚴重威脅。但他們的鬥爭是英法聯軍在廣東無法無天的侵略行徑引起的，是保衛中華民族生存權利的正義鬥爭，是無可非議的。在九龍半島確實有無法無天的歹徒，他們是前往該地騷擾的英國士兵和破壞正常貿易的海盜。與這些歹徒展開鬥爭，是中國當局的職責，無須英國殖民主義者越俎代庖。至於當時中國當局不能在尖沙咀正常行使職權，恰恰是英國殖民主義者橫加干涉，强迫他們撤防的惡果。

"防止他國佔領"同樣不是正當的理由。因爲九龍半島是中國的領土，任何外國侵佔它，都是非法的，英國亦不能例外。況且，當時並無迹象表明其他外國準備侵佔九龍半島。

"九龍對中國無用"的説法純屬無稽之談。九龍半島是香港地區開發較早的區域，當時農業、航海業已有相當程度的發展。清朝政府一向重視九龍半島在軍事上的重要地位。

鴉片戰爭期間，林則徐曾採取許多措施大力加強當地的防禦力量。英國割佔香港以後，九龍半島成爲海防前線，戰略地位更顯重要。本書第一部分對這些情況已有詳細的記載和闡述。

由上述可見，英國割佔中國領土九龍半島的種種藉口，無論是從邏輯上，還是從事實上，都是不能成立的。領土主權原則是國際法的基本原則。侵犯一個國家的領土，就是侵犯該國人民的生存權利，就是踐踏國際法的侵略行爲。無論編造什麼藉口，都不能使侵佔別國領土的行爲合法化。

埃利奧特致哈蒙德函

1859 年 10 月 22 日於唐寧街

根據 8 月 27 日本人關於中國九龍半島問題的信函，我奉紐卡斯爾公爵之命，爲提供羅素勳爵參考，特通知您：鑒於從香港護理總督得到的情報，表明居住在該半島的華人無法無天，以及目前那裏的事態給和平治理香港殖民地造成的困難，公爵認爲有必要與陸軍大臣通信，以便命令駐華女王陛下軍隊司令，一有適當時機即佔領該半島。現在公爵願把他的意見提供羅素勳爵參考：將來任何時候調整本帝國對華關係，應該保留這塊土地。

（英國外交部檔案 F.O.228／264，

第 146 頁）

羅素致卜魯斯密函

1859 年 11 月 10 日於外交部

我將從殖民地部收到的一封信函之副本秘密轉寄給您。該信陳述說，紐卡斯爾公爵認爲，命令駐華女王陛下軍隊司令一有適當時機即佔領九龍半島，是可取的；並轉達他的意見說，將來任何時候調整我們的對華關係時，應該保留這塊土地。

關於後面一點，在經女王陛下政府同意，我於 6 月 27 日寫給您的一號信函中，已將額爾金伯爵的建議提交給您。

我要補充說明的是，直到中國政府正式割讓九龍半島爲止，該地的佔領，只能認爲是暫時的。

（英國外交部檔案 F.O.17／311，
第 310－311 頁）

簡評：從原件看，此信曾經首相巴麥尊和維多利亞女王審閱。羅素的補充說明，實際上是告訴卜魯斯，不管中國政府是否同意，都要強行佔領該地，而且將來一定要正式割佔該地。

英國割佔九龍初期所建的兵營。

五　強租九龍半島南部

　　1859 年 6 月，英法聯軍進攻大沽炮臺遭到慘敗。得知此事之後，英國政府怒不可遏。9 月，英國內閣連續召開四次會議商討對策，並在最後作出決定："中國政府必須屈從於主要的一點——公使進京。如果通過外交辦不到，就使用武力。"他們從本土增派海軍，並在印度集結一萬人的陸軍部隊，準備和法國一起，對中國採取更大規模的侵略行動。

　　英國在遠東的官員想利用這次增派援軍的時機，實現佔領九龍半島的夙願。1860 年 2 月 19 日，駐華公使卜魯斯寫信通知斯托賓齊少將説："女王陛下政府表示渴望割佔九龍半島的一部分。爲了保障港口安全，並在大陸沿岸聚居的居民中間維持秩序，需要佔領這塊地方。""佔領該地是奪取它的一個步驟。中國政府迫使我們需要派來更多的部隊，而在香港不能妥善地接納他們。這是一個充分的理由，説明暫時佔領該地是正確的。"斯托賓齊對卜魯斯的指令採取拖延的態度。在新任侵華陸軍司令克靈頓（H. Grant）中將抵達之前，他拒絕採取行動。直到 3 月 4 日，他才將卜魯斯來信的副本轉交巴夏禮，要求巴夏禮會見兩廣總督勞崇光，並向後者指出，由於大批英軍不久可望到達中國，而香港缺少場地，將不得不暫時佔領九龍半島之一部分作爲宿營地。英軍在那裏要"大力恢復秩序，鎮壓無法無天的人民"。

1860 年 3 月 13 日，克靈頓中將乘坐"火十字"號（Fiery Cross）輪船由加爾各答抵達香港。到達後不久，他就遵循卜魯斯的指令，提議派遣軍隊在尖沙咀登陸，設置宿營地。他還認爲，由於會出現英軍在英國版圖以外服役的情況，唯一適用的法律是軍事管制法。香港總督羅便臣（Hercules Robinson）頗爲滿意地表示，克靈頓的提議"將爲最終從中國政府手中割佔對面的岬角鋪平道路"。

當時英國並未正式向中國宣戰，按照國際公認的戰爭法規和慣例，沒有任何理由對九龍實行軍事佔領和軍事管制。斯托賓齊曾向卜魯斯提出疑問説：在不處於戰爭狀態的情況下，法律是否允許英軍擁有權力，根據一些並不充分或值得懷疑的理由，宣佈在九龍實施軍事管制法？克靈頓本人也承認："我們的全權代表卜魯斯已向中國政府發出最後通牒，給他們一個月時間答覆。實際上尚未宣戰。所以，暴力奪取該岬角不會是十分合法的。"

利欲熏心的侵略者明知軍事佔領是非法的，仍然不顧一切地付諸行動。1860 年 3 月 18 日，在克靈頓的指揮下，英軍第四十四團特遣隊强行侵佔了九龍半島岬角——尖沙咀一帶。此後到達的大批英軍援軍，大部分都駐紮在九龍半島，只有很少一部分駐紮在香港島南部的深水灣和赤柱。從當年拍攝的一幅歷史照片看，在阡陌縱橫的九龍半島上，四百餘頂英軍帳篷星羅棋布；九龍和香港之間的海港裏，英法艦船密密層層。顯然，中國領土九龍半島變成了英軍的大本營，香港港口成爲了英法兩國的軍港。英軍在九龍半島進行北上作戰的各項準備工作，訓練錫克族騎兵，並對新式武器阿姆斯特朗炮的"威力和準確性"進行試驗。這大批英軍一直逗留到 5 月 19 日，才開始離港北上作戰。

　　租借與軍事佔領幾乎是同步進行的。3月16日，巴夏禮在香港就租借九龍半島同克靈頓和羅便臣進行了磋商。羅便臣根據卜魯斯的授權，要求巴夏禮盡快返回英法聯軍控制下的廣州，安排租借一事。19日，巴夏禮即着手這項工作，克靈頓亦於同日抵達廣州督察和助威。20日一早，巴夏禮就開始起草公函，經克靈頓過目以後，於當天下午面交兩廣總督勞崇光。

　　巴夏禮在公函中首先提出，由於九龍半島的混亂狀態給維護英國利益帶來了不利之處，在採取永久性措施克服這一困難之前，建議租借這塊地方。他宣稱，九龍半島成爲附近地區强盜和逃犯出沒和藏身之處。香港英國當局屢次敦促九龍司巡檢清除這些危險人物，然而並無成效。他指出，只能從下述兩種辦法中擇一而行：或者由中國當局派遣官員和軍隊前往該地驅逐壞人，並經常在那裏駐有一支足夠强大的部隊。如果他們不便採取這種措施，則應劃出一條邊界，把邊界以內的土地割讓給英國政府，就像割讓香港採取的方式一樣，使後者在該地能夠充分行使管轄權。然而，兩廣總督在向他的政府奏報以前，不能安排割讓，只能以出租的方式移交該半島。他在公函結尾處，以不容置辯的口吻宣佈：以上就是他和兩廣總督之間達成的諒解。兩廣總督要做的事情，只是在正式回信中表示同意英方的安排，並提出履行租約時應繳納的租金數目。

　　3月21日，巴夏禮最後確定了他擬定的租約文字。租約規定九龍半島在所劃界線以南的地區（該界線從鄰近九龍炮臺南部之一點起，至昂船洲最北端止），包括昂船洲在內，租借給英國。爲此，每年交付中國地方當局租銀五百兩。只要英國政府按時如數交付租金，中國政府便不得要求歸還上述土地。在勞崇光向中國最高政府提出請求，經皇帝授權另外締結永久性協定之前，該租約一直有效。這實際上是一份永遠租借該地的契約。當天晚上，巴夏禮與勞崇光在一起簽字、用印、互換文件。從 20 日下午算起，僅用了一天多的時間，巴夏禮便強迫勞崇光辦完了租借的手續。

對這樣輕易取得對九龍半島南部的永租權，羅便臣感到十分滿意。3 月 24 日，他寫信給巴夏禮，感謝他"對九龍作出了十分圓滿的安排"，並且說："除了割讓以外，我們現在已處於可能達到的最好境地。在向紐卡斯爾公爵呈送正式報告時，我一定要指出，為此事我們要感謝你在談判中的精明和老練。"巴夏禮本人更是得意忘形。3 月 26 日，他在給妻子的信中聲稱："我毫不懷疑，下一步的事情就是把九龍半島全部割讓給我們。"卜魯斯獲悉租借九龍的消息後，立即通知了英國外交大臣，並且評論說："這種安排是有缺陷的，但是，我認為不要推遲在該地區取得的這許多權利，因為中國皇帝並不準備割讓哪怕是毫無價值的一塊領土。"

1860 年 3 月 24 日，奉克靈頓中將的命令，英軍以第44團特遣隊隊長麥克馬洪（P. W. Macmahon）中校的名義，用中英兩國文字發佈公告說："現因尖沙咀一帶地方窩聚盜賊匪徒，於英國事宜有礙，經總督兩廣部堂勞會同英國官憲議定，自九龍炮臺南附近與洋（昂）船洲極北一線相平之地起，往南至尖沙咀極南並洋（昂）船洲地方租給英國掌管。茲奉統領提督軍門派來尖沙咀駐紮，並飭將向居此地之良民保護，不准再容外來之人混入居住等因，奉此合行出示曉諭。為此示仰尖沙咀一帶地方居民人等知悉。爾等果係安份良民在此地久居者，仍許現在照常安業，……更不准匪徒如前混跡臻成賊巢。如有擅自窩藏者，查出一並嚴行究治，勿謂言之不預也。"

卜魯斯致斯托賓齊函

1860 年 2 月 19 日於上海 ·

女王陛下政府表示渴望割佔九龍半島的一部分。爲了保障港口安全，並在大陸沿岸聚居的居民中間維持秩序，需要佔領這塊地方。關於中國人同意將該地割讓給我們的可能性，我不能提出看法。但是，佔領該地是奪取它的一個步驟。中國政府迫使我們需要派來更多的部隊，而在香港不能妥善地接納他們。這是一個充分的理由，説明暫時佔領該地是正確的。如果閣下認爲這種措施是恰當的，您將看出，我並不認爲此事在政治上會遭到反對。可以告訴兩廣總督勞崇光，暫時佔領該地是爲了給這些部隊安排宿營地。

如果有合適的機會，並且閣下和巴夏禮先生認爲適當時，可以向他指出，在那邊海岸完全缺乏有能力的權威機構，中外不法之徒大量湧現，威脅着香港殖民地及中國鄰近地區的和平；可以做出某些安排，防止造成令人無法忍受的損害。但我並不認爲有必要對我們最終的意圖做出任何解釋。可能可以做出一種安排使我們得到該地，即用其抵償廣州應支付的部分賠償。這是超過了商人們在當地的損失的那部分賠償。

我感到閣下有必要就此事與賀布少將和港督進行磋商。

（英國殖民地部檔案 C.O.129/79，
第 368 – 369 頁）

斯托賓齊致巴夏禮函

1860 年 3 月 4 日於廣州司令部

現將駐華公使卜魯斯信函的副本交給您。我榮幸地要求您會見兩廣總督勞崇光，並向他指出，由於大批部隊不久可望到達中國，該部隊出發後可能還有援軍抵達。由於香港缺少場地，將不得不暫時佔領九龍半島之一部分作爲宿營地。還要委託他通知當地的滿大人，［英軍］保證在佔領期間不拿當地人民的東西，不許外人移居該地，並要大力恢復秩序，鎮壓無法無天的人民。這些人迄今仍在冒險，並公然蔑視他們的縣官。

我相信，由於曾爲那塊不毛之地耗費金錢，他會發現我們的暫時佔領會給受約人一方帶來好處，並且他會協助我們實施無法避免的情況迫使我們採取的措施。

（英國外交部檔案 F.O.17/345，

第 30 - 31 頁 ）

斯托賓齊致卜魯斯函

1860 年 3 月 6 日於廣州司令部

由於各種情況，我推遲了對閣下 60 年 2 月 19 日來函的答覆。這些情況包括我關於在克靈頓中將抵達之前不擬採取行動的考慮。但是，我不應再拖延採取行動，因爲我知道，在赴華部隊出發的準備工作接近完成之前，克靈頓先生多半不會離開印度。

閣下通知我說：女王陛下政府渴望割佔九龍半島的一部分，它是保障香港港口安全所需要的。如果該地被佔領，就是向前邁進了一步。預料不久即出現的大批部隊是一個充分的理由，證明暫佔領該地是正確的。如果我認爲這種措施是合適的，在政治上不會有人反對。

我已就此問題與海軍少將賀布和香港總督進行過磋商。我看出，除非是這些部隊的食宿供應絕對需要，海軍少將反對佔領該地。我向港督建議，應該從中國的那個省政府那裏永久租借該地。領事巴夏禮先生告訴我，他認爲，由於當局目前對我們感情良好，只要支付微不足道的費用，即可毫無困難地實現租借。但是，港督對此並不贊成，他認爲，從中國政府手中租借該地不符合他取得充分的管轄權的目標。那麼剩下的事情是，考慮我本人作爲軍事當局怎樣將此事完成得最漂亮。

我理解，僅僅暫時佔據作爲軍隊宿營地並不符合閣下的看法，並且很可能使我們與當地人之間產生麻煩。安排宿營地會導致許多香港歐籍居民和港口船舶上的人羣過海前往鍛煉或娛樂。就像在我們警察管轄範圍之外，本國同胞經常出現的情況一樣。他們中間的一些人，可能騷擾或傷害中國居民。管理宿營地的軍官對他們無法加以控制。

其次，如果對該半島實行軍事佔領，我認爲，應該或者由閣下作爲英國公使，或者由我作爲陸軍司令，發佈一個通告，宣佈對該地如何行使權力進行管轄。軍事管制法（Martial Law）是軍隊能夠採用的唯一法律。因此出現一個問題：不處於戰爭狀況之下，能夠宣佈這些嗎？例如，一個美國人甚至是英國人犯了謀殺罪或傷害了中國人，或者觸犯了軍法，能夠由軍隊懲罰他嗎？法律是否允許我們行使這種權力，根據一些並不充分或值得懷疑的理由宣佈實施軍事管制法？

…………

（英國外交部檔案 F.O.17/345，

第 27 - 29 頁）

克靈頓對奪取九龍岬角的看法

我們的全權代表卜魯斯已向中國政府發出最後通牒，給他們一個月時間答覆。實際上尚未宣戰。所以，暴力奪取該岬角不會是十分合法的。

（諾利斯編：《1860 年對華作戰紀事》，愛丁堡、倫敦出版， 1875 年，第 5 頁。該書係根據克靈頓私人日記匯編而成。）

簡評：當時英國並未正式向中國宣戰，按照國際公認的戰爭法規和慣例，沒有任何理由對九龍實行軍事佔領和軍事管制。斯托賓齊和克靈頓兩個英軍將領的話表明，侵略者清楚地知道對九龍半島實行軍事佔領是非法的。

克靈頓致羅便臣函

1860 年 3 月 16 日於香港司令部

斯托賓齊少將和卜魯斯閣下在通信中提到要佔領九龍岬角，作爲來華部隊的臨時宿營地，這些部隊是遠征軍的一部分。參照他們的通信，我榮幸地通知閣下，我已安排第 44 團的一支分遣隊於明日登陸佔領該岬角。該團是昨日抵達香港的。

如果向當地居民發佈某種告示，宣佈駐紮當地的部隊有何權力，有何管轄權，這樣做不適當的話，我願意服從閣下的意見。

採取這一措施只是爲安排部隊宿營提供便利，因爲在香港沒有合適的地方安置他們。由於會出現女王陛下其他任何一部分軍隊在女王版圖以外服役的情況，我認爲，唯一適用的法律是軍事管制法。

由於該部隊隨時可能撤離，我認爲不應該允許居民從香港或其他歐洲人居住區前往該地定居。如果閣下贊同此意見，我將命令帶隊軍官付諸實施。

中將司令官克靈頓（簽名）

（英國殖民地部檔案 C.O.129/77，
第 222 － 223 頁）

羅便臣致克靈頓函

1860 年 3 月 17 日於香港維多利亞城政府合署

我相當滿意地從閣下的通信中獲悉，您打算在九龍爲軍隊
安排宿營地。因爲，除了導致您採取這一步驟的軍事考慮之外，
這將使您能夠涉足於在我們港口中央的竊賊和海盜中間維持秩
序，至少能在一段時間內，清除近來變得令人無法忍受的那些
東西，並爲最終從中國政府手中割佔對面岬角鋪平道路。儘管
該岬角對他們沒有價值，但對日益發展的香港社會的安全和供
應卻是必不可少的。

但是，在正式割佔之前，該地處於殖民地管轄的範圍之外。
由於您可能認爲需要在女王陛下軍隊佔領的該鄰近地區維持秩
序、保衛生命財產安全，這就要由閣下制訂軍事法規。

由於我明白，暫佔領該岬角，並不意味着採取敵對或侵略
的措施，只是在兩廣總督勞崇光的監督和同意下，取得一種方
便。因而我建議，閣下不僅應該像約定的那樣，與中國當局合
作，在已在該地定居的人們中間維持秩序，而且應該向帶隊軍
官發佈命令，防止來自香港的任何人（一般說來是外國人）在
該岬角定居。我認爲採取這一步驟極爲重要。因爲並非不可能
出現下列情況，即這些來自香港社會的人們利用女王陛下軍隊
提供安全保障的有利條件，可能尋求在該地建立居留地。這種
舉動不僅侵犯了中國政府的權利，而且會使問題複雜化，並可
能妨礙按照女王陛下政府要求的方式最終解決問題。

我已有一段時間就此事與卜魯斯閣下保持聯繫，並且根據
他的授權，要求巴夏禮先生通過談判將該岬角租給女王陛下政

府。由於注意到遠征軍啟程前往北方時，這些部隊可能撤走，在做好割讓的安排之前，這樣使用該地，可能不會使我們的處境比目前更爲不利。

（英國殖民地部檔案 C.O.129/77，
第 224－226 頁）

簡評：羅便臣假惺惺地表示："暫時佔領岬角並不意味着採取敵對或侵略的措施，只是在兩廣總督勞崇光的監視和同意下，取得一種方便。"其實，這種表白只能是欲蓋彌彰。強行侵佔別國領土，靠刺刀取得方便，不是侵略又是什麼呢？

巴夏禮致兩廣總督勞崇光公函

1860 年 3 月 20 日

本人就九龍半島的混亂狀態，以及由此給維護英國利益帶來的煩擾，榮幸地同總督閣下磋商，並向閣下建議，在採取永久性措施克服困難、消除抱怨之前，租借這塊地方。

閣下知道，該半島是一個岬角，係由構成新安縣海岸屏障的高山山脈延伸而來，直插入香港港口的中部。它與香港海岸距離最近的地點，距維多利亞城（即香港市區——編者註）中心僅有四華里。當初根據 1841 年的《南京條約》將香港割讓給英國人時，人們曾經認爲，對居住在這塊狹小、貧瘠地帶的少數漁民、石匠，九龍司巡檢可以輕而易舉地加以控制，因而對他們未做明文規定。但是，從那時起，不法之徒和其他壞人看到：該半島脫離了中國政府的監督，正如它被前面提及的山脈隔絕一樣；由於不屬其管轄，儘管該地處於港英當局眼皮之下，他們並不干預當地事務。附近地區的強盜和逃犯利用這種情況逍遙法外，在九龍半島出沒和藏匿。香港街道上的盜賊和劫匪只要越過海港到達尖沙咀，不僅馬上保住了自身安全，而且贓物可以立即脫手。香港英國當局屢次敦促九龍司巡檢清除該半島這些危險人物，然而並無成效。這些人物對權威的篾視，可以從 1854 年 8 月發生的事情做出判斷，他們的確佔領過九龍炮臺。他們對中英雙方利益的損害甚爲巨大，英國當局不能再次看到自己的人民面臨這種極其討厭的事情。因此，需要立即提出一種補救辦法，負責處理此事的人們應該履行自己的義務。

爲了解決這一難題，只能從下述兩種辦法中擇一而行：或者由中國當局派遣官員和軍隊前往該地驅逐壞人，並經常在那裏駐有一支足夠強大的部隊。如果他們不便採取這種措施，則應劃出一條邊界，把邊界以內的土地割讓給英國政府，就像割讓香港採取的方式一樣，使後者在該地能夠充分行使管轄權，並採取他們認爲必要的一切措施在當地人民中間維持秩序。

然而，總督閣下在向他的政府奏報以前，不能安排割讓該半島，只能以出租的方式將其移交給本人之政府。本人深知這種安排並不完善，但在將來有機會獲得永久性解決之前，由於看到有必要立即採取一些步驟控制或驅逐這些不法之徒，仍準備按照這些條件，代表英國政府接受移交。

以上就是本人和總督之間要達成的諒解。本人謹向閣下提供一份租約草案及一幅詳細地圖，該圖標有建議取歸英國當局控制的土地。閣下要做的事情，只是在正式覆函中表示同意這些安排，並提出租約正式生效、雙方皆已履約時，應繳納的租金數目。

本人願藉此機會祝願閣下飛黃騰達。

（英國殖民地部檔案 C.O.129/77，

第 231 － 234 頁 ）

　　簡評：巴夏禮把侵略九龍半島的原因歸結爲當地的“混亂狀態”和“危險人物”，其論點之荒謬，本書前已指出。至於他提出的兩種解決辦法，第一種不過是虛放一槍。因爲當時清政府正忙於應付各地的人民起義，很難抽出大批兵力前往九龍半島。而且英軍當時已經佔領該地，也不會允許清軍前往。巴夏禮強迫勞崇光接受的實際上只是一種辦法，即背着中央政府私自出租這塊土地。

租約

　　大清總督兩廣部堂勞崇光與大英駐紮粵省暫充英、法總局正使巴夏禮先生議明立據於下：

　　茲因新安縣九龍司尖沙咀一帶多爲荒蕪山丘，不宜農耕，且該地近已成爲盜賊和不法之徒出没之地。他們與維多利亞城近在咫尺，時常穿越港口潛入香港，搶劫該居留地，給英國臣民造成極大傷害。後者並無法迫使劫匪賠償。兩廣總督勞崇光與正使巴夏禮因而議定，作爲初步措施，如附粘地圖所示，將九龍半島在所劃界線（該界線從鄰近九龍炮臺南部之一點起，至昂船洲最北端止）以南的所有地方，包括昂船洲在内，租借給代表英國政府的正使巴夏禮，使英國政府能夠完全控制該地，並採取措施除暴安良，使當地井然有序，不再成爲盜賊出没之地。爲此，每年須付給中國地方當局租銀五百兩。只要英國政府按時如數交付租金，中國政府便不得要求歸還上述土地。在勞崇光向中國最高政府提出請求，經皇帝授權另外締結永久性協定之前，該租約一直有效。

　　此租約一式兩份，雙方各保留一份，1860 年 3 月 20 日，即咸豐十年二月二十八日簽於廣州。

　　　　　　　　　　　　　（未見租約中文本，此處譯自英

文本，見於英國外交部檔案 F.O.17/
337，第 239 – 241 頁。實際簽約時
間爲 1860 年 3 月 21 日。)

廣東巡撫耆齡參劾勞崇光在粵與洋人親密情形片

再，勞崇光自到廣東，始則畏夷，繼則與夷酋巴夏禮交情
甚密。夷人凡有要求，無不允准，從無一事設法阻止者。……
巴夏禮租賃九龍尖沙咀地方，勞崇光擅自與之立約，亦不具
奏。……嗣天津和約既定，內有割尖沙咀以益香港一條，勞崇
光喜形於色。……

（齊思和等編：中國近代史資料叢
刊《第二次鴉片戰爭》（五），第
519 頁）

簡評：從租借九龍半島的過程看，勞崇光的確是一個
毫無民族氣節的昏庸官僚。此奏摺對他的參劾是符合實際的。
在接到英方提出的領土要求後，他本應嚴詞拒絕，並立即向
中央政府奏報。他卻於當天匆遽覆信，擅自應允英國“暫時
租借和駐軍保護該地”，並將所謂“驅逐刁民及維持地方安
定事宜”移交英軍辦理。更有甚者，他還主動提出讓新安縣
令和九龍司巡檢發佈告示，責令九龍居民“各安其業”，並
由地方軍政當局協同英軍鎮壓人民。由於英法兩國發動第二
次鴉片戰爭，中英兩國當時處於敵對狀態。英軍强佔九龍半
島，將其作爲擴大對華侵略的基地，要從這裏出發攻打清朝
政府的心臟地帶。身爲封疆大吏的勞崇光卻處處迎合侵略者
的要求，引狼入室，爲虎作倀，其荒唐無恥真是無以復加。
難怪英國陸軍大臣赫伯特（ S. Herbert ）獲悉租借成功的

消息後，曾感嘆道："中國人真是世界上最奇怪的人！"
但是，赫伯特並不懂得，勞崇光的所作所爲不能代表所有的
中國人。

英軍佔領九龍半島南部的公告

　　大英駐紮尖沙咀等處地方統兵協鎮府麥爲曉諭事：

　　現因尖沙咀一帶地方窩聚盜賊匪徒，於英國事宜有礙，經
總督兩廣部堂勞會同英國官憲議定，自九龍炮臺南附近與洋
（昂）船洲極北一線相平之地起，往南至尖沙咀極南並洋
（昂）船洲地方租給英國掌管。茲奉統領提督軍門派來尖沙咀
駐紮，並飭將向居此地之良民保護，不准再容外來之人混入居
住等因，奉此合行出示曉諭。爲此示仰尖沙咀一帶地方居民人
等知悉。爾等果係安份良民在此地久居者，仍許現在照常安業，
更應加意保護。所有新自外來並非舊居本處之人，此後概不容
留。更不准匪徒如前混跡致成賊巢。如有擅自窩藏者，查出一
並嚴行究治，勿謂言之不預也。各宜凜尊毋違。特示。

　　庚申年三月初三日示

（《香港政府憲報》第 6 卷，第 12
期，1860 年 3 月 24 日）

　　簡評：英軍這項公告企圖給英國侵佔九龍半島一事披
上合理合法的外衣。但尖沙咀一帶是中國的領土，當地居民
無論出現什麼情況，只能由中國有關當局加以解決，這是屬
於國家主權範圍内的問題。藉口當地居民中的情況"於英國
事宜有礙"而佔領該地，從根本上就站不住腳。再從手續上
看，英方是先武裝侵佔，後強行租借。該公告有意顛倒了侵
佔與租借的順序。同時，租約是背着清朝中央政府簽訂的，

並未得到清廷認可。所以，英國武裝佔領並强租九龍半島南部，是地道的侵略行徑。採用任何手段爲之辯護都無濟於事。

續增條約

茲以兩國有所不懌

大清大皇帝與

大英大君主合意修好保其嗣後不至失和爲此

大清大皇帝特派和碩恭親王奕訢

國恭奉欽差全權大臣便宜行事之

等件互相較閱均爲妥善現將酌定續增條約開列於左

上諭

欽差

第一款

一前於戊午年五月在天津所定原約本爲兩國敦睦之設後於己未年五月

第二款

大清大皇帝親此失好其爲懌惜

大英欽差大臣瓏京換約行抵大沽砲臺該處守弁阻塞前路以致有礙

一再前於戊午年九月

大英欽差大臣

大清大皇帝駐華大臣在何處居住一節在遵會議所定之議茲特申明作

爲程諭將來

大英欽差大員應否在京長住抑或臨時往來仍照原約第三欵明文總候

本國

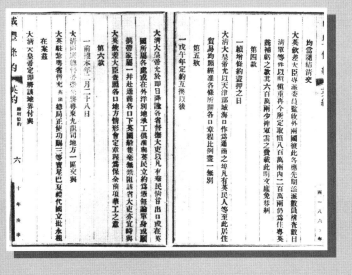

均當隨結清交

大英欽差大臣專派委員監收外兩國彼此各應先期添派數員稽查數目

清單等件以昭慎重再个所定取慎八百萬兩內二百萬仍爲住英

蓄補虧之欵其六百萬兩少禅寔需之費載此明文庶免紛糾

第四款

一續增條約畫押之日

大清大皇帝允以天津郡城海口作爲通商之埠凡有英民人等至此居住

貿易均照經各條所開各口章程比例一無別

第五欵

一戊午年定約互換以後

第六款

大英欽差大臣會同各口地方情形會定章程保全商項華工之意

一前壬本年二月二十八日

大清恥惡德各省督撫示諭凡有華民情甘出口或在英國所屬各處或在外洋別國承工俱准與英民立約爲憑無論單身或願攜帶家屬一并通籌各口下英國船隻悉無禁阻議准省大吏亦宜時與

在案茲

大清駐粵省各憲充英

總局正使功賜三等寶星巴夏禮代國立批永租

1861年簽訂的《北京條約》。

六　中英《北京條約》與割讓九龍

　　1860年春，英國政府再次任命額爾金爲全權特使，前往中國武力解決換約問題。這時租借九龍的消息尚未傳到倫敦，而英國政府已經提出了以訂約方式强迫中國割讓九龍半島的方針。在額爾金動身來華以前，外交大臣羅素寫信對他說：“殖民地大臣發表意見說，在與中國簽訂任何新條約中，應竭力作出割讓九龍半島的規定。根據他的請求，兹訓令閣下切勿錯過可能出現的任何有利時機，以實現這一割讓。”

　　額爾金對這一指令表示異議說：“即使需要談判訂立新的條約，按照這樣的指令，堅持把割讓領土作爲達成協議的條件是否有利，是值得懷疑的。如果實行割讓的規定只出現在中英條約，而不出現在中法條約中，這種差別可能引起我們盟友的反感。他們可能提出類似要求，從而使此事落空。”他認爲，奪取九龍半島“最順利的方式”就是“接受九龍半島，以部分地抵償我們可能向中國政府要求的賠款”。

　　英國政府十分重視額爾金的意見。在接到來信的第二天，羅素就予以答覆。覆信事前經過維多利亞女王和巴麥尊首相審閱。羅素寫道：“毫無疑問，獲得九龍半島對維護女王陛下香港殖民地的利益，會提供極大的便利。但是，如果此事成爲其他國家要求在別處取得相應特權的先例，換取這種便利的代價就未免太昂貴了。甚至閣下所建議的那種可能取得九龍的緩和方式，也會遭到同樣的反對。"他代表英國政府授權額爾金相機行事："關於這件事，我們能夠對閣下所說的一切就是：女王陛下政府樂於取得對九龍半島的所有權，但什麼是最好的做法，則應由您自行決定。"

在取得對九龍半島南部的永租權以後，英國在遠東的殖民官員得寸進尺，紛紛鼓吹進一步割佔該地。1860 年 3 月 26 日，羅便臣在給殖民地大臣紐卡斯爾的信中聲稱："我認爲，除了正式割讓以外，我們現在已處於可能達到的最好境地。只要通過正式的割讓，本殖民地政府就能對該地行使管轄權。"巴夏禮在給外交部哈蒙德（ Hammond ）的私人信件中則說，如果英國政府有這樣的想法，由他進行的有利的領土租借可能變爲徹底的領土割讓。

租借九龍的消息傳到倫敦以後，英國政府欣喜異常，迅速作出反應。1860 年 7 月 9 日，外交大臣羅素向額爾金發出秘密指令說："女王陛下政府獲悉，關於九龍半島，巴夏禮先生已爲她從中國當局獲得這塊土地的永租權。儘管知道租借會帶來眼前的利益，在全面考慮之後，女王陛下政府認爲，他們應該取得九龍半島的完全割讓，這是非常稱心如意的事情。爲此我訓令閣下，要竭力實現這一目標。這塊領土總共只有彈丸大，取得它的理由又如此明顯，所以這一割讓未必能爲法國提供藉口，使其要求奪取舟山，或割佔中國沿海其他地方。"

1860 年 9 月上旬，英法聯軍由天津出發直犯北京。幾次交鋒之後，侵略軍於 10 月 6 日攻抵北京西郊海淀和圓明園。這時守城的清朝王公大臣畏葸怯陣，毫無鬥志，城外僧格林沁、瑞麟等所帶之兵大半潰散。咸豐皇帝早於 9 月下旬逃往熱河避難，把恭親王奕訢留在北京議和。

10 月 13 日，英法聯軍一彈未發佔領了安定門。他們在城牆上安置大炮，設置哨卡。守衛德勝門的清軍官兵也 "自行撤退"。這樣，清朝的京都便被置於外國侵略者的炮口之下。10 月 16 日，額爾金向奕訢發出最後通牒，要求清政府於 22 日交付恤金三十萬兩，並於 23 日簽訂中英《續增條約》（即中英《北京條約》）和交換中英《天津條約》批准書。否則，英軍要奪取皇宮並採取其他措施。爲了掠奪珍貴文物並逼迫清政府盡早接受投降條件，英法聯軍在圓明園大肆搶劫，並於 10 月 18 日、19 日兩天縱火焚燒園內宏偉的殿堂樓閣。清朝前後六代皇帝慘淡經營一百五十多年的這座世界名園變成了一片廢墟。

在英法兩國軍事和外交的雙重壓力之下，恭親王奕訢表示完全接受侵略者提出的投降條件。額爾金認爲割佔九龍半島的時機成熟了。換約前夕，英方突然要挾在中英《北京條約》中增加三條，其中第一條便是 "廣東九龍司地方併歸英屬香港界內"。奕訢 "畏其逼迫"，藉口 "自入城以後，我之藩籬既失，彼之氣焰方張，一經駁辯，難保不生事端"，對新增各條一概應允。事後他在奏摺中竭力洗刷自己的誤國行爲。談到割讓九龍半島一事時，他辯解説："查九龍司地方，據該夷聲稱：已經兩廣總督勞崇光批准允租。則與給與無異，但事無實據，何可盡信？惟其地與香港毗連，係海口餘地，非內地要隘可比。"

10 月 24 日是舉行中英《天津條約》換約儀式的日子。英軍司令克靈頓在安定門上佈置了一個野戰炮兵連，"隨時準備奉命行動。" 當天下午，在一百名騎兵和四百名步兵的簇擁下，英國全權特使額爾金乘坐裝飾華麗的轎子，由克靈頓陪同從安定門前往禮部大堂。額爾金一行途經的主要街道全由荷槍實彈的英國士兵把守。額爾金的轎子進入禮部大堂

時，樂隊高奏英國歌曲《上帝保佑女王》。恭親王奕訢作揖
迎接，額爾金報以輕蔑的一瞥和高傲、冷漠的點頭示意。就
這樣，在英軍大炮陰影的籠罩之下，在令人窒息的屈辱氣氛
中，奕訢同額爾金交換了中英《天津條約》批准書並簽署了
中英《北京條約》。

不平等條約──中英《北京條約》第六款規定：“前據
本年二月二十八日（1860 年 3 月 20 日），大清兩廣總督勞
崇光，將粵東九龍司地方一區，交與大英駐紮粵省暫充英、
法總局正使功賜三等寶星巴夏禮，代國立批永租在案。茲大
清大皇帝定即將該地界，付與大英大君主並歷後嗣，併歸英
屬香港界內，以期該港埠面管轄所及，庶保無事。”按照這
條規定，我國新安縣九龍司的一部分領土，即九龍半島今界
限街以南部分（包括昂船洲在內）便被英國強行割佔。

羅便臣致紐卡斯爾函

1860 年 3 月 26 日於香港維多利亞城政府合署

1. * 已發出的關於九龍，即由對面大陸插入香港港口的岬
角的通信，完全顯示出割佔該岬角的必要性。這不僅是從軍事、
保健和商業的觀點看，會給本殖民地帶來好處，而且，主要是
爲了使本殖民地政府能在那些無法無天的居民中間維持秩序。
這些人自行在該處定居，迄今實際上不服從管束。

2. 這種情況曾導致馬姆斯伯勳爵於 1858 年寫信命令額爾
金勳爵竭力從中國政府手中割佔該岬角。由於直到天津條約簽
署後，額爾金勳爵仍未讀到該信，該計劃至今仍束之高閣。與
此同時，由於受不到懲罰，使當地居民得以繼續從事劫掠，壞
事層出不窮。

3. 我已就此事與卜魯斯先生通過信。他答應一有適當機會，

就同中國政府談判割讓問題。同時，作爲對此採取的一個步驟，他已授權佔領九龍，作爲來華部隊的臨時宿營地，因爲在香港沒有合適的地方接納他們。

4. 他還通知我説，他認爲可以爲女王陛下政府從兩廣總督處租借該地。如果我認爲在出現允許永久獲取該地的形勢之前，值得用這種有缺陷的形式獲取它，他授權我命令巴夏禮先生着手進行此事。

5. 我完全贊同卜魯斯先生關於這種臨時安排之好處的看法，並向巴夏禮先生發出了必要的指令。他已運用自己一貫具有的技巧和判斷力，談判取得圓滿的結局。我認爲，除了正式割讓以外，我們現在已處於可能達到的最好境地。只要通過正式割讓，本殖民地政府就能對該地行使管轄權。

6. 隨信附上我和克靈頓中將、巴夏禮先生就軍事佔領和割讓九龍問題的通信，供閣下參考。

（英國殖民地部檔案 C.O.129 / 77，

第 217 － 219 頁）

*　此處數字爲編者所加。

簡評：港督羅便臣對實現租借九龍極爲滿意，鼓吹進一步割佔該地。

羅素致額爾金函

1860 年 4 月 18 日於外交部

殖民地大臣發表意見説，在與中國簽訂任何新條約中，應竭力作出割讓九龍半島的規定。根據他的請求，兹訓令閣下切勿錯過可能出現的任何有利時機，以實現這一割讓。

（英國外交部檔案 F.O.881/933，

第 28 頁)

額爾金致羅素函

1860 年 4 月 24 日

關於閣下本月 18 日就九龍半島問題致本人之信函，我請求注意到：我認爲，在履行目前我同中國談判訂立新條約使命的過程中，我不大可能接受派遣辦理此事；即使需要談判訂立新的條約，按照這樣的指令，堅持把割讓領土作爲達成協議的條件是否有利，是值得懷疑的。如果實行割讓的規定只出現在中英條約，而不出現在中法條約中，這種差別可能引起我們盟友的反感。他們可能提出類似要求，從而使此事落空。

接受九龍半島，以部分地抵償我們可能向中國政府要求的賠款，這可能是獲取該地的最順利的方式。我樂於知道，如果我發現這樣做切實可行的話，閣下是否贊同我做這樣的安排。

（同上，第 28 頁）

羅素致額爾金密函

1860 年 4 月 25 日於外交部

我已收到您本月 24 日來函。作爲對我本月 18 日 4 號信函的答覆，您提出：不便將割佔九龍半島作爲與中國進行訂約安排的一部分，作爲閣下特別使團的成果。最順利的實施方式是，用割讓來抵償向中國要求的賠償之一部分。

毫無疑問，獲得九龍半島對維護女王陛下香港殖民地的利益，會提供極大的便利。但是，如果此事成爲其他國家要求在別處取得相應特權的先例，換取這種便利的代價就未免太昂貴了。甚至閣下所建議的那種可能取得九龍的緩和方式，也會遭到同樣的反對。

關於這件事，我們能夠對閣下所說的一切就是：女王陛下政府樂於取得對九龍半島的所有權，但什麼是最好的做法，則應由您自行決定。如果您認爲此事可能導致別人提出要求，對中國有害，對英國的利益亦無好處，甚至完全可以避免這種嘗試。

（同上，第 29 頁）

簡評：第二次鴉片戰爭期間，英國政府割佔中國領土九龍半島的目標是明確的。但他們對實現這一目標的方式和時機曾經有過種種考慮，直至 1860 年 4 月仍然處於舉棋不定的狀態。他們考慮對中國有無危害是假，而怎樣做更有利於擴大對華侵略，才是事情的真諦所在。

羅素致額爾金密函

1860 年 7 月 9 日於外交部

在 4 月 18 日、25 日第 4 號、11 號信函中對閣下發出指令之後，女王陛下政府獲悉，關於九龍半島，巴夏禮先生已爲她從中國當局獲得這塊土地的永租權。

儘管知道租借會帶來眼前的利益，在全面考慮之後，女王陛下政府認爲，他們應該取得九龍半島的完全割讓，這是非常稱心如意的事情。爲此我訓令閣下，要竭力實現這一目標。這塊領土總共只有彈丸大，取得它的理由又如此明顯，所以這一割讓未必能爲法國提供藉口，使其要求奪取舟山，或割佔中國沿海其他地方。

（同上，第 49 頁）

恭親王奕訢等關於《北京條約》締約經過的奏摺

奕訢、桂良、文祥奏英法續約已有刪增現於十一十二日換約摺

咸豐十年九月十五日

（公元 1860 年 10 月 28 日）

欽差大臣恭親王（奕訢）、大學士桂良、戶部左侍郎文祥奏：

竊臣等於初七日，將接到各夷照會及設法羈縻各情，業經縷晰具奏在案（卷六六，二五二四）。旋准軍機大臣字寄，九月初六日奉上諭（卷六五，二五一三）：昨因夷人業已入城，諭令恭親王等（卷六五，二五〇四）迅即進城，與該夷畫押蓋印，互換和約。諒已接奉諭旨等因。欽此。仰見我皇上深維至計安定人心之至意。伏查自臣等給與嘆、咈兩國照覆後，初九日午刻，經戶部將允給賠恤銀五十萬兩由庫發交。並由臣等照會嘆夷，詢以初十日何刻換約？旋據恒祺等由營回來面稟：該夷欲索看臣奕訢辦理換約全權行事敕書，以便敍入續約章程內。經臣等恭擬諭旨一道，飭令帶往觀看。並據運司崇厚帶呈嘆夷《續定條約》，刪去一條，增添三條，咈夷增添二條，其餘字句亦有異同，而大致尚無出入。嘆夷所刪，係准該國欽差入京，以禮相待一條。原其用意，嚙酋業已入城，無庸再立此條，以便另添條款，亦足見其鬼蜮伎倆，得步進步。嘆夷所增三條：一、廣東九龍司地方，併歸嘆屬香港界內；一、《續增條約》，請明降諭旨宣佈；一、華民出口赴嘆，無庸禁阻。咈夷所增二條：一、照道光二十六年諭旨（道光卷七五，二五一一），准軍民學習天主教，給還各省學堂、塋墳、田土、房產；一、准華民出口。

臣等查該夷屢次照會聲稱：悉照天津原定條約。何以忽有增減？原應據理駁斥，無如自入城以後，我之藩籬既失，彼之氣焰方張，一經駁辯，難保不藉生事端。若稍涉迂拘，請旨遵行，既恐夷人不能久待，另生枝節；又跡涉諉卸，非聖主委任之意。查九龍司地方，據該夷聲稱：已經兩廣總督勞崇光批准允租。則與給與無異，但事無實據，何可盡信？惟其地與香港毗連，係海口餘地，非內地要隘可比；所稱宣佈《續增條約》，既已互換，自當通行沿海各省，不待降旨而自然宣佈；華民出口一節，為害較甚，所幸尚有會同各省設立限制。天主教係八年原約准其弛禁，其學堂塋墳等事，尚可緩為查明給還。臣等逐條籌思，雖諸多違礙，但關繫大局，未便過於拘泥，因即允其敍入續約章程內。

…………

（賈楨等編《籌辦夷務始末》[咸豐朝] 卷 67，第 2496－2497 頁）

簡評：勞崇光批准允租九龍，清朝中央政府並不知情；英方混淆租借與割讓的差異，別有用心。奕訢對英方的謬論不敢據理駁斥；事後為開脫罪責，竟與侵略者唱同樣的調子，把海防要地九龍半島説成是"海口餘地"。清朝高級官吏的腐敗怯懦由此可見一斑。

克靈頓筆下的《北京條約》簽約儀式

……英國條約不得已推遲到 10 月 24 日簽字。當天早晨，我命令羅伯特·內皮爾爵士（Sir Robert Napier）帶領第二師佔據了通往"禮部大堂"的主要街道。他極為準確和有判斷力地完成了此項任務。我在安定門上佈置了一個野戰炮兵連，他們隨時準備奉命行動。當天下午，在我本身和隨員以及四百名步兵、一百名騎兵的陪同下，額爾金伯爵動身出發。隊列前有兩人鳴鑼開道。我騎馬行進在我們特使旁邊，他乘坐一頂裝飾華麗的轎子，前往三英里遠的禮部大堂。這條主要街道寬闊有氣派，道路卻糟糕透頂。道路中央隆起，多處破損；兩側有兩條小路，遍佈水坑和水池，幾乎無法通行。有大羣旁觀者——男人、女人和孩子，但沒有人對我們表現出絲毫的敵意。我們花費了大約一個小時到達簽約地點禮部大堂。該地與該城的輦輲部分（似爲紫禁城——編者註）是完全分開的。我們走進大門，穿過花園，走上磚鋪的道路，在主要入口處遇見了恭親王和大約五百名滿大人。他們中間的一些人貌似王侯，身着絲質朝服。恭親王按照中國禮節作揖迎接，但額爾金伯爵報以輕蔑的一瞥和高傲、冷漠的點頭示意。這可能使可憐的恭親王血管裏的血液都凝固了。他是一個紳士模樣病弱的人，明顯地被恐懼感所懾服。我們坐在太師椅上，在左邊最顯要的位置。條約放在欽差大臣面前，他奉命全權處理此事。就幾點問題進行交談以後，他簽署了該條約，並批准了以前的條約。……

（諾利斯編：《1860 年對華作戰紀事》，第 207－209 頁）

沃爾龍德筆下的《北京條約》簽約儀式

……10 月 24 日，在北京舉行了令人印象深刻的儀式。在樂隊伴奏、大規模衛隊護送的盛況下，額爾金伯爵動身前往禮部大堂。在他途經的三英里長的北京街道上皆有英國士兵守衛。聚集在沿途的華人皆想看一看那個連他們的皇帝也敢懲罰的人。當額爾金伯爵的轎子進入禮部大堂時，樂隊高奏《上帝保佑女王》。他穿過大廳，走向事先預備好的座位，用嚴厲的態度、冷漠的點頭示意對待恭親王。後者坐在他的右邊，在中國這不是榮譽席位。兩位代表仔細地交換授權證書後，正式簽署了該條約，並將條約交給每一方。滿大人們用熱切的目光觀察他們的征服者的一言一行。他對待年青的皇室後裔（指恭親王——編者註）的態度，不像對待一個與之磋商的人，而像對待一個得到恩惠的人。……

（沃爾龍德：《額爾金伯爵書信和日記選輯》，第272頁）

簡評：克靈頓和沃爾龍德筆下的《北京條約》簽約儀式是一幅令人窒息的圖畫。它清楚地表明，《北京條約》是在侵略者的大炮和刺刀威脅之下簽訂的。額爾金的趾高氣揚與恭親王的恐懼沮喪形成鮮明對照。這個簽約儀式在一定程度上反映出《北京條約》的不平等性質。

續增條約

茲以兩國有所不愜，大清大皇帝與大英大君主合意修好，保其後嗣不致失和。為此

大清大皇帝特派和碩恭親王奕訢；

大英大君主特派內廷建議功賜佩戴頭等寶星會議國政世職上堂內世襲額羅金並金喀爾田二郡伯爵額爾金；

公同會議，各將本國恭奉欽差大臣便宜行事之上諭、敕書等件互相較閱，均臻妥善，現將商定續增條約開列於左：

…………

第六款　一、前據本年二月二十八日大清兩廣總督勞崇光，將粵東九龍司地方一區，交與大英駐紮粵省暫充英、法總局正使功賜三等寶星巴夏禮代國立批永租在案。茲大清大皇帝定即

將該地界，付與大英大君主並歷後嗣，併歸英屬香港界内，以期該港埠面管轄所及，庶保無事。其批作爲廢紙外，其有該地華民自稱業戶，應由彼此兩國，各派委員會勘查明，果爲該戶本業，嗣後倘遇勢必令遷別地，大英國無不公當賠補。

…………

以上各條又續增條約，現下大清、大英各大臣同在京都禮部衙門蓋印畫押以昭信守。

大清咸豐十年九月十一日

大英一千八百六十年十月二十四日

（王鐵崖編：《中外舊約章匯編》，第一冊，第 145 頁。此條約係在北京簽訂，通常稱爲中英《北京條約》）

簡評：英方妄圖通過《北京條約》第六款的規定使割佔九龍半島一事合法化。勞崇光擅自同意租借九龍，變成了"代國立批永租"，保證香港埠面管轄所及平安無事，成爲堂而皇之的割佔理由。然而，他們無法抹煞一個最基本的事實，即割讓完全是在英國武力威脅下實現的，既違背中國人民的意願，也不符合清朝政府的初衷。

早年英國割佔香港島，有過一番周折。從 1841 年 1 月英軍強行佔領該島，到 1842 年 8 月通過不平等條約《南京條約》正式割佔，經歷了長達一年零七個月的時間。在此期間，因爲擅自同意割讓香港，欽差大臣琦善被"革職鎖拿，解京審訊"。清朝政府還一再訓令收復香港。此次英國割佔九龍半島南部，卻未遇到來自清朝政府的任何阻力。從 1860 年 3 月英國強行佔領並租借該地，到當年 10 月通過不平等的中英《北京條約》加以割佔，僅用了七個月的時間。

在此期間，清朝政府從未表示過要收復該地。兩廣總督勞崇光擅自同意租借的行爲，也未受到任何懲處，反而在條約中被確認是"代國立批永租"。

兩次割讓過程中的不同情況，與兩次鴉片戰爭政治和軍事形勢的變化緊密相關。第一次鴉片戰爭期間，戰爭主要在我國南方進行，對清朝的統治沒有構成致命的威脅。此時清廷仍以"天朝大國"自居，也確實還有一定的軍事實力，加之清代尚無割讓領土的先例，因而它對割讓香港一事反應比較強烈。第二次鴉片戰爭期間，清朝政府內外交困。因鎮壓太平天國運動和其他人民起義，它的實力大爲削弱。外國侵華戰爭的主要戰場也轉到北方。英法聯軍攻入清朝統治中心北京，咸豐皇帝倉皇北逃，清廷統治危如累卵。在此期間，清廷考慮的只是如何保住自己的統治地位。爲了苟延殘喘，他們把維護國家領土完整的職責抛在腦後，曲意逢迎侵略者的領土要求，甚至對爲虎作倀的屬臣勞崇光之流也不敢問罪。上述情況在一定程度上說明外國資本主義對華侵略日益加強，清朝封建統治江河日下，中國社會更深地陷入了半殖民地的苦難深淵。

第二次鴉片戰爭期間，英國割佔的中國領土面積並不大。中英《北京條約》中文本稱割讓"粵東九龍司地方一區"，這種表達方式容易引起歧義。有的研究者對九龍司的管轄範圍不甚明瞭，誤認爲第二次鴉片戰爭中英國割佔了整個九龍司。但條約英文本寫得清楚，割佔的只是 portion of the township of Cowloon，即九龍司之一部分。據香港政府量地官克萊弗利 1860 年實地測量，九龍半島今界限街以南的部分當時的面積爲 1,774 英畝，約合 7.18 平方公里，而昂船洲的面積爲 0.75 平方公里，合計不足 8 平方公里。

但是，不能因此低估這次割讓產生的重大影響。這使中國方面喪失了反抗外國侵略的一個戰略要地，中國沿海地區面臨着更加嚴重的侵略威脅。這是英國方面在中國大陸插進的一個楔子，完全控制了維多利亞海港，侵華基地香港的地位得到鞏固和加強。英國因而有可能利用香港基地對中國施加更大的影響，謀取更多的侵略權益。1861 年 1 月，額爾金曾在香港寫信説："這次得到廣州（府）的這塊好地方以及中國北部和日本的開放，使歐洲在中國的影響至少增加了百分之二十。"①英國割佔九龍，同沙俄割佔中國東北、西北領土一樣，進一步刺激了列強對中國的領土野心。1861年 1 月 25 日廣州出版的英文報紙《中國之友》曾經發表評論説："我們做錯了事，因爲我們爲法國和其他西方列強樹立了提出領土要求的榜樣，使他們在任何時候都可以仿效這種使中華帝國衰竭的做法。"

① 　沃爾龍德：《額爾金伯爵書信和日記選輯》，1872 年倫敦出版，第 377 頁。

九龍海灣的英、法軍艦。（1860）

七　別出心裁的"授土儀式"

英國全權特使額爾金把割佔九龍半島南部視爲自己任内取得的一項重大成就。在他離華歸國之前，英方特意舉行了隆重的領土移交儀式。

1861 年 1 月 19 日，駐港英軍各兵種二千多名官兵渡海前往九龍參加儀式。下午 3 時，全權特使額爾金在巴夏禮、香港總督羅便臣和代理按察司亞當斯（ W. K. Adams ）的陪同下抵達會場。新安縣令、大鵬協副將、九龍司巡檢和九龍城一名級別較低的軍官共四名清朝官員也被迫前往。額爾金同清朝官員進行了簡短的談話，巴夏禮擔任翻譯。接着，巴夏禮把一個裝滿泥土的紙袋塞給清朝官員，讓後者再把紙袋交給他，以此象徵領土的移交。侵略者用這種儀式炫耀他們割佔中國領土的勝利，清朝官員竟言聽計從，這是每個愛國的中國人都不能不感到痛心的場面。

巴夏禮代表額爾金當場宣讀了一份聲明：

"大英、大清兩國在京城内議定，當即用印畫押之續增和約，内開前據大清兩廣總督勞將粵東九龍司地方一區，交與大英駐紮粵省暫充英法總局正使功賜三等寶星巴，代國立批永租在案。茲大清大皇帝定即將該地界，付與大英大君主並歷後嗣，併歸英屬香港界内管轄等語。現在本大臣已經恭代大英大君主將該地一區畫定界址，收管駐守，合行示諭。為此示仰遠近各項人等知悉。自此以後，大清文武大小官員以及差役人等，均不能在該地界內管理庶民。所有地界內一切政務，惟應歸大英大君主所派官憲，遵照大英大君主會同內廷建議各大臣商定律例管轄辦理。現在尚未奉到大英大君主諭旨。本大臣先將該地界，交與總督香港地方、水陸軍務男爵羅管理政治。其應分別設派文武官弁，以及田土、民情、保安、地方各等事務，均可操權辦理。各宜凜遵毋違，特示。"

聲明宣讀完畢以後，在九龍半島、昂船洲和停泊在港口的英國船隻上，響起了隆隆的禮炮聲；會場上英國王室旗幟冉冉升起。巴夏禮招呼清朝官員注視微風中飄揚的英國旗幟，後者神色木然。額爾金神氣十足地發表即席演講説："女士們，先生們，現在我為我們取得中國大陸這塊新的土地，向你們表示祝賀，而我們能夠做到的最愉快的事情，就是為古老的英格蘭三呼萬歲。"接着，與會英國人為英國女王歡呼，英軍對空排槍齊射。一場別出心裁的"授土儀式"就這樣收場了。

"授土儀式"結束以後，香港總督羅便臣任命查爾斯·梅（Charles May）擔任九龍民政專員，並派警察部隊協助他正式接管九龍半島南部。

諾頓—凱希筆下的"授土儀式"

以前提及的併吞領土問題是這場戰爭的一個結果，是海軍上將西馬糜各厘爵士早就提議採取的最明智的步驟。因此，當額爾金伯爵從廣州歸來將要返回英格蘭之前，決定就奪取九龍這塊領土舉行正式的儀式。該地位於香港對面的半島上，在中國大陸上，以前曾被租借。1月19日，星期六。本殖民地的各種部隊奉命渡海前往九龍。下午 3 時整，在巴夏禮先生、香港總督羅便臣爵士和代理按察司亞當斯先生和其他官員的陪同下，額爾金伯爵抵達該地。那裏已是人山人海。額爾金伯爵會見了四名中國滿大人，同他們進行了簡短的談話，巴夏禮用廣東話擔任翻譯。後者把一個裝有泥土的紙袋遞給他們，他們應將其還給他，以此明顯地象徵將該領土轉讓給英國。額爾金伯爵命令巴夏禮先生宣讀了將九龍併歸香港管轄的聲明。

…………

當宣讀聲明的時候，擡出了一個同樣內容的巨大中文佈告。聲明宣讀和展示完畢以後，立即升起英國王室旗幟，在九龍、昂船洲和停泊在港口的船隻上，響起了隆隆的禮炮聲。巴夏禮先生奉命招呼幾個滿大人注視微風中飄揚的英國旗幟，在他們示意默認此事後，便宣告九龍永遠成爲英國領土。額爾金伯爵對出席儀式的人羣發表演講說：……此後，人們爲英國女王歡呼，軍隊排槍齊射，儀式宣告結束。

（諾頓—凱希：《香港法律與法院史》，第 2 卷，第 2 − 3 頁）

《中國之友》報導的"授土儀式"

星期六　1 月 19 日

需要盡可能多地展示香港行政機構背離通常的外交保留的情況，以及他們對當地報刊消息滿意的情況。這些消息報導了英國國旗飄揚時在香港人知其爲尖沙咀的地方舉行有意安排的盛大慶祝活動的情況，包括下午 3 時之後宣讀聲明、升起旗幟的情況。

人們設想，我們的特使參加這一活動時，在這聲樂悠揚的和平時刻，他會遇見官銜不小於巡撫的官員，與 1843 年交換《南京條約》批准書的盛況差不多。但是情況並非如此。出席的中國官員只有新安縣令、大鵬協副將、九龍司巡檢和九龍城一名級別較低的軍官。在我們方面，有音樂、炫耀和狂歡。在中國方面，哎呀！只有可憐的帶圖案的破旗和不中用的東西。

整個説來，這是一幅貼切的時代畫卷。可憐的中國，在韃靼王朝統治下，你的末日到了！……

（廣州《中國之友》，1861 年 1 月 25 日 ）

簡評：諾頓—凱希的記載和《中國之友》的報導詳細地描述了 1861 年 1 月發生在尖沙咀的“授土儀式”，字裏行間流露出侵略者的自鳴得意和對中國的冷嘲熱諷。一百三十多年前舉行的這場儀式是額爾金爲了炫耀侵略者的“勝利”和羞辱當時的中國政府而“有意安排的”。這的確是一幅時代的畫卷，不過是一幅可悲的時代畫卷，是十九世紀列强依仗武力欺凌落後國家的畫卷。中華兒女不能忘記歷史上這令人痛心的一幕！我們的讀者朋友不妨想想這段歷史能給我們什麼啓示。

佔領香港的英軍在中環舉行閱兵儀式。（1862）

八　英國軍方與香港政府的爭執

對於如何使用被割佔的九龍半島南部，英國軍方和香港政府發生過長達數年的嚴重爭執。租借該地以後不久，英國駐華海軍司令賀布（ J. Hope ）就提出，考慮到海軍機構及其他公共機構設置在香港造成的嚴重不便，在香港島被佔領之初，人們就希望在未來適當的時候保證這些機構有適當的場地和充分的空間。他建議，在充分考慮英國政府的需要之前，不要分配九龍半島的任何土地用於殖民或其他目的。隨後，他又明確建議把九龍半島的某些部分留給海軍和陸軍使用，其餘部分則留待同中國再次發生戰爭時，接待部隊用。香港總督羅便臣對此表示強烈不滿。他給殖民地大臣紐卡斯爾的信中聲稱：“默許賀布少將的建議，會使奪取九龍變得對本殖民地毫無意義。”

英國割佔九龍半島南部之後，雙方的爭執日趨激烈。九龍“授土儀式”舉行後不久，駐華英軍司令克靈頓即寫信給陸軍大臣帕爾・馬爾（ Pall Mall ），列舉種種理由，主張把割佔的所有領土都保留在英國政府的手裏，任何一部分都不要出售給私人，除非是出租這些土地，並在需要時隨時可以收回。他認為，將來兵營主要應該設置在九龍。香港總督羅便臣聞訊立即寫信給殖民地大臣進行辯解。他指出，克靈

頓提議不把九龍的土地出售給私人，而只能短期出租，這樣
一來，任何人都不想投資修築堅固的建築物。該建議無非是
將被割佔的整個地區留給陸軍使用。羅便臣強調租借九龍半
島是他授權巴夏禮進行的，《北京條約》明確聲明割佔該半
島歸屬香港殖民地。他還提出，除了用作貨棧的地方，十分
需要在九龍安排用作船塢、醫院、私人住宅，以及呼吸新鮮
空氣和做體操的地方。軍隊應該節制他們的要求。

　　爲了調解軍方和香港政府的爭執，按英國政府的指令，
由英國陸軍、海軍和香港政府各指派一人，於 1861 年 2 月
組成一個混合委員會，負責提出一份分配九龍土地的報告。
3 月 7 日，該委員會報告說，主要由於兵營和醫院的位置問
題，他們不能達成任何一致的協議，只能將各方的意見和要
求記錄在案，呈交女王陛下政府裁定。

　　九龍半島西岸地勢平坦，瀕臨深水水域，具有良好的開
發前景。英國軍方和香港政府都想控制這一地區。香港總督
羅便臣把財政問題作爲壓倒軍方的一張王牌。他威脅說，如
果陸軍佔據這唯一適合發展商業的地區，那就不能得到足夠
的收入，以致連目前九龍民政機構的經費也許無法支付，香
港殖民地用於這個地區的經費也會減少到最低限度。

　　這場爭論一直延續到 1864 年。由於英國政府出面調解，
雙方互相讓步，達成了初步協議。當年 5 月，香港總督羅便
臣向殖民地部呈交了他與英軍少將布朗（ Brown ）聯合簽
署的規劃圖。圖中標出了留作炮兵陣地的十二處地方，分佈
在昂船洲、西環、中環、奇力島、北角、筲箕灣、尖沙咀和
紅磡等地。其中五處分佈在昂船洲、尖沙咀和紅磡，在九龍
割佔地的範圍之內。在九龍半島西岸，保留了修築海軍煤棧、
軍糧和軍械庫、已婚士兵營房的三處地方。九龍半島南部其
餘地區（包括西岸多數地區）則歸香港政府管理。①

1864 年 7 月 25 日、26 日和 29 日，香港政府在九龍半島首次公開拍賣土地，一共出售了二十六塊臨海土地和三十九塊非臨海土地，得到地價 4,050 港元和年租 18,793 港元。在當時來説，這是一筆不小的收入，相當香港政府當年財政收入的 3.6%。②

賀布致卜魯斯密函（摘錄）

1860 年 1 月 30 日於香港，"切薩皮克"號

九龍——我認爲暫時不應考慮，以即將到來的我軍或法軍駐紮的需要，作爲永遠佔領該半島的藉口。因爲這個舉動與真誠相互矛盾。如果認爲需要佔領該地，可在今後進行安排。中國人很可能願意將其用來抵償部分賠款，因爲除了他們不喜歡外國人佔領大陸上的任何領土外，該地對他們價值甚小。

如果感到法軍或英軍到來時在那裏駐紮是合適的，根本不能反對這樣做。但是，應該明確向勞崇光宣佈，爲此目的佔領該地，只是臨時性的；當我們對北方採取行動時，每個士兵都會離開該地。此外，我們的入侵措施實際上是在女王陛下政府指定的時間之前採取的。我認爲這個時間應該是在通過外交手段獲取賠款的做法失敗之時。

您會看出，這種行動方式在我們共同作戰開端之時，有助於確立一種非常合乎需要的原則，即雙方均不秘密攫取領土。這種行動方式亦能滿足法國人的佔領。如果這種意圖確實存在，不過是爲了使他們的部隊在長時間航行之後能夠登陸。當海軍上將佩吉特到達此地之時，我不會忽略此事。

關於奪取九龍，無疑是必要的。但我注意的主要是香港防務的工程問題。如果九龍被任何其他西方國家佔領，對我們自然是很不方便的。該地能爲海軍醫院提供合適的場地，這在香

港是沒有的。由於水深地寬，該地還可以成爲我們船舶修理廠的最佳地址。但我並不認爲船廠搬遷現在是合適的。因爲我不需要打擾您。

　　我並不像大家設想的那樣，認爲佔領九龍會解決管轄權問題。在英國和中國的領土之間，總應該有一條邊界線。歹徒總會越境潛逃。作爲警務問題，我完全不能理解，現有的水上邊界線，如果運作得當，不會大大優越於一條陸上邊界線。

海軍少將兼海軍司令賀布

（英國外交部檔案 F.O.228/282，

第 24－28 頁）

賀布致海軍大臣佩吉特函

　　　　　　　　　　1860 年 4 月 25 日於香港，"切薩皮克"號

　　您將可以愉快地通知海軍本部委員們説，通過從兩廣總督手中永租的形式，已經獲取九龍半島和昂船洲，英國政府每年支付的租金爲 160 英鎊。

　　這一安排是通過大英駐紮粵省暫充英、法總局正使巴夏禮先生實現的。兩廣總督同意這一安排，並且説，如果兩國政府能在北京建立令人滿意的關係，他將能夠把這塊土地割讓給英國政府。但他感到，在目前的狀況下，此事對雙方政府都是一件麻煩的事情。在下封信中，我將給本部委員們呈上九龍半島地圖。考慮到海軍機構及其他公共機構設置在香港造成的嚴重不便，在香港島被佔領之初，人們就希望在未來適當的時候保證這些機構有適當的場地和充分的空間。我相信，在充分考慮帝國政府的需要之前，女王陛下政府不會分配九龍半島的任何土地用於殖民或其他目的。

（英國殖民地部檔案 C.O.129／79，

第 113 頁 ）

羅便臣致紐卡斯爾函

1860 年 8 月 3 日於香港維多利亞城政府合署

1. * 賀布少將動身北上之前，友好地將其給海軍大臣信函的副本交給我，內容涉及在從中國政府手中割佔九龍半島的事件中最終對該地的處置問題。我將此文件以及量地官克萊弗利先生有關此事的報告作爲副件，呈交閣下知悉。同時，表示我完全同意克萊弗利先生的觀點，默許賀布少將的要求，會使奪取九龍變得對本殖民地毫無意義。

2. 賀布少將建議，他在信中附圖標出的該半島的某些部分應該留給海軍和陸軍使用，其餘部分也不應佔用，留待再同中國發生戰爭時，接待部隊用。——我認爲建議保留的地區地盤過大，毫無道理。我幾乎不相信，僅僅因爲可能再進行一次遠征，女王陛下政府會同意把該半島留作軍隊駐地，以致損害本殖民地，並使國庫每年都要增加沉重的負擔。

3. 我做出相反的設想，如果大約 3 平方英里並有很多居民的九龍半島得到割讓，它將併入香港。警察、監獄、法庭以及所有與當地民政機關有關的其他部門的經費，還有修築道路和公共設施的費用，都將由本殖民地負擔，那時該地將成爲本殖民地的一部分。在這種情況下，將採取處置本地皇家土地的方式分配土地。在女王陛下海軍和陸軍的合理要求得到滿足之後，本殖民地的需求也應該逐一得到考慮。

4. 本島的海陸軍機構規模非常龐大，估計價值大約爲 50 萬英鎊。這些機構包括兵營、倉庫、彈藥庫、武器庫、醫院和船塢，維修良好，並比爲常駐中國的部隊準備得更充分。沒有人提議把這些代價高昂的機構遷移到九龍去；賀布少將已指出採取這種步驟是不明智的。但他建議，像海軍機構認爲的那樣，一個煤站最終應該由本島移到該處。如果把煤站放在該處，並爲海軍醫院和西南季風期間的陸軍療養院保留土地，我要說，兩個兵種任何可能的要求都已隨意提出來了。不能想像如同賀布少將建議的那樣爲此保留一個地區，獨佔面積超過 300 英畝的最有價值的土地，1$\frac{1}{4}$英里臨海土地，都是深水水域；而且，毫不誇張地說，除了大約 400 碼以外，獨佔了整個半島可以利用的海岸線的每碼土地。

5. 除了用作煤站的地區外，無論是海軍或陸軍皆不需要九龍任何臨海土地。然而，擁有九龍對本殖民地極端重要。海岸這邊從東角到西角 4 英里的距離內，每一碼可用之地皆被佔用。港口這邊的水域總的來說是淺的；沒有船塢；沒有船舶裝卸貨物用的各種碼頭。在海邊特別需要貯藏大件貨物的庫房。由於缺乏這些使生意成本低廉的設施，使許多合法貿易從本港轉向黃埔和其他地方。毫無疑問，除非能夠提供這些設施，香港不可能作爲商業轉口中心得到進一步的發展。

6. 克萊弗利先生在其報告中指出，九龍可以彌補香港作爲商港的一切缺欠。他在與報告同時送上的一份平面圖中，標明了最適宜修建炮兵、海軍和陸軍機構、船塢、碼頭、公共監獄、倉庫和道路的地方。我確切地認爲，他要證明，在建立孤立的公共設施之前，首先採納這樣一個關於整個半島發展的總計劃，就會有足夠的空間照顧各方面的利益。但是，像賀布少將建議的那樣，在西南海岸，在唯一可與其打交道的沿海地段，保留一塊 300 英畝的土地，將會打亂整個的計劃，實際上等於把整個半島用於軍事目的，因爲剩餘的地方對於貿易或其他殖民的目的毫無用處。

7. 當然，我充分意識到，如果女王陛下政府有意在中國保持一支比目前規模大得多的武裝力量，並且認爲整個半島都應留作軍隊駐地，殖民的考慮就應服從帝國政策的意圖。但是在這種情況下，由於本殖民地不會從奪取該地取得任何益處，在有秩序的鄰居取代無秩序的鄰居之後，該新居留地的所有開支不應由本殖民政府，而應由大英帝國政府承擔。

（英國殖民地部檔案 C.O.129／78，
第 113－118 頁）

＊　此處數字爲編者所加。

克靈頓致陸軍大臣帕爾·馬爾函

1861 年 2 月 13 日於香港

我榮幸地呈上我與赫爾克里士·羅便臣爵士就九龍土地分配問題的通信的副本。

上月 18 日，該半島已被額爾金伯爵正式佔據，我授權巴夏禮先生取得的租借已被取消。

根據額爾金伯爵授權，從 1861 年 1 月 19 日起，該半島與昂船洲已處於香港殖民地的管轄之下。

遵照您 1860 年 12 月 10 日來函中的指令，短期內將組成一個混合委員會，以提出您所要求的報告。皇家工兵曼中校是該委員會中的陸軍代表。

我不可避免地要在這裏陳述我的意見：目前割佔的所有領土都應該保留在女王陛下政府手裏，任何一部分都不要出售給私人。除非是出租這些土地，並在今後需要時可以收回。

我提出這種意見有幾個理由。

我有各種理由相信，商人們要求土地是爲了貯藏半成品和貨物等等。當船舶損壞時，需要將其運到岸上。

毫無疑問，商人社會的生意將會繼續在香港進行。因爲越海進行極爲不便。

再者，我發覺，目前在戰爭壓力已經過去的時候，女王陛下政府每年仍在支付大約 6,000 英鎊，用以租賃房屋充當陸軍倉庫。

香港的大量的華人給當地帶來巨大的麻煩。他們是中國最壞、最下層的人，可能比廣東人還壞。

因此，我相信，在這裏搶劫政府貯藏品的案件比世界上任何地方都多。儘管千方百計預防，最膽大妄為的偷竊和最巧妙的欺詐仍時常發生。由於政府倉庫和船塢周圍華人密集，使得防衛更爲困難。

我已注意到這一點，並且認爲，殖民政府建議將九龍的大部分地區劃給華人，結果將會使九龍居留地的情況變得同香港一樣壞。

這個兵站因酗酒和性病而損壞健康的人比英帝國內其他任何地方兵站都要多。

在維多利亞城，出售摻水烈酒的商店數量很多，整個街道都有。香港極不健康的現象大部分應歸咎於這一點。

我的意見是，如果將來兵營主要設置在九龍，絕對需要使他們發現自己不再面對這種弊病；但該政府（指香港政府——編者註）將該地保留在自己手中時，應該反對或解決這些討厭的事情，而不能像他們現在這樣毫無作爲。

　　　　　　　　　　　駐軍司令克靈頓中將（ 簽字 ）

　　　　　　　　　　　　（英國殖民地部檔案 C.O.129／80，

　　　　　　　　　　　　第 128 － 132 頁 ）

羅便臣致紐卡斯爾函

　　　　1861 年 2 月 13 日於香港維多利亞城政府合署

…………

現在我榮幸地呈上克靈頓先生致陸軍大臣信函的副本，並藉此機會對其內容加以評論。

克靈頓先生信函的第二段說，租借九龍是巴夏禮先生根據他的授權取得的。這是錯誤的。因爲是我根據卜魯斯先生的要求，書面授權巴夏禮先生租借該地方的。我在 1860 年 3 月 26 日第 33 號信函中已向閣下報告此事。

他在下一段中聲稱，額爾金伯爵已將該地置於本殖民地的管轄之下。我以前的信函指出，我們仍在等待正式文件，以便將這次割讓（似應爲割讓地——編者註）合法地置於本政府的管轄之下。

以上兩點並不重要，我關心的是克靈頓將軍信函中更重要的部分。

首先，克靈頓將軍建議把新取得的地方完全變爲兵營，脫離香港政府。而《北京條約》有關割讓的條款宣稱，割佔該地"併歸英屬香港界內"，並且香港政府最初提出奪取九龍半島是爲了滿足其一般居民的需要，也是爲了滿足其兵營的需要。

我認爲，除了出租以外，任何土地都不應該出售給私人的建議，意味着只能短期出租。但是由於這樣出租，任何人都不想投入金錢修築堅固的建築物。該建議純粹是爲了把整個地區都留給軍事部門使用。

不錯，商人們需要土地貯藏貨物，但只是一般地用於貯藏並非只是用於貯藏從損壞了的船舶上運到岸上的貨物，因爲損壞了的船舶數量並不多。生意，或者說商人的辦事處如同現在仍將留在這裏。但是，除了用作貯藏的地方，還十分需要用作船塢、醫院、私人住宅的地方，以及用於呼吸空氣和鍛煉的地方。我一開始就準備承認，並且已經承認，女王陛下海軍和陸軍的要求當然應該優先考慮。但是，我認爲，當他們滿意的時候，像克靈頓先生建議的那樣，忽視這個重要的、過分擁擠的社會的衛生和商業的需要，是既不公平又失策的。

關於陸軍部目前爲倉貯支付的 6,000 英鎊大額款項，我首先要評論說，這是前不久遠征造成的意外事情。再者，從未打算剝奪在這個新區對陸軍部公平合理的供應。

在這特殊時刻盛行的過多的搶劫是這個時期（中國新年）又一種意外事情。雖然應該承認，本地居民大多數幾乎都是具有克靈頓先生所說的那種品格。但他認爲我建議將該地（指九龍——編者註）大部分割給華人，卻是極大的誤解。我堅持不變的想法是：怎樣最有效地防止大批華人在九龍立足。同時，由於某些本地人是離不開的，要怎樣最有效地使他們不相往來，怎樣防止他們與歐美人社會混雜在一起帶來的危害和不便。

關於克靈頓將軍對香港不健康現象的評論，我只須說，他提到了兩種有影響的組成部分，但是這兩者皆處於法律監督和控制之下，而且關於此事的所有陳述，本政府一向都予以考慮。

由於九龍的警察應該服從本殖民地的文官政府，十分清楚的是，完全採取軍事佔領是不允許的。如果這一缺點能夠克服，我將強烈地傾向於建議把昂船洲只留歸陸軍和海軍使用。該島東南部小海灣的深水水域對海軍很有價值。而陸軍當局能比在九龍半島更充分地接觸西南季風。

我冒昧地希望：預料不會出現一個調整該事的委員會。陸軍部最終會節制他們的要求，因爲我相信，海軍當局對他們最初的一個要求已有節制。

（同上，第 119 - 126 頁）

羅便臣致紐卡斯爾函（摘錄）

1861 年 3 月 26 日於香港

……如果陸軍佔據唯一適合發展商業的地區，使得該半島變得對本殖民地毫無價值，那就不能得到足夠的收入，以致連目前該地民政機構的經費也許無法支付。……

（英國殖民地部檔案 C.O.129 / 80，
第 450 頁）

羅便臣致紐卡斯爾函（摘錄）

1862 年 5 月 21 日

……如果按照陸軍部目前的要求去做，奪取九龍將變得對本殖民地的任何商業目的毫無價值。而且，在這種情況下，從商業觀點看，本殖民地自然會將九龍與其他沒有價值和方便之處的外圍地區同等對待。從該地不能得到任何重要的收入。自然會維持一支警察隊伍，其機構的經費可能通過對華人居民徵收警察稅取得；但是，除此之外，用於該地區的殖民支出會減少到最低的限度。

（英國殖民地部檔案 C.O.129 / 86，
第 7 頁）

簡評：這場曠日持久的爭論暴露了英國有關各方割佔九龍半島南部的動機。軍方企圖將其變爲對華軍事侵略的基地，香港政府企圖將其變爲對華經濟侵略的基地，最後雙方在英國政府調解下達成妥協，則説明英國政府是從軍事侵略和經濟侵略的雙重目的割佔這塊中國領土的。

割佔九龍半島南部是英國對華侵略的又一重要步驟，進一步破壞了中國的領土完整。從此，"香港殖民地"的轄境擴展到中國大陸一隅，並在尖沙咀一帶建立新市區，成爲與維多利亞城隔海相望的雙城。港九之間的海域變成了香港的"内湖"。作爲英國在遠東的優良轉口港和軍事基地，香港的重要性隨着九龍的被兼併而愈加提高。這在客觀上對香港的發展是有利的。但是我們不應該忘記，這種局面的出現，是以中國國土淪喪和蒙受屈辱爲代價，而且當時從香港的發展中獲利的主要還是英商和英國政府，多數香港華人當時仍處於備受歧視和壓榨的境地。

———————————————

① 《羅便臣致紐卡斯爾函》，1864 年 5 月 10 日，英國殖民地部檔案 C.O.129 / 98，第 264 − 265 頁。

② 英國殖民地部檔案 C.O.130 / 20，《香港藍皮書》1864 年。

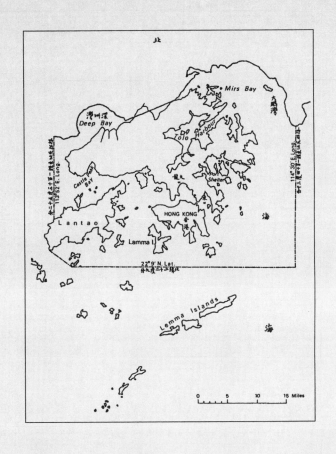

租借新界

劉存寬編著

《展拓香港界址專條》的〈粘貼地圖〉。

一　列強瓜分中國與英國索租新界

　　1898年英國強租香港新界是上世紀末帝國主義列強瓜分
中國狂潮的一個組成部分，是英國調整其傳統對華政策，開
始走上參與肢解中國道路的重要標誌。因此，爲了查明這個
問題，還須從當時遠東的形勢說起。

1. 甲午戰爭後的中國危局

　　1894—1895年的中日戰爭打破了列強在遠東的均勢，使
中國以至整個遠東的局面大大改觀，同時將清政府的腐敗無
能和極端虛弱暴露無遺。自此以後，世界主要列強一哄而上，
紛紛向中國猛撲過來，掠奪各種讓與權。他們到中國開工廠、
設銀行、築鐵路、辦礦業、舉行政治性貸款、設警駐軍、劃
分勢力範圍、掠奪租借地，使一個偌大的中國，橫遭踐踏，
山河破碎，瀕於被瓜分的絕境。

　　列強瓜分中國狂潮的出現和當時世界資本主義開始進入
帝國主義階段是分不開的。是時壟斷代替了自由競爭，金融
資本成了支配列強內外政策的決定力量。世界資本主義發展

的不平衡性，更促使列強爭奪世界霸權、分割和重新分割殖民地的角逐空前激化。這種爭奪固然是爲了使本國獲取最大限度的利益，同時也是爲了摧毀對方的霸權，使自己處於雄踞環球，唯我獨尊的地位。在此情況下，幅員遼闊、人口衆多、原料豐足、市場廣大，又在甲午戰爭中被日本打得慘敗的半殖民地中國，就成了國際資本虎視眈眈，競相角逐的場所。它們以不可抑制的貪欲，狂飆似的衝動和百倍的瘋狂，不擇手段地爭相從這個被蔑稱爲"東亞病夫"的軀體上，撕下一塊血肉。

甲午戰爭以前，英國對中國的政治經濟影響居於首位，是最大的既得利益者。它不僅在各國的對華貿易中遙遙領先，而且長期把持着中國海關總稅務司等要職，在中國最富庶的長江流域享有特殊利益，並擁有香港這個掠奪中國的現成基地。甲午戰爭後，形勢大爲改觀，英國在華近乎壟斷的地位開始受到嚴重挑戰。明治維新後迅速在東方崛起的日本，經過中日甲午一戰，徹底擺脫了原先的半殖民地處境，一躍而爲遠東頭等軍事強國，與西方列強平起平坐，成爲它們逐鹿中國的對手，中華民族的頭號敵人。與此同時，十九世紀後期在歐洲迅速興起的德國，爲了取得"陽光下的地盤"，也在世界各地與英、法、俄等國爭霸，中國成了它覬覦的主要對象之一。和日、德登上列強在遠東角逐舞臺的同時，英國的宿敵沙皇俄國開始在中國北部大肆擴張，其盟國法國則在兩廣到雲貴一線發起全面攻勢，形成一南一北夾擊英國的勢態。英國的在華利益岌岌可危。

在列強瓜分中國的大競賽中，奪取領土和租借地是其主要內容之一。1895年4月，日本迫使戰敗的清政府簽訂掠奪性的《馬關條約》，強制中國承認朝鮮的"完全獨立自主"，將臺灣、澎湖列島和遼東半島割與日本，賠償日本軍費庫平銀二萬萬兩，並取得其他種種侵略特權。同月，俄國爲了不讓日本在中國東北和整個東北亞得手，綜合法、德兩國干涉日本還遼。此後，俄法集團繼續在中國發動了一系列攻勢。

1895年5月，法國以干涉還遼"有功"，要求清政府在中越邊界和邊境通商方面給予法國種種特權。7月，中俄訂立《四釐借款合同》；同年底，成立了旨在擴大侵華的殖民金融機構華俄道勝銀行。1896年6月，俄國誘逼清政府簽訂《禦敵互相援助條約》（中俄密約），取得在中國東北"借地修路"（中東鐵路）和戰時將俄艦開入中國各海港的特權。接着，俄國在法國金融資本支持下，又在關內大肆攘奪鐵路利權，法國也在華南繼續加緊擴張。

這時，德國見俄、法兩國在中國步步推進，也躍躍欲試。它同樣自認爲干涉還遼"有功"，"理應"得到"報償"。數年來，它的軍艦一直在中國東海岸南北游弋，進行偵查測繪，企圖選擇一個海港，乘機下手。他們最後選中山東半島南面的良港膠州灣。1897年11月，德國藉口兩名德國傳教士在山東鉅野被殺的事件，悍然派軍艦強佔膠州灣，並進據周圍大片陸地，於次年3月迫使清政府與之簽訂《膠澳租界條約》，將膠州灣租與德國九十九年，連同其他侵略特權，使山東省淪爲德國的勢力範圍。

德國租借膠州灣在一定意義上本屬德俄的合謀，事先曾得到沙皇尼古拉二世的默認。俄國本欲將德國這股禍水從歐洲和中近東引向遠東，可是當佔領膠州灣已成事實後，俄國又向清政府玩弄兩面手法，表示願意爲中國"效力"以牽制德國，並於1897年12月出兵佔領旅大。1898年3月，沙皇政府誘迫清政府簽訂《旅大租地條約》，將旅順口、大連灣及附近水面租給俄國二十五年，並取得由中東鐵路修一條支線直抵旅大等特權。至此，東北全境淪爲俄國獨佔的勢力範圍，俄國對清政府的政治經濟影響力大增，浸浸乎有壓倒英國之勢。

德、俄兩國強租膠州灣和旅大，掀起了帝國主義瓜分中國的狂潮。隨之，法國於1898年4月從清政府取得不將與越南毗鄰各省割讓或租與他國、將廣州灣租與法國九十九年，以及同意法國修築滇越鐵路至雲南省城，全國郵政由法國管理等重大利益。同月，日本亦取得不將福建省讓與或租借給他國的保證。

以上事實説明，從1897年底到1898年上半年，已經形成列強宰割瓜分中國的局面。俄、法、德、日等國，將北起黑龍江，南到兩廣、雲貴的中國大好河山，劃爲它們的勢力範圍；中國沿海的主要港口，被它們霸佔爲自己的"租借地"，即由它們直接統治的殖民軍事基地和商港。這不僅使中國面臨亡國慘禍和被肢解的空前浩劫，也向英國的對華政策提出了一個何去何從的問題。

2. 新界問題的提出

俄、法、德、日在華對英國的挑戰，在英國內閣中引起紛爭，這一紛爭導致英國對華政策的調整和英國向清政府索租香港新界。

迄至1898年爲止，英國以其"日不落國"和"海上霸王"的世界頭號強國的實力地位爲後盾，自信本國的商業競爭能力天下無敵。爲了排斥其他國家染指它的禁臠中國，維護、擴大它的壟斷特權和優勢地位，它始終標榜"重視在華商業利益"、"保持中國的完整"、不在中國瓜分勢力範圍和奪取租借地，並以之爲既定國策。它還擔心，列強採取過分極端的破壞中國現狀的侵華方式，可能導致中國革命和清王朝傾覆，那時英國在華多年經營所獲的既得利益，勢將毀於一旦。因此，英國的一些政治家，主張繼續保持英國的傳統對華政策，竭力反對他國在華的"過分行動"。首相兼外交大臣索爾茲伯里勳爵（Lord Salisbury）就是其中的主要人物。

然而，十九世紀末的世界已經和維多利亞時代（Victorian Age）前期大不相同了。大英帝國日趨衰落的初期徵兆已經顯現，它的經濟年平均增長速度明顯滯後於德國，年工業總產值也行將被德國超過。與此同時，日本迅速在東方崛起。1861年農奴制改革以後，俄國資本主義在法、德資本的幫助下有大的發展，正伙同其盟友法國向中國實行"鐵路加銀行的侵略"。英國的世界地位受到嚴重威脅。索爾茲伯里面對俄、德、法、日等國瓜分中國的活動，憂心忡忡而束手無策，引起英國朝野的廣泛非議。英國對華政策面臨抉擇，其主要問題之一，即是否要求在香港拓界。

1894年甲午中日戰爭後，英國和香港的政、軍、商各界紛紛提出英國參與瓜分中國和展拓香港界址的問題。這一要求遭到首相兼外交大臣索爾茲伯里的一再拒絕，*卻得到1895年接任英國殖民地部大臣的約瑟夫·張伯倫（Joseph Chamberlain）和内閣第二號人物貝爾福（A. J. Balfour）的堅決支持。

約瑟夫·張伯倫綽號"莽漢喬"（Pushful Joe），"喬"（Joe）是約瑟夫（Joseph）的暱稱。他是一個典型的殖民主義政治家，曾經反對愛爾蘭自治，又是後來1899—1902年南非戰爭的主要發動者之一。貝爾福和張伯倫一樣，是一個

---

* 參看"資料與評述（一）"。

極端的殖民主義者，在愛爾蘭、南非和中國問題上，均力主強硬。由於他殘酷鎮壓愛爾蘭的自治運動，因而得到“血腥的貝爾福”的綽號。這兩人在英國內閣裏一唱一和，嚴厲抨擊索爾茲伯里的對華政策。在他們看來，索爾茲伯里是一個老派人物，他所代表的英國傳統對華方針，已經不適應新形勢下英帝國的需要。英國壟斷地支配中國的時代已經過去，列強在華競爭的時代已經到來。索爾茲伯里企圖“在一個競爭的時代保持壟斷時代的既得利益”，①是不可能的。英國爲了在這場大角逐中獲取優勝，必須承認現實，改弦更張，放手行動，放棄“門戶開放”政策，投入在華勢力範圍的爭奪，以“平衡”、“抵銷”德、日、俄、法等國在中國日益擴大的勢力。爲此，張伯倫於1897年致函索爾茲伯里説，德國人“似乎決意佔領（中國）一些領土，我們除了照此辦理，將別無選擇”。②同年冬，他的預言終於應驗。德國佔領膠州灣和俄國佔領旅大，使索爾茲伯里亟欲保持中國現狀的希望化爲泡影，在英國激起一個批評索爾茲伯里對華政策、要求展拓香港界址的高潮。

　　1897年12月3日，英商中華社會*香港分會致電該會倫敦總會，希望援德國佔領膠州灣的先例，在香港展拓界址。③

---

① 按: 此語出自以熟諳遠東事務著稱的英國議會政務次官寇松（G. N. Curzon）之口，見史扶鄰:《孫中山與中國革命的起源》（H. Z. Schiffrin, *Sun Yat-sen and the Origins of the Chinese Revolution*），第133－134頁。

② 〈張伯倫文書〉（Chamberlain Papers），5/67/74，轉引自史維理:《不平等條約》，第25頁。

* 按China Association的中文名字稱“英商中華社會”。不少著作直譯爲“中國協會”，似欠妥。

③ 伯爾考維茨:《中國通與英國外交部》（Nanthan A. Pelcovits, *Old China Hands and the Foreign Office*），第209頁。

在俄國佔領旅大的當天，港督羅便臣更是心急如焚，再次函促張伯倫在香港拓界一事上立即採取行動。①

1898年3月，清政府先後與德、俄簽約租借膠州灣和旅大後，英國不得已而默認了這一既成事實。早在該年2月，張伯倫就對索爾茲伯里施加壓力，要求英國聯合他國，把俄國人趕出旅大，② 現在他再也按捺不住了，出面強烈要求在中國採取"堅決態度，……堅持帝國的擴張，否則將永遠失去機會"。③在英國議會，人們也責怪索爾茲伯里對俄國軟弱，將派往旅順口的英國軍艦撤走。《泰晤士報》也責難他喪失了外交上的機敏性。一時，關於索爾茲伯里對華外交"完全失敗"的議論盈於朝野，這位首相的威信也一落千丈，"莽漢喬"和貝爾福的主張佔了上風。索爾茲伯里將他兼任的外交大臣職務交由貝爾福代管，與此實有部分關係。這件事預兆英國的對華政策即將有重大調整。

1898年3月7日，法國在俄國的支持下，向清政府提出租借廣州灣等要求。3月17日，英國駐華公使竇納(訥)樂（Claude M. MacDonald）急電唐寧街，報告法國已經要求清政府保證將雲南、貴州、廣東、廣西劃為法國的勢力範圍。如果此項要求得逞，未來展拓香港界址將成為不可能。④ 英國政府得知此事後，急忙研究對策。索爾茲伯里本人為形勢所迫，亦於此時改變態度。英國政府遂決定以法國租借廣州灣為藉

① 〈羅便臣致張伯倫密函〉第115號，1897年12月15日，英國殖民地部檔案，C.O. 537/34。
② 加文：《張伯倫傳》（*The Life of Joseph Chamberlain*），第3卷，第251－252頁。
③ 楊國倫：《英國對華政策，1895－1902》（R.K.Young, *British Policy in China,1895－1902*），第65頁。
④ 〈竇納樂致索爾茲伯里電〉第85號，1898年3月17日，英國外交部檔案，F.O.17/1343。

口，向清政府提出展拓香港界址問題。3月28日，英國政府正式指示竇納樂從清政府取得展拓香港界址的保證。① 這一決定説明，英國已經放棄傳統的對華政策，將所謂"保持中國的完整"抛到九霄雲外，參與列强在華瓜分勢力範圍和强索租借地的大掠奪。中英關於租借香港新界的談判，旋即拉開帷幕。

---

① 〈伯蒂致竇納樂電〉第113號，1898年3月28日，英國外交部檔案，F.O.17/1338。

十九世紀刊登於*Punch*的一幅漫畫，描述在
英、法、德、俄瓜分中國的狂潮中，英國佔最
重要的地位。

二　中英談判與《展拓香港界址專條》的訂立

1. 談判開始和最初的協議

寶納樂接獲英國政府關於香港拓界的指示後，便迫不及待地行動起來，向清政府總理衙門提出了展拓香港界址的要求。

清政府早已預感到俄、德從中國强租旅大和膠州灣後，英國極有可能要求在香港拓界，以謀求某種“補償”，但是對英方香港拓界胃口之大，則嚴重估計不足。1897年12月，兩廣總督譚鍾麟在同英國駐廣州領事壁利南（Byron Brenan）的交涉中，曾被迫表示中國可以同意對香港界址“略加展拓”，將一小塊土地租給英國，作爲修築港口炮臺之用。①然而英國絕不滿足於租借小片土地，而是要强租後

---

① 《同總理衙門會談記錄冊（1897 − 1899）》（*Record Book of Interview with Yamen,1897 − 1899*），手寫原件（以下簡稱《會談記錄冊》），英國外交部檔案，F.O.233/44,第155頁；〈壁利南致羅便臣函〉，1897年12月7日，英國殖民地部檔案：C.O.537/34。

來被稱作新界的大片地方。

　　1898 年 4 月 2 日，中英關於租借新界的談判正式開始。英方代表、英國駐華公使竇納樂劈頭就向總理衙門大臣奕劻提出要"展拓香港後面之九龍山地方，以爲保衛香港之計"。① 英方提出"保衛香港"的需要作爲拓界的理由是完全站不住腳的，* 但因清政府正被列強瓜分中國弄得焦頭爛額，奕劻不敢拒絕，表示原則上同意就香港拓界一事進行磋商。②

　　在隨後幾天，竇納樂面晤李鴻章，再次提出香港拓界問題。李鴻章答稱，中國可以同意租給英國"在香港港口兩邊設防"的一小塊土地，希望英方要求"不要越過此限"。③ 李鴻章還要求竇納樂提出拓界的具體範圍。竇納樂因此時尚未得到倫敦關於拓界範圍的明確指示，只得支吾作答。

　　竇納樂收到英國政府的拓界方案後，於 4 月 24 日與李鴻章重開談判，向他出示一幅展拓香港界址的地圖，強索大鵬灣到深圳灣一線以南，包括九龍城，許多島嶼和廣大水域在內的大片地方。④ 李鴻章等對此大出所料，十分震驚，堅持不允。竇納樂在對華交涉中素以強硬狡猾、老謀深算著稱，他舉出德、俄兩國租借的膠州灣和旅大，面積都比英國要求的香港拓界範圍大，言下之意英國還是比較"克制"的。李

---

① 中國第一歷史檔案館，軍機處錄副奏摺：帝國主義侵略類，租界項，案卷 487 - 3 - 18；王彥威編：《清季外交史料》（光緒朝），第 131 卷，第 17 頁。

* 參看"資料與評述（二）"。

② 《會談記錄冊》，第 155 頁。

③ 〈竇納樂致索爾茲伯里函〉第 225 號，1898 年 5 月 27 日，《英國議會文書：1898 - 1899 年有關外國在華租借地的文件》，第 156 頁。

④ 〈竇納樂致索爾茲伯里電〉第 135 號，1898 年 4 月 25 日，英國外交部檔案，F.O.17/1340。

鴻章反駁道，中國已答應將威海衛租給英國，英方不應再在香港作如此大的要求。針對李鴻章的反駁，竇納樂詭稱，訂租威海衛不僅對英國有利，對中國也很有利，只要俄國撤出旅大，英國可以馬上離開威海衛。①就是說，英國似乎主要是為了幫助中國牽制俄國，才提出租借威海衛的。這是把搶劫說成布施。李鴻章等見英方堅持侵略要求，不可理喻，便不再與之論爭；但在九龍城問題上，考慮到此次拓界屬於租借地性質，九龍城設有中國衙門，是中國對該地繼續享有主權的象徵，因此堅決反對將該城納入展拓的界址之內。②

竇納樂見清政府十分看重保留九龍城，立即心生一計，決定利用總理衙門大臣們的這種心態，予以策略上的運用。他暗中勸說本國政府在九龍城問題上對清政府妥協，"暫時"保留中國對該城的管轄權，以換取清政府在拓界問題上同意英方的總要求；在公開談判中，則在九龍城問題上故示不讓，以之作為外交籌碼，誘迫中方中其圈套，接受英方的主要方案。李鴻章等在列強一片攘奪聲中本已膽戰心驚，又暗於知彼，恰恰中了他的奸計。

在 4 月 28 日的談判中，雙方繼續在九龍城問題上發生激烈爭執。李鴻章、許應騤、張蔭桓等指出，在旅大和膠州灣租借地，中國並沒有撤走官員，金州、膠州仍留歸中國控制。急劇改變九龍城的管理，勢將引起"中國官員和商人的懷疑"，希望英方"不再堅持租借九龍城"。③這時竇納樂已經得到英國政府在九龍城問題上可以"照顧"中國的指示，

---

① 〈竇納樂致索爾茲伯里電〉第 102 號， 1898 年 5 月 27 日，英國外交部檔案， F.O.881/7139，第 32 頁。
② 《會談記錄冊》，第 181 頁。
③ 《會談記錄冊》，第 186 － 188 頁。

但在表面上仍然故意非要九龍城不可，還說什麼英國本意是
要索租舟山羣島，若非他本人作了努力，就不會僅僅要求在
香港拓界，如此等等。雙方爭辯良久，相持不下。最後，竇
納樂才假惺惺地表示可以將中方關於九龍城的意見報告本國
政府，但堅持中國"必須接受"英方提出的拓界範圍。①李
鴻章等審視了英方的拓界地圖後，屈於壓力，原則上默認了
英方的方案，但提出幾點保留：1. "九龍城仍歸中國控制"，
中國船隻得自由使用九龍城碼頭；2. 展拓界址不是割讓，
而是租借地，"全部土地得付租金"；3. 新展拓的地方更便
於走私，為了避免中國關稅蒙受嚴重損失，希望港英政府"承
諾在保護中國稅收和反對走私方面給以更多的幫助"。② 雙
方最後議定由英方就此次談判內容起草一份約稿，提供將於
5 月 2 日舉行的下次會議討論。③

　　這次會談以後，竇納樂再次詳盡地向倫敦說明何以應該
保留中國對九龍城的管轄權：1. 突然改變該城的管轄權在
居民中"會引起麻煩"；2. 可以爭取當地中國官員同英國"衷
心合作"。他還強調指出："我並不認為中國對該城的管轄
能夠延續多久"。④原來，竇納樂玩的是一種"欲擒故縱"
的勾當，他建議"暫時"給中國保留九龍城，是因為害怕當
地人民的反抗，是為了收買中國官員充當英國殖民者的鷹犬。
4 月 28 日，索爾茲伯里正式授權竇納樂就香港拓界事簽訂
條約，同意可以"繼續保留"中國在九龍城的行政管轄權，

① 《會談記錄冊》，第 188 頁。
② 《會談記錄冊》，第 190 頁。
③ 同上。
④ 〈竇納樂致索爾茲伯里電〉第 102 號，1898 年 5 月 27 日，英國外交
部檔案，F.O.881/7139，第 30 頁。

但又留下伏筆，此項管轄權"不得與保衛香港之武備有所妨礙"。①

5月2日，竇納樂按照原先約定，向李鴻章等提出英方起草的約稿，其中將展拓香港界址的範圍定爲：北部陸界——從沙頭角海至深圳灣的最短距離劃一條直線，此線以南租與英國；東界——東經114°26'；西界——東經113°47'；南界——北緯21°48'。②爲了促使李鴻章等同意上述拓界範圍，他特意對他們説，英國政府"並不反對"他們4月28日提出的保留九龍城管轄權等保留條件；英國也同意協助中國反對走私，保證稅收，但建議此項不必寫入協定。③李鴻章等見英方同意中國保留九龍城，已經鬆了一大口氣，竟然輕信英方許諾，沒有爭取將有關保證中國稅收、反對走私和保留租借地內中國稅關等具體內容寫進協定，從而鑄成了大錯。

在當天的談判中，李鴻章等還要求在約稿中加上"九龍城到新安陸路中國官民照常行走"，中國兵船無論平時戰時均可使用大鵬、深圳兩灣水域，租借地內不可迫令居民遷移，公用土地須從公給價等內容。竇納樂見大臣們已接受拓界的主要要求，對此沒有異議。但當李鴻章等提出中國正考慮修一條由廣州直抵九龍城的鐵路時，竇納樂則一口回絕説，他"無論如何不能同意在英國管轄的地方修一條由中國控制的鐵路"。後來，李鴻章等又愚蠢地將此建議改爲"將來中國

---

① 〈索爾茲伯里致竇納樂電〉第135號，1898年4月28日，英國外交部檔案，F.O.881/7118，第59頁。
② 〈竇納樂致索爾茲伯里電〉第149號，1898年5月4日，英國外交部檔案，F.O.17/1340。
③ 《會談記錄册》，第192－193頁；《英國外交部致殖民地部函》，第19號，附件，英國殖民地部檔案，C.O.882/5。

建造鐵路至英國管轄之界，臨時商辦"。＊寶納樂對此含糊措詞，心中暗喜。由於當時列強為攫取在華鐵路貸款權爭奪正烈，他認為今後如中國借款修築此路，此條對其他列強"將起遏制作用"，便於英國一家獨攬，表示欣然同意。①至此，中英關於香港拓界的談判達成全面協議。②

　　5 月 19 日，寶納樂携帶他一手把持擬就並得到英國政府認可的中英《展拓香港界址專條》稿本，同李鴻章等談判定稿。《專條》稿本的"粘附地圖"標明了 5 月 2 日由英方提出並經中方同意的拓界範圍。稿本明確規定此次拓界為"新租之地"，"以九十九年為限期"，"其所定詳細界限，應俟兩國派員勘明後，再行劃定"。李鴻章等經過審閱，在《專條》稿本上添上"自九龍通向新安陸路，中國官民照常行走"，"自開辦後，遇有兩國交犯之事，仍照中英原約香港章程辦理"兩句話，寶納樂亦無異議。③這樣，中英在《專條》文本上也達成協議，只等正式簽字了。翁同龢當時悲痛地寫道，總理衙門除了在英方一手炮製的條約中"添入來往道路及交犯章程"外，"餘皆允許，成鐵案矣"！④

＊　參看"資料與評述（三）"。

①　以上見〈寶納樂致索爾茲伯里函〉第 102 號，英國外交部檔案，F.O.881/7139，第 30 頁。

②　〈寶納樂致索爾茲伯里電〉第 176 號，1898 年 5 月 3 日，英國外交部檔案，F.O.881/7118，第 85 頁。

③　〈寶納樂致索爾茲伯里電〉第 172 號，1898 年 5 月 20 日，英國外交部檔案，F.O.881/7118，第 117－118 頁。

④　《翁文恭公日記》，戊戌，第 49 頁。

2. 英方無視協議得隴望蜀

然而，事情比翁同龢哀嘆的還要糟。他所認爲的《專條》"鐵案"，並没有馬上簽字。這是因爲英國殖民地防務委員會和海軍部對竇納樂迫使總理衙門同意的拓界範圍，十分不滿。他們提出一個在北面和東面推進，在南面和西面收縮的方案，要求與中方談判修改協議。* 不用説，這個修改方案旨在擴大英國的侵略利益。英方在中英有關協議言猶在耳之際即反口不認，强求修改，實屬自食其言，蠻橫之至。

索爾兹伯里雖然極力標榜過他反對瓜分中國，這時竟變得判若兩人。5 月 20 日，他電示竇納樂按照殖民地防務委員會備忘錄的意見，對新達成協議的香港拓界範圍進行修改。① 5 月 25 日，竇納樂遵旨再次與總理衙門會談。李鴻章得知英方修改方案後，大爲惱火，説大鵬灣爲計劃中的中國南洋艦隊的基地，英方的修改方案是壓迫中國 "在最後關頭作出額外讓步"，② 堅持不許。雙方經過激烈爭辯，最後還是中方屈於壓力，同意了英方的修改方案。③

竇納樂達到修改協議的目的後，便急於要完成簽字手續。他於 5 月 25 日當天催問李鴻章等人説："《專條》何時簽字？"李鴻章答以要等到光緒帝從頤和園回宫，領到諭旨

---

* 參看 "資料與評述（四）"。

① 〈索爾兹伯里致竇納樂電〉第 183 號，1898 年 5 月 20 日，英國外交部檔案，F.O.881/7118，第 117 頁。

② 《會談記錄册》，第 210 – 211 頁。

③ 〈竇納樂致索爾兹伯里電〉第 140 號，1898 年 5 月 26 日，《英國議會文書，1898 – 1899 年有關外國在華租借地的文件》，第 206 頁。

後方能簽字。寶納樂咄咄逼人地説道："我並不認爲皇上在頤和園,大清帝國的事就擱置起來"。①

6月2日,李鴻章提出簽約前英國須保證不在租借地設防。寶納樂拒不作出保證,反而拍案咆哮道:"勿多言!我國之請此地,爲中國讓廣州灣於法,以危脅香港",若你"能廢廣州灣之約,則我之議亦立即撤回"。②

6月4日,寶納樂又到總理衙門糾纏不休,催逼《專條》馬上簽字。6月6日,總理衙門將《專條》呈光緒帝,請求俞允畫押,並且打腫臉充胖子,自我解嘲説:"展租界址與另佔口岸不同,允議暫租專條尚可操縱自我。"③明明被搶得精光,俯首聽人擺佈,反而自詡力能"操縱"劫匪,可笑可悲。同日,總理衙門奉硃批"依議"。④《專條》簽字,已無可更改。

3. 《專條》簽訂及其不平等性質

1898年6月9日(光緒二十四年四月二十一日),由李鴻章、許應騤代表清政府,寶納樂代表英國,在北京正式簽訂了中英《展拓香港界址專條》。*

中英《展拓香港界址專條》是一個地地道道的不平等條

---

① 《會談記錄册》,第212頁。
② 梁啟超:《李鴻章》,《飲冰室合集》,專集之三,第66頁;《蘇報》,1898年陰曆五月。
③ 中國第一歷史檔案館,軍機處錄副奏摺,帝國主義侵略類,租界項,案卷487－4－3。
④ 同上。
* 參看"資料與評述(五)"。

約，理由如次：

首先，《專條》從中國非法租借了後來稱作香港新界的大片領土和領水，其中包括沙頭角海到深圳灣之間最短距離直線以南、英國九龍割佔地界限街以北廣大地區以及附近島嶼和大鵬、深圳兩灣水域，租期九十九年。租借地陸地面積376平方英里（975.1平方公里，其中大陸286平方英里，島嶼90平方英里，包括大嶼山等大小島嶼235個），①較原來香港行政區陸地面積擴大約十一倍，租借地水域較前擴大四、五十倍。這是赤裸裸的領土掠奪。

其次，《專條》是英國對清政府施行威脅和强制手段的產物。當時的半殖民地中國正處於國破家亡、千鈞一髮的緊急關頭，列强紛至沓來，撕裂中國大好河山，清政府疲於奔命，對英國的趁火打劫，並無還手之力，只得束手就範。《專條》的談判始終是以英方提出的方案爲基礎的，條約起草也由英方一手包辦，英方在實現其主要目標上，總是寸步不讓。尤其是雙方已達成協議後，英方推翻成議，提出更苛刻的要求，清政府又只得忍痛讓人從身上剜去更多的肉。至於談判時英方代表威逼欺凌之舉，更是司空見慣。在這裏，連一點平等談判的影子也看不到，這分明是血淋淋的宰割。

總之，中英《展拓香港界址專條》是英國憑藉强力逼迫中國簽訂的，它嚴重損害了中國的主權，肢解了中國領土，絲毫不包含對締約雙方互惠的成份，而唯一地使英國得到利益。按照已由許多國際條約和文件確定下來的公認國際法準則，每一個國家，不問其社會經濟發展水平如何，均有領土

---

① 這個數字見於駱克（駱檄、駱任廷，James Stewart Lockhart）的《香港殖民地展拓界址報告書》（*Report by Mr. Stewart Lockhart on the Extension of the Colony of Hong Kong*），1899年10月8日，英國殖民地部檔案，C.O. 882/5，第36頁。

不可侵犯的最高權利，禁止任何全面或部分地分裂任何國家領土的行為；國與國之間的爭端，必須通過和平、平等的談判來解決，禁止在談判中使用強制、操縱、威脅、訛詐等手段。任何違反上述原則，破壞一個國家領土完整的行為，可以被視作侵略行為，由此而簽訂的條約即是不平等條約，這樣的條約和領土變更，受害國和一般國際社會享有充分的權利不予以承認。由是觀之，中英《展拓香港界址專條》的不平等性和不合法性就一目了然了。

李鴻章與港督卜力1900年在港督府。

三　駱克新界調查與英方的違約侵越

中英《展拓香港界址專條》規定，此約應於 1898 年 7 月 1 日 "開辦施行"。但是由於英方準備不足、圖謀擴大侵越和某種國際因素的影響，英國並未據約按時接管新界。*新界的正式接管是在 1899 年 4 月中旬，推遲達九個半月之久。在此期間，英國爲接管新界做了許多調查準備，並在九龍城、新界中國稅關、新界北部陸界定界等問題上大做文章。直到他們認爲一切就緒，才着手正式接管。

1. 駱克的新界調查

爲了順利接管新界，英國政府決定首先對當地的實際情況進行一番全面調查。1898 年 6 月下旬，經殖民地部大臣張伯倫建議，正在國內度假的港英政府輔政司駱克受命完成這一任務。他還被責成至遲於 1898 年 10 月新任港督卜力赴

---

* 　參看 "資料與評述" （六）。

港履新前向政府提出調查報告書。①

　　駱克在香港從政多年，通曉中文，熟悉對華事務，是中國繪畫、錢幣和工藝品的著名收藏家，並"篤信"儒學。這個號稱中國通的蘇格蘭人接到命令後，便立即離英經溫哥華返回香港，8 月初率調查團乘炮艇前往新界，於月底結束調查，然後匆匆返英，在輪船上寫成長達 31 頁的《香港殖民地展拓界址報告書》，②即新界調查報告書，於 1898 年 10 月 8 日送呈英國政府。③

　　為了獲取更多的情報，駱克一行故意裝得平易近人，"禮賢下士"。在一些地方，調查團甚至向路上扔銅幣來博取居民的歡心與"合作"。這個策略應該說相當奏效，它暫時迷惑了部分居民並有助於駱克的調查。可是事情也不盡然。例如，在鄧氏家族聚居的錦田村，調查團受到的"歡迎"並不是鑼鼓和鞭炮，而是臭雞蛋和怒吼聲。他們的轎夫和挑夫被當地居民趕得逃之夭夭，鄉紳們也拒不和他們見面。駱克等要進入吉慶圍，更是遭到堅決抗拒。④最後，這個"洋儒生"收起他"崇儒"的偽善面孔，露出鋒利的牙齒，動用了兩挺機槍和 75 名殖民軍，才強行進入圍內。⑤他還向新安縣知事逼索新界田土登記簿，知事不允，他便對其"嚴加訓斥"，

---

①　〈殖民地部致駱克函〉，第 2 號，1898 年 6 月 22 日，英國殖民地部檔案，C.O.882/5，第 1 - 2 頁。
②　參看艾爾利：《薊與竹，駱克爵士的生平與時代》（ Shiona Airlie, *Thistle and Bamboo, The Life and Times of Sir James Stewart Lockhart* ），香港 1989 年版，第 6 章。
③　《駱克香港殖民地展拓界址報告書》，第 34 - 64 頁。
④　史維理：〈錦田村的大門〉（" The Kam Tin Gates "），《英國皇家亞洲學會香港分會會刊》第 13 卷，1971 年，第 41 - 42 頁。
⑤　史維理：前引文，第 46 - 47 頁。

最後才"得到那些需要的册簿，留在手中三天，抄錄了必要的細節"。①

駱克的新界報告書＊是一份值得重視的文件。報告書全面敍述了新界的山川地理，交通道路，社會經濟，風土人情，文教衛生，行政管理等方面的情況，洋洋萬言，不厭其詳。報告書向英國政府提出了今後統治、管理新界的重要建議，力言"盡可能利用現存機構"、盡可能保持中國人的生活方式和價值觀的必要性，主張保留中國原來的村警、村法庭和村學。總之，駱克力主"應該在英國統治下盡量維持舊中國的現狀"。② 這些建議充分反映出英國這個老牌殖民帝國多麼富於殖民統治經驗。此外，新界報告書還就九龍城問題、新界中國稅關和稅收問題、新界北部陸界的定界問題提出了違反協議、進一步侵害中國主權的建議，因而深得白廳的嘉許。英國殖民地部本來就認爲，新界需要什麼，駱克是"最好的裁判"。③ 報告書出籠後，張伯倫接讀了更是拍案叫絕，稱讚它"極有價值，極有意思"，給英國制定新界政策作了"最大的幫助"。④ 駱克真可謂克盡厥職，不辱使命。

---

① 〈索爾茲伯里致竇納樂電〉，第 212 號，1898 年 7 月 23 日，英國外交部檔案，F.O.17/1339。
＊ 參看"資料與評述（七）"。
② 艾爾利：前引書，第 96 頁。
③ 同上書，第 93 頁。
④ 〈殖民地部致駱克函〉，第 43 號，1898 年 11 月 21 日，英國殖民地部檔案，C.O.882/5，第 70 頁；〈殖民地部致外交部密函〉，第 47 號，1898 年 11 月 30 日，C.O.882/5，第 78 頁。

2. 蓄謀非法佔領九龍城

　　中英《展拓香港界址專條》雖然明文規定中國保留中國對九龍城及其附近碼頭的管轄權，但英國當局對攫取該城並未死心，認爲此項條款不過是一種權宜之計，是對中國的"暫時""讓步"，因而在《專條》簽字後，英國當局就密謀策劃廢除《專條》的九龍城條款，將該城及其附近碼頭違約納入租借地的範圍。具體辦法，是在《專條》的文字上鑽空子，作爲其非法要求的"依據"。

　　1898 年 7 月 22 日，護理港督布力（ W. Black ）致函殖民地部大臣張伯倫説，不妨利用《專條》九龍城條款中"惟不得與保衛香港之武備有所妨礙"這句話，強調中國保留九龍城有損於香港的防衛，來取消中國對該城的管轄權。①輔政司駱克更是技高一籌，他發現《專條》九龍城條款中"所有現在九龍城内駐紥之中國官員，仍可在城内各司其事"一語中的"中國官員"一詞，條約英文本作 Chinese official，直譯是"中國文官"，而不是 Chinese officer（ 中國軍官 ）。由於中國在九龍城内一直實行軍事管轄而不是文官管轄，城内 200 個平民皆爲軍人家屬及僕役之類。英國正可引用約文英文本，以中國在九龍城内駐軍不合條約規定，"妨礙"香港武備，而予以驅逐。這樣，200 名軍人家屬和僕役必隨之而去，九龍城就淪爲空城一座，瓜熟蒂落地掉入英國人的掌

---

① 〈布力致張伯倫密函〉，1898 年 7 月 22 日，英國殖民地部檔案，C.O.129/284，第 194 頁。

心。報告書還故意將"九龍城"僅僅解釋爲"城寨"，即城牆以內的地方，企圖以此否認中國對九龍城郊及其附近碼頭不容爭議的合法權利。①*

謀劃已定，1899 年 3 月 31 日，英國署理駐華公使艾倫賽（H. O. Bax － Ironside）受命正式通知總理衙門，蠻橫地説九龍城一事，"英國決不容許中國在英國領土內享有軍事管轄權，也不許在英國國君治下的領土繼續保持中國駐軍"，"此事沒有討論餘地，中國人必須盡早（從九龍城）撤走軍隊"。②

清政府認爲英方這一要求公然視《專條》爲廢紙，予以斷然拒絕，中國官員軍民在九龍城內堅守未動。然而英方並不死心，繼續尋找口實，伺機而動。

3. 稅收和稅關問題

如本書第二章所述，中英兩國談判香港拓界時，清政府曾得到英方的明確保證，今後將盡可能幫助保護中國稅收，防止不法分子利用新界租借地來進行走私。既云幫助中國防止走私以利稅收，則當保留原來設在新界的稅關，於理至明。但是《專條》剛簽字，英國即毀棄前言，既不幫助保護中國稅收，甚至進而要求中國撤走設在新界的稅關，這是遠非清

---

① 《駱克香港殖民地拓界報告書》，第 51 － 52 頁。
* 參看"資料與評述（七）"。
② 〈艾倫賽致索爾茲伯里函〉，第 93 號，1899 年 4 月 15 日，英國外交部檔案，F.O.17/1373，第 293 － 294 頁。

政府始料所及的事。

《專條》簽訂後不久，清政府根據英方已作出的幫助中國保護稅收的承諾，指示中國海關總稅務司赫德（ Robert Hart ）致函竇納樂，提出保護中國稅收的若干具體建議，其中包括保留新界的中國稅關*，保留並正式承認中國海關在香港設立的辦事處，中國緝私船有權在租借地水域繼續活動等。①這些建議顯然是保護中國稅收所必不可少的，是合理合法的。

但是，英國根本就不打算履行幫助中國保護稅收的諾言。7 月 29 日，護理港督布力一馬當先，反對赫德的上述建議，說這是要求"將（港英）政府的一項主要職能讓給中國"，以煽動驅逐設在新界的中國稅關。② 隨之，英商中華社會香港分會、香港總商會等為了保持其航髒利益，羣起響應，攻擊赫德的建議，說什麼這些建議有損英國的商業利益和國家威望，是要"把香港變成中華帝國的附庸"；與其接受這樣一個"使英國受辱"，損害香港利益的安排，毋寧"廢除《專條》，恢復原狀"。③ 港英當局和商界如此信口雌黄，顛倒狼與羊的關係，說明驅逐中國在新界的稅關，已不可避免。

果然， 1898 年 9 月 19 日，即將赴港履新的港督卜力提出一份《備忘錄》，其主旨是以港英當局"代替"中國收稅

---

* 參看"資料與評述（八）"。

① 〈赫德致竇納樂函〉， 1898 年 6 月 27 日，英國殖民地部檔案，C.O.129/284，第 301 － 304 頁。

② 〈布力致張伯倫函〉， 1898 年 7 月 29 日，英國殖民地部檔案，C.O.129/284，第 291 － 292 頁。

③ 〈英商中華社會香港分會致倫敦總會函〉， 1898 年 7 月 30 日第 87 號函附件，英國外交部檔案， F.O.881/7129，第 53 頁；〈香港總商會致護理輔政司函〉，英國殖民地部檔案， C.O.129/285，第 66 － 67 頁。

來換取中國撤走在新界的中國稅關。①不久，英方又授意中國海關稅務司英國人義理邇（ H. M. Hillier ）往謁兩廣總督譚鍾麟，轉告英方要求中國"必須挪移"在新界稅關的意圖。譚鍾麟聽後怒不可遏，嚴正指出，"租章內並無挪移稅關之文"，予以斷然拒絕，並對義理邇身爲中國官員而充當英國説客的行徑"嚴行申飭"。②

　　1899 年 2 月 15 日，竇納樂受命正式照會總理衙門，無理要求中國各稅關及其官員必須從香港島、新界及其鄰近地方撤走。作爲交換，英國可代替中國政府徵收鴉片稅，稅額中除扣去徵稅的各項開銷外，全數交與中國。③值得注意的是，此照會只提出"代收"鴉片稅，不包括其他貨物的稅收，比上年 9 月 19 日卜力備忘録"代中國收稅"（包括一切稅收）的建議更加苛刻，這意味着英國將放縱不法分子肆無忌憚地從事鴉片以外的其他貨物的走私活動,使英國從中牟利。

　　對於英方的上述蠻橫要求，總理衙門於 1899 年 3 月 1日斷然覆照回絕，鄭重指出，中國在香港拓界一事上對英國已是"格外相讓"，中國在租借地設關已逾十年，從來相安無事。現在英國突然要求撤關，是"不公正的，有損中國利益至大"，和英國前此作出的保證，也"極不相符"。爲此，中國政府堅持中英前此已達成的諒解，"在各稅關照常收稅，並按照以往章程，由中國官員管理各稅關"。④半個月後，

① 〈卜力爵士備忘録〉， 1898 年 9 月 19 日收， 英國殖民地部檔案，C.O.882/5，第 24 頁。

② 中國第一歷史檔案館：軍機處録副奏摺，外交類，〈兩廣總督譚鍾麟等辦理九龍租界情形函〉，案卷 124 － 1 － 17。

③ 〈竇納樂致總理衙門函〉，第 16 號， 1899 年 2 月 15 日，英國外交部檔案， F.O.17/1373，第 301 － 302 頁。

④ 〈總理衙門致竇納樂函〉，第 15 號（英譯件）， 1899 年 3 月 1 日，英國外交部檔案， F.O.17/1373，第 304 － 306 頁。

總理衙門再次照會竇納樂，重申了上述立場，並指出，中國在租借地的鴉片稅歲入 30 萬兩，其他稅歲入 70 萬兩，鴉片稅不及後者之半數，英方只提代收鴉片稅，於理未合，又要逼我撤關，這是對中國的"突然襲擊"。① 3 月 22 日，慶親王奕劻和許景澄前往英國公使館，藉竇納樂行將返英度假與之話別之機，向他表示對英方企圖驅逐中國稅關的嚴重不滿；關於所云代收鴉片稅一事，二人鄭重指出，英方此舉"完全忽視了香港對華貨船貿易的稅收問題"。如果自租借地撤關，中國"將不可能防止來往於香港的走私活動，而且耗資極大"，"由於附近島嶼皆已納入租借地內，香港西南兩面已無設關之陸地爲緝私船提供隱蔽處所"，因而中國稅關和緝私船不得不在很大一個範圍內活動，勢難防止走私。而且，如果自新界租借地撤關，葡澳當局就會要求撤走拱北海關，希望英國放棄此等無理要求。②

　　然而，中國苦口婆心的多次陳說終歸無效。港督卜力以"英國法律不能允許中國海關在英屬領土或領水上行使職能"爲由，堅持中國必須撤關。③ 4 月 6 日，署理英國駐華公使艾倫賽受命正式通知清政府必須撤走租借地的稅關，並強詞奪理地辯稱，英國代中國徵收鴉片稅"正是盡力履行它對中國政府的保證"。④

　　清政府此時已經完全明白英方"必欲挾制移關而後

---

① 〈總理衙門致竇納樂函〉，第 19 號（英譯件），1899 年 3 月 15 日，英國外交部檔案，F.O.17/1373，第 307 － 311 頁。

② 〈竇納樂致索爾茲伯里函〉，第 387 號，1899 年 3 月 22 日，英國外交部檔案，F.O.881/7186，第 283 頁。

③ 〈艾倫賽致索爾茲伯里函〉，第 93 號，1899 年 4 月 15 日，英國外交部檔案，F.O.881/7186，第 290 － 292 頁。

④ 〈艾倫賽致總理衙門函〉，第 30 號，1899 年 4 月 6 日，英國外交部檔案，F.O.17/1373，第 327 頁。

已", ① 但國勢阽危, 無力也無決心反抗, 再一次向英國屈服。在接獲艾倫賽 4 月 6 日通知的第二天, 它即指示赫德與英方商談"緩撤"稅關問題, 希望將長洲、急水門、佛頭洲三處稅關保留到 1899 年 10 月份（未提保留九龍城外稅關）爲止。② 4 月 15 日, 英方照會總理衙門, 表示同意暫緩撤走上述三個稅關, "但至遲到 10 月份必須撤走"。③ 至此, 中國在租借地稅關的大限已屆, 到時非撤不可了。

4. 新界北部陸界的勘定

中英《展拓香港界址專條》的〈粘附地圖〉曾明確標出新界北部陸界的走向是從沙頭角海至深圳灣之間最短距離的一條直線。《專條》又規定詳細界線應從兩國派員勘明後劃定。不言而喻, 這裏所說的"勘明劃定", 不能離開或違反上面所說的那條直線。

可是, 英方在這個問題上, 如同對待九龍城及稅收稅關問題一樣, 依然是視成約爲廢紙, 得寸進尺, 抓住定界的機會, 盡可能地將新界北部陸界從上述直線向北推移。

早在《專條》簽訂的當天, 英國海軍聯合會即對以上述那條直線爲邊界走向表示強烈不滿, 要求殖民地部將新界北

---

① 中國第一歷史檔案館: 軍機處錄副奏摺, 外交類, 案卷 124 － 1 － 17 。
② 〈外交部致殖民地部函〉, 第 92 號, 1899 年 4 月 8 日, 英國殖民地部檔案, C.O.882/5 。
③ 〈艾倫賽致索爾茲伯里函〉, 第 110 號, 1899 年 4 月 30 日, 英國外交部檔案, F.O.17/1373, 第 449 － 450 頁; 中國第一歷史檔案館, 外務部, 中英關係疆界相地, 艾署使（即艾倫賽）:〈香港中國稅局請撤出界外電〉, 案卷 0428 （英文原件）。

部陸界向北推進到北緯 22°40′。①港英政府官員的一份報告竟然説經兩國正式認可的從沙頭角海至深圳灣的那條直線是一條"人為的、簡單的直線"。這份"報告"無視成約規定，重彈起侵略者慣用的"自然邊界論"老調，主張新界北部陸界應以山脈河流等"自然界限"劃分，即以新安縣的北部界山為界，企圖將整個新安縣席捲而去。按照這個野心勃勃的方案，新界租借地的陸地面積將由《專條》預計的 376 平方英里增至 585 平方英里，即擴大三分之一以上。②

　　同年 10 月，駱克新界報告書出籠。報告書在涉及新界北部陸界時，極言《專條》〈粘附地圖〉之"不妥"，他寫道：深圳是新安縣東部的政治中心，影響巨大，"讓一個中國城鎮留在英國領土近在咫尺的地方，其不利之處在九龍城問題上已經有所體會，該城多年來一直是個麻煩，而且是香港政府和中國政府經常發生摩擦的根源。如果仍許深圳為中國領土，歷史肯定會重演的"。為此，他建議"應將深圳包括在租借地內"，並以新安縣北部界山為新界的北部陸界："這條線形成一條沿山脊而行的良好的自然邊界，易於防禦，又易於防止走私"。③ 在這裏，駱克為了違約擴大新界租借地的範圍，除了編造許多"理由"外，連幫助中國防止走私也考慮到了。這種悲天憫人的搶劫，確是別出心裁。＊

　　索爾兹伯里和張伯倫等人對於駱克等的上述"自然邊界"方案，並不完全同意，認為這和《專條》的規定相差太遠，

---

① 〈海軍聯合會致殖民地部函〉，1898 年 8 月 31 日，附件 1－3，英國殖民地部檔案，C.O.882/5，第 18 頁。

② 〈布力致張伯倫函〉，第 34 號，1898 年 9 月 2 日，附件，英國殖民地部檔案：C.O.882/5，第 32－33 頁；C.O.129/285，第 4－9 頁，並附圖。

③ 《駱克新界調查報告書》，第 50－51 頁。

＊ 參看"資料與評述（七）"。

容易引起它國非議。但二人均同意越過《專條》〈粘附地圖〉所標示的直線，強使清政府答應將深圳納入租借地的範圍。①

1899 年 3 月 11 日，新界北部陸界的定界談判開始在香港舉行。中方的定界委員是廣東省補用道王存善，英方定界委員爲香港政府輔政司駱克，港督卜力有時也直接參加談判。

談判開始時，中方委員王存善提出，新界北部陸界的定界，應以《專條》〈粘附地圖〉所標示的從沙頭角海到深圳灣最短距離的直線爲基準。具體辦法是：沿線村莊，屬於中國一方的戶數佔多數的，全村歸中國；屬於新界一方的戶數佔多數的，全村劃歸新界。②這一方案信守成約，合情合理，無可指摘。

英方本來就是抱着違約侵越的目的來到談判桌上的。英國內閣雖已指示駱克等限於強索深圳爲止，但在談判中，爲了討價還價，駱克仍然要求從深圳灣起，經深圳北面山腳到梧桐山，再到東面的沙頭角以北一線爲界。③王存善見英方的對案與《專條》大相逕庭，未敢同意，於次日（3 月 12 日）急返廣州請示。譚鍾麟堅主按《專條》辦事，拒絕接受英方方案，也不打算讓出深圳和沙頭角。④

3 月 14 日，王存善自穗返回香港，與駱克、卜力重開談判。會上，他向英方宣佈，兩廣總督認爲《專條》〈粘附地圖〉已由英方交與總理衙門，上面畫有一條直線，因此他

---

① 〈殖民地部致外交部密函〉，第 123 號，1898 年 11 月 30 日，英國外交部檔案，F.O.881/7129，第 126 頁；〈外交部致殖民地部密函〉，第 52 號，1898 年 12 月 10 日，英國殖民地部檔案，C.O.882/5，第 87 頁。
② 《駱克與王存善會談報告》，英國殖民地部檔案，C.O.882/5，第 119 頁。
③ 同上。
④ 同上。第 121 頁。

"無權接受您們提出的邊界線"。但爲了迅速達成定界協議，王存善作出讓步，建議"以深圳河南部支流爲界"。英方拒不接受，駱克並蠻橫地以"拒絕談判"相威脅。王存善被迫再作讓步，提出第二個方案："從深圳河口直抵該河源，再到沙頭角，將深圳及沙頭角留在中國領土以內"，並聲明他的讓步只能到此爲止。駱克見中方態度已定，不可能在談判桌上勒索到深圳和沙頭角，便改口說，"我想應該以深圳河北岸爲界。我的意思是說整條河流劃在英國界內"。對此，王存善不得已而表示同意。駱克繼稱：他並未放棄索取深圳和沙頭角的想法，此事可以"留在北京討論"。①卜力當即就上述談判結果起草一份協議書，由王存善和駱克在上面簽字畫押，内稱：雙方"協議暫以流經深圳的河流至沙頭角爲界，沿該河至沙頭角西北面的河源，復由該地到沙頭角緊西面的大鵬灣爲止。將深圳和沙頭角劃入（租借地）一事，留待在北京作進一步的考慮。"②

3月16日，王存善會同駱克出發勘定自深圳河源到沙頭角緊西大鵬灣的界限，沿線樹立木質界椿。18日，新界北部陸界勘界結束。

1899年3月19日，王存善與駱克在香港簽訂《香港英新租界合同》③。《合同》規定：租借地"北界始於大鵬灣東經線114度30分潮漲能到處，由陸地沿岸直至所立木椿，接近沙頭角（即上名"桐蕪墟"）之西"；"沿深圳河北岸下至深圳灣界線之南，河地均歸英界"；"大鵬、深圳兩灣

---

① 同上。
② 同上，第122頁。
③ 王鐵崖編：《中外舊約章彙編》，第1冊，北京，三聯書店，1957年版，第864－865頁。

之水，亦歸租界之內"。*

《香港英新租界合同》是英國不顧《專條》〈粘附地圖〉所標示的新界北部陸界走向，違約擴大侵越的産物。《合同》簽訂後，駱克得意洋洋地寫道："我很高興，經過相當大的困難以後，我得以誘使中方委員同意以深圳河北岸直抵該河河源作爲中英地界"，從而"完全控制了那條在《專條》〈粘附地圖〉上没有包括在英國租借地内的河流"。①駱克這段邀功的話，無意中承認了英方不顧成約、肆意擴大租借地範圍的事實。按照國際慣例，在通航界河上，應按主航道中心線或水流最深線爲界。將分界線劃在界河對方一側的河岸上，更説明英方是何等蠻橫無理，進一步暴露了這個《合同》的不平等性質。

---

* 參看"資料與評述（九）"。
① 〈卜力致張伯倫函〉，第 66 號，1899 年 3 月 17 日，附件 2，英國殖民地部檔案，C.O.882/5，第 118 頁。

吉慶圍鐵門。

四　新界接管與當地民衆的武裝抗爭

　　新界北部陸界定界和美西戰爭結束後，英國正式接管新界提上了議事日程。與此同時，一些港商利用新界居民擔心接管後英國將沒收他們土地的心理，趁機煽動，並成立龐大的置地公司，廉價搶購土地。①這件事引起港督卜力的恐慌，他意識到這股風潮如果繼續下去，今後新界公用土地的價格必將飛漲，對港府十分不利，於是致函張伯倫，請求准予盡快接管新界。②

1. 武裝抵抗的序幕

　　1899 年 3 月 27 日，港督卜力爲了準備接管新界，未事先通報清政府，"亦不告知地方營員"，逕自派遣港英政府警察司梅軒利（ Henry May ）率人前往新界大埔墟附近涎涌

---

①　安德葛：《香港史》，第 265 頁。
②　〈卜力致張伯倫函〉，第 66 號， 1899 年 3 月 17 日，附件 2，英國殖民地部檔案， C.O.882/5，第 1 頁。

的一個小丘上搭設警棚。①英國在新界租借地尚未正式交收的情況下採取如此粗暴的突然行動，帶有明顯的挑釁性。

　　我國廣東沿海人民素有反抗外來侵略的光榮傳統。新界居民得知自己的家園被英國強租後，"咸懷義憤，不願歸英管"。②他們更擔心英國人奪取自己賴以生存的土地田產。英國人突然派兵警來到新界，使他們缺少精神準備。嚴重的憤怒和不安，促使他們拿起武器，保衛家園。

　　3月28日，英國人在大埔的警棚動工。當天，錦田、屏山、廈村、下八鄉的鄉紳們即醞釀開會，"尋求自衛之道"，並在屏山、元朗等地發出抗英揭帖，號召全體鄉民"抗拒夷人"，"荷槍實彈演習，……一以襄助政府，一以防患於未然"。③

　　3月29—30日，錦田、八鄉、下八鄉、屏山、廈村、青山等地的鄉紳先後在廈村鄧氏宗祠集會，共商抗英大計。*

　　3月31日，梅軒利再去大埔，發現警棚尚未修成，修棚的僱工已經逃之夭夭。他還在大埔發現一份號召武裝抗英的揭帖，預感到山雨欲來，急忙返回港島向卜力報信。卜力得知此事後，氣急敗壞，殺氣騰騰地發誓要把新界民眾的抗

---

① 王彥威編：《清季外交史料》（光緒朝），第138卷，第28頁。
② 中國第一歷史檔案館：軍機處錄副奏摺，外交類，〈兩廣總錄譚鍾麟等辦理九龍租界情形由〉，案卷124－1－17。
③ 駱克在元朗抄獲的抗英文件，《關於展拓香港界址的函件及其他文書》（ *Despatches and Other Papers Relating to the Extension of the Colony of Hong Kong, Laid before the Legislative Council by the Command of His Excellency the Governor*)，香港，1900年版，第6、48頁。
＊ 參看"資料與評述（十一）"。

英運動"掐死在萌芽狀態中"，① 並決定立即去廣州面見兩
廣總督譚鍾麟。

卜力與駱克一起，於 4 月 2 日從香港匆匆來到廣州。卜
力首先通報譚鍾麟，英國已決定 4 月 17 日正式接管新界，
隨即將一份在新界發現的抗英揭帖抄件交與他，要求他立即
採取措施，制止新界居民的抗英活動。譚鍾麟對英國在强租
新界中得寸進尺，早已極爲不滿。他在當時清朝封疆大吏中，
對列强的態度比較强硬。針對卜力要在 4 月 17 日正式接管
新界的表示，他斷然回答説，英國違反自己的承諾，挾制中
國移走在新界的稅關，中國在此問題達成協議以前，將拒絕
移交新界。對於卜力要求制止新界居民抗英一事，他也拒絕
作出保證。卜力見他態度如此堅決，擔心新界事態擴大到不
可收拾，接管將不能按計劃完成，便佯示讓步，保證道：移
關事"可不再提"；所定租借地界限可不再更改。譚鍾麟得
到他的上述兩項保證後，方才同意三天内派兵去新界"維持
秩序"。②

就在卜力去廣州的第二天，署理英國駐北京公使艾倫賽
向清政府提出抗議，要求立飭兩廣總督"制止"新界"華人
的一切敵對行動"，總理衙門被迫屈從。③

4 月 4 日，兩廣總督譚鍾麟、廣東巡撫鹿傳霖聯名通告
新界居民，令其"各守其業"，不要"藉口生事"。*

---

① 〈卜力致張伯倫函〉，1899 年 4 月 1 日，英國外交部檔案，F.O.0881/
7226，第 206 頁。
② 〈卜力致張伯倫函〉，第 87 號，1899 年 4 月 7 日，見《關於展拓香港
界址的函件及其他文書》，第 7 － 9 頁；中國第一歷史檔案館，軍機處
錄副奏摺，外交類，案卷 124 － 1 － 17。
③ 〈艾倫賽致索爾茲伯里函〉，第 82 號，1899 年 4 月 10 日，英國外交
部檔案，F.O.17/1373，第 171 － 172 頁。
* 參看"資料與評述（十二）"。

然而，事態的發展是如此之快，沒有等到英國正式接管，衝突便開始表面化了。

在英國向北京總理衙門要求出兵彈壓新界民眾的同一天，梅軒利帶領 6 名錫克族警察前往大埔，途中又在九龍城中國駐軍中借來五名兵勇，打算用他們來接替看守涌警棚的印度警察，以便一旦發生衝突，用中國人打中國人。梅軒利一夥是日下午抵達大埔時，鄉紳們正在當地文武廟裏開會，反對英國人修建警棚。梅軒利得知後，立即帶領警察、士兵和一名華人翻譯前往。到達會場後，梅軒利以殖民統治者的倨傲和狂妄，無視居民的強烈反對，揚言警棚非修不可，"與土民口角爭鬧"，①墟上民眾得知後，羣情洶洶，怒不可遏，成批湧向會場，痛擊了華人通譯，同時以磚石、棍棒、椅子、木桶、掃帚及身邊一切可以找到的東西，向梅軒利一夥發起攻擊。梅軒利見勢不妙，狼狽而逃，到涌警棚處躲藏起來。入夜，鄰近各村民眾紛紛趕到，將警棚付之一炬，然後開始搜尋梅軒利一夥。梅軒利在混亂中落荒而逃，蜷伏於荒野林莽中，然後取道沙田，向港島的方向夜奔，於次日晨潛回香港島上。

梅軒利在大埔遇險和英國警棚被焚，促使卜力決定立即派兵前往新界。4 月 4 日上午 11 時，駐港英軍司令加士居（ W. J. Gascoigne ）少將帶領的 100 名英國皇家威爾士槍手，分乘兩艘魚雷艇趕到大埔。輔政司駱克隨往。居民紛紛逃散。駱克和加士居將留下的鄉紳傳來訊問，遭到無聲的抵制，他們便把這些人扣押起來，然後前往涌警棚被焚處。在這裏，"村內戶戶門已上鎖，不見人迹"。駱克等眼巴巴地望着沉寂的曠野和警棚餘燼冒出的縷縷青煙，束手無策。他

---

① 中國第一歷史檔案館：軍機處錄副奏摺，外交類，案卷 124 － 1 － 17。

們好不容易集合了爲數不多的一些人，向他們宣佈英國即將
接管新界，如有"任何騷動，將馬上遭到鎮壓，暴動者將受
到懲處"，①然後返回港島。

4月4日英國人在大埔看見的表面平靜，使港督卜力誤
以爲火燒蓆棚不過是一次孤立的行動，當地居民從此將俯首
貼耳地拜倒在維多利亞女王的御座下，接管新界可以安然進
行。他樂觀地寫道："這種好勇鬥狠突然發作的現象在愛爾
蘭並不罕見，來得急，去得快。"②

然而，卜力的占卜並不靈通。在表面平靜背後，武裝抗
英的準備正在緊張進行。抗英領袖鄧青士等人早在4月1日
即已約請上水、粉嶺、大埔頭、新田等地的鄉紳在元朗開會，
倡議對英國接管新界實行武裝抵抗。與會者"皆力主作
戰"。③鄧青士等還遍訪新界各村，號召鄉民參加抗英隊伍。
新界鄧、侯、彭、廖、文五大姓及其他各姓的居民皆踴躍響
應。此外，還籌集了作戰所需的大批款項、軍火、藥品和糧
食，加緊了軍事訓練。④

4月7日，港督卜力宣佈定於4月17日正式接管新界，
並先後派人分赴新界各地張貼告示，* 更引起當地居民反感，
促使他們加緊行動。

4月10日，爲了領導武裝抗英，新界各鄉代表在元朗

---

① 1899年4月7日輔政司報告，見《關於展拓香港界址的函件及其他文
　　書》，第11－12頁。
② 史維理：《不平等條約（1898－1997）》，第61頁。
③ 〈駱克致卜力函〉，1899年4月24日，附件1，見《關於展拓香港界址
　　的函件及其他文書》，第46頁。
④ 格羅夫斯：〈團練、市墟與族系：中國人對佔領新界的抵抗〉
　　（R.G.Groves, "Militia, Market and Lineage:Chinese Resistance to
　　the Occupation of Hong Kong's New Territories"），載《英國皇家亞
　　洲學會香港分會會刊》，第9卷，1969年，第48頁。
* 參看"資料與評述（十三）"。

的束平社學成立了軍事指揮機關太平公局，決定每村出銀
100 兩，充作抗英費用，還命令各村團練處於臨戰狀態。①

4 月 14 日，廈村鄧儀石赴新安縣衙門所在地南頭，代
表錦田、廈村、八鄉、下八鄉、屏山、青山等地居民向縣知
事遞交請願書，又於次日逕赴廣州向兩廣總督譚鍾麟申
訴，②以便至少取得本國政府對居民抗英的諒解。與此同時，
新界各地義士齊集大埔，抗英之弓，已引滿待發。

2. 抗英之戰與新界接管

抗英武裝力量於 4 月 14 日在大埔西北面的山上開始進
入陣地，距泣涌英國人警棚及計劃豎立旗桿處僅約 800 米之
遙。是日，大埔山上旌旗招展，人們鬥志高昂，吶喊、敲鑼、
鳴槍、放鞭炮之聲，不絕於耳，宛如欣逢盛典。

這種情況完全出乎港督卜力的意外。次日晨，他連忙派
駱克、梅軒利帶領 22 名警察乘汽艇趕赴現場去豎立旗桿，
保護為舉行接管儀式而正在重修的蓆棚；另外又從陸上派去
以伯杰（ Berger ）上尉為首的香港團隊的一個連 125 人，
準備對抗英民眾實行武力鎮壓。③與此同時，新界各村義士
以及來自深圳的 1,000 人和民間會社的 1,000 人紛紛趕來，

---

① 格羅夫斯，前引文，《英國皇家亞洲學會香港分會會刊》，第 9 卷，
  1969 年，第 48 頁。
② 同上文，第 44－45 頁。
③ 格羅夫斯，前引文，《英國皇家亞洲學會香港分會會刊》，第 9 卷，
  1969 年，第 49 頁。

"土民數千聚集大埔墟山坡，開挖坑塹，拒阻英兵"。①英國人重建的蓆棚，再次被付之一炬。②

當英國軍警抵達大埔後，抗英之役開始打響。大埔西北山上的數千民衆，立即以步槍和 12 門輕炮向英國人射擊，七面抗英武裝的旗幟迎風招展。這壯大的陣容使英軍心驚膽寒。③

港督卜力得知新界英軍勢單力孤後，忙於 4 月 16 日派半營英軍馳援大埔。援軍到達後，英艦"榮譽"號即以優勢火力猛轟抗英隊伍的山頭陣地，掩護步兵衝鋒。抗英隊伍雖經頑强抵抗，但因武器低劣，命中率小，力不能支，被迫暫時退卻。得勝的英軍奪取了抵抗者的陣地，並繳獲他們的一面旗幟，上有"太溪奉憲團練——文"七個漢字。④英國當局對此如獲至寶，一口咬定這是清朝官方直接參與抗英作戰的"鐵證"。

英軍初戰獲勝後，卜力決定"乘民不備，升豎英旗，作爲接收管理"，⑤ 將接管儀式從 4 月 17 日提前一天在 4 月 16 日舉行。爲了保證儀式正常進行，他下令增派"香港團隊"兩連人和"亞洲輜重連"一連人開往大埔，並將英艦"榮譽"號和"快捷"號泊於大埔海面待命。

16 日下午，英國接管新界的升旗式以突然襲擊的方式

---

① 中國第一歷史檔案館：軍機處錄副奏摺，外交類，案卷 124－1－17。
② 《關於展拓香港界址的函件及其他文書》第 60 頁。
③ 加士居致國務次官函， 1899 年 5 月 5 日，《有關接管新界騷動的軍事行動的補充文件》（ *Further Papers Relating to the Military Operations in Connection with the Disturbances on the Taking-over of the New Territory* ）， 第 586 頁。
④ 〈駱克致卜力函〉， 1899 年 4 月 17 日，附件；〈卜力致張伯倫函〉，第 107 號， 1899 年 4 月 28 日。見《關於展拓香港界址的函件及其他文書》，第 22－23、 32 頁。
⑤ 中國第一歷史檔案館：軍機處錄副奏摺，外交類，案卷 124－1－17。

在大埔匆匆舉行。儀式戒備森嚴，如臨大敵。駱克、加士居和英國分艦隊司令、海軍准將鮑厄爾（Bowell）參加了儀式。香港的一些英國名流貴婦也紛紛趕來助興，歡呼"日不落國"大英帝國的地圖上，又增添了地球的一角。一些新界居民也被迫到場。儀式開場時，香港團隊的 400 名英軍列隊入場，兩艘英艦上禮炮齊鳴，一面米字旗由港英政府輔政司、未來的新界專員駱克親手徐徐升起。隨後，他又當衆宣讀了 1898 年 10 月 20 日的英國〈樞密院令〉（Order — in — Council）。該"樞密院令"無視新界的租借地性質，悍然宣稱它是"女王陛下殖民地香港的重要組成部分"，港督對它"有權制定法律"，香港的法律條例同樣適用於新界①；以及港督的命令：從 1899 年 4 月 16 日下午 2 時 50 分起，新界居民已歸英國管轄；以後新界日出時要升英國國旗，日落降旗，不得有誤。由於害怕當地民衆，這個象徵英國正式接管新界的儀式開得很短，便草草收場。

　　在舉行接管升旗式的當天，大埔顯得格外平靜，然而，這僅僅是抗英者用來迷惑英國人的一種策略。抗英領導者們從廈村鄧氏宗祠向屏山、下八鄉等地發出了指示，要求派部分人前往青山及沙江"廣樹旗幟"，將敵人誘往那裏；精壯人員則仍往大埔，與敵人再次作戰。②

　　4 月 17 日的大埔墟，居民轉移一空，市鎮一片死寂。下午 1 時許，幾千抗英志士攜帶重炮，突然再次出現在大埔山頭陣地，向英軍駐地發起猛烈攻擊。＊英軍首領加士居對

---

① 《香港法律》（Laws of Hong Kong），第 23 卷，附錄 4，1963 年出版。按：此樞密院令第 4 條承認，中國官員"仍可在（九龍）城內各司其事"。
② 《關於展拓香港界址的函件及其他文書》，第 49 － 50 頁；《德臣西報》，1899 年 4 月 17 日。
＊　參看"資料與評述（十四）"。

抵抗者聲東擊西的計謀早有估計，仍將兵力留在大埔，兩艘戰艦——"漢伯號"和"孔雀號"也泊在大埔岸邊警戒待命。當抵抗者開火後，英艦立即奉命向他們的陣地開炮；同時，伯杰上尉受命率領香港團隊的兩連人向抵抗者的陣地衝鋒。此役戰鬥十分激烈，抵抗者雖打傷英軍少校布朗（Browne）等人，仍然抵擋不住英軍極大的優勢火力，傷亡慘重，再度退卻，在大埔以西的林村山谷設好埋伏。①英軍乘勝追擊。

林村地險谷狹，森林茂密，寬約一華里，長約 3 華里，谷底為稻田，僅有小路貫通，是伏擊敵人的理想處所。當伯杰少將率領的英軍進入林村山谷後，抗英志士們千槍齊發，兩邊山上彈如雨下，打得敵人狼狽不堪。但伯杰富於作戰經驗，他見勢不妙，立即命令部屬停止前進，離開谷底，利用當地易於隱蔽的地形潛伏上山，向抗英者陣地發起進攻。雙方激戰一個半小時，抗英者漸不支，被迫沿山脊經上村向八鄉的方向退卻。英軍繼續追擊，抗英者神出鬼沒，已不知去向。當夜，英軍集結在上村宿營。參加林村戰鬥的一名英國殖民軍後來寫道：抵抗者"陣地選得好，要是他們槍打得準，英軍本來是會倒霉的"。②

4 月 18 日，英軍從大埔增援上村。當天下午，來自屏山、廈村、青山、橫洲和租借地以北深圳、沙頭、東莞縣的大約 2,600 名抗英志士，宛如天兵天將，重新聚集起來，向集中

---

① 〈加士居致國務次官函〉，1899 年 5 月 5 日，《關於接管新界軍事騷動的補充文件》，第 587 頁；《德臣西報》，1899 年 4 月 19 日。
② 〈奧戈爾曼（N.V.O'Gorman）中校關於在中國內陸作戰的報告〉，見《關於展拓香港界址的函件及其他文書》，第 61 頁；格羅夫斯：前引文，載《英國皇家亞洲學會香港分會會刊》，第 9 卷，第 51－52 頁。

在上村石頭圍的英軍發起反攻。＊英軍早有準備。他們見抵抗者從空曠平地浩浩蕩蕩地開來，便事先埋伏在一個乾涸的河床處，直到對方距他們只有 300 碼的地方，才一齊開火。抵抗者隊伍中了奸計，陣營大亂，當場被打死打傷數十人。餘下的人頑強抵抗，且戰且卻，終被擊潰。①

上村之戰後，英軍對抗英隊伍採取了分進合擊的策略：一面由駐港英軍司令加士居率軍在深圳灣和青山乘夜潛行登陸，斷其後路；一面由奧戈爾曼率軍向西搜索。此後，抗英武裝事實上已無力組織一場戰鬥，一部分人被迫撤退到深圳河以北，抵抗運動領袖鄧青士、鄧儀石等逃奔廣州、南頭，另一部分人則藏匿在本地。4 月 26 日，港督卜力報告抗英運動已經全部平息，英國對香港新界的殖民統治終於得以確立下來。②

3. 勝利後的瘋狂

上村之戰後，英國殖民者對新界人民實行了殘酷的報復。

在上村戰鬥結束的當天，駱克即通報港督卜力說："錦田是騷亂的主犯，除掉它的圍牆將產生好的效果。"③ 接着，一些英軍於是日黃昏時開抵錦田，藉口該村吉慶、泰康兩圍牆高門固，"疑有莠民藏匿其間"，向其開槍開炮。兩圍居民將圍門緊閉，不讓英軍進入。英軍無計可施，竟野蠻地派工

＊　參看"資料與評述（十五）"。
①　《關於展拓香港界址的函件及其他文書》，第 27、63 頁。
②　安德葛：《香港史》，第 265 頁。
③　《關於展拓香港界址的函件及其他文書》，第 43 頁。

兵將兩個圍的高牆炸開，進入圍內。雖然他們在兩圍搜索"莠民"一無所獲，但卜力仍然以"作爲當地人抗英的一種懲罰"爲由，下令將吉慶圍的兩扇藝術價值極高的鐵門取走，運回香港。（這兩扇鐵門最後由駱克親手獻給他的頂頭上司卜力，作爲他以輔政司新兼任新界專員的見面禮。卜力得了兩扇鐵門，樂不可支，他卸任後，將其運回英國，用來裝飾他在艾爾勒［Eire］的私邸。此鐵門直到 1925 年才應錦田鄧氏紳耆之請，原物歸主，重新出現在吉慶圍的大門口）。①

錦田肆虐後，駱克於 4 月 19 日帶領一些英軍從上村經元朗、屏山抵達廈村，一路盤查村民逼供。在屏山，駱克召來六名鄉紳盤問。在廈村，他要鄉紳們交出抗英"魁首"。② 4 月 21 日，駱克逼迫錦田、下八鄉、廈村、青山、八鄉、屏山和林村等地居民遞交請求"歸順"的請願書。③次日，他又率人搜查了新界人民抗英指揮部所在地——元朗東平社學，抄獲了若干與抗英有關的文件，*視爲寶物呈送港督卜力。他在給卜力的信中説，"廈村的鄧儀石、鄧青士和鄧植亭（在抗英活動中）似乎起了主要作用"，"所有這些人……幾乎都逃跑了"。他要求授權他可以"傳喚任何人，對不到場者處以罰款"，被傳者還得找人擔保。他還在信中惡狠狠地説，對抗英領袖"應嚴厲對待，任何寬容都會被他們誤解。他們的財產應予以没收"。關於兩廣總督譚鍾麟，

---

① 以上見艾爾利：《薊與竹—駱克爵士的生平與時代》（ Shiona Airlie, *Thistle and Bamboo, The Life and Time of Sir James Stewart Lockhart* ）， 1989 年香港出版，第 101 － 102 頁；史維理：《錦田村的大門》（ "The Kam Tin Gates" ），載《英國皇家亞洲學會香港分會會刊》，第 13 卷， 1973 年。

② 《有關展拓香港界址的函件及其他文書》，第 39 頁。

③ 同上，第 43 頁。

* 參看"資料與評述（十四）"。

駱克指責他在新界稅關問題上持"敵對態度"，又未能對新界抗英事件事先給英國打招呼，因而不能讓他"逃脫懲處"。①駱克還到處收繳村民手中的武器，共收繳長矛40桿，小砲23門，大砲6門，步槍28枝，共計96件，集中運往大埔。②當他得知他派出的一名替港英當局張貼告示的鄧姓居民在廈村被憤怒的村民處死時，就立即下令焚毀"犯人"的房舍，並強迫廈村民眾向被殺者的遺孀賠償損失和負擔她今後的生計。駱克還在屏山發出告示，責令新界人民回村操其舊業，當英國的順民，並隨時告發抗英志士，這些人一旦被拿獲，將對之"嚴懲不貸"。＊在這裏，駱克作爲港英政府的大員，再一次自己撕下了他這個"洋儒生""溫良恭儉讓"的僞裝，露出了殖民主義者的猙獰嘴臉。

自此，在英國的高壓政策下，十萬新界人民成了大英帝國的"子民"。

新界人民的武裝抗英，譜寫了一頁中華民族反對外來侵略的壯烈史詩。新界地域、人口有限，在抗英作戰中猶能動員數千之衆，兩戰於大埔，再戰於林村、上村，在敵強我弱的形勢下，雖屢經失敗，付出重大犧牲，仍然萬衆一心，英勇頑强，百折不撓，戰鬥到最後關頭，可歌可泣。就連英方頭目駱克也不得不對他們的大勇無畏表示嘆服。他寫道，抵抗者"要是有近代化武器，我軍恐怕就更加爲難了。即使如此，他們用原始武器開火的那股勁頭，也顯出他們渾身是膽。"③此外，抗英隊伍作爲農民武裝，所表現出的高度組

---

① 同上，第45頁。
② 同上，第57頁。
＊ 參看"資料與評述（十六）"。
③ 〈駱克致卜力函〉，1899年4月19日，《關於展拓香港界址的函件及其他文書》，第38頁。

織性也是驚人的。

　然而，這次武裝抗英是在極爲不利的條件下進行的。首先，在抗英發動之前，《展拓香港界址專條》已經簽訂，租借新界已是既成事實，英國的接管勢在必行。當時清政府正因列強紛紛宰割中國而疲於奔命，無力也不敢支持新界人民的抗英義舉。這種狀況使新界人民失去抗英的後盾和大後方，孤立無援，直接導致了鬥爭的失敗。兩廣總督譚鍾麟對英國企圖違約佔領九龍城、背信驅逐新界中國稅關雖然義憤填膺，一再表示如果英國不停止非法侵越，他將拒絕移交新界。儘管如此，在民衆舉起抗英義旗後，他仍然不能不顧及《專條》的存在，對抗英民衆愛莫能助，行動上陷於麻痺狀態，甚至被迫接受英方要求，勸阻新界人民停止抗英，並派兵前去"維持秩序"。這些軍隊前往新界雖然只是爲了搪塞應付英方，不曾對當地民衆做出親者痛仇者快的事情，但也沒能參加他們的抗英活動。

　其次，新界抗英隊伍的主體是當地的團練，敵方是英國的正規軍，抗英者在作戰經驗、作戰訓練和組織的嚴密程度上顯然遠遜於英方。武器裝備上的懸殊劣勢也是抗英作戰失敗的一個不可忽視的重要原因。

十九世紀末至二十世紀初的九龍城寨。

五 接管後的餘波

1. 英國非法强佔深圳和九龍城

關於九龍城的地位，中英《展拓香港界址專條》早有留歸中國管轄的明確規定。1898 年 10 月 20 日的英國"樞密院令"，亦承認中國官員"仍可在城內各司其事"；至於深圳，則在《專條》〈粘附地圖〉標明的直線以北較遠的地方，無疑當在中方界內，前已述及。但英國根本無視《專條》，早已蓄謀要佔領這兩個地方，伺機以求一逞。

1899 年 4 月新界民衆的武裝抗英，被英國官方視爲實現其上述計劃的莫須有的藉口。事情發生後，港督卜力即捕風捉影，説抗英民衆"有穿號衣者"，證明中國"官兵助民與鬥。"①英方還硬説什麼"没有（廣東）省當局默許，本來是不會發生這些騷亂的"。"爲了確保新界的和平及良好秩序，絕對需要將深圳村劃入（租借地）界內"。②英國殖民

---

① 《清季外交史料》（光緒朝），第 138 卷，第 28 頁。
② 〈殖民地部致外交部密函〉，第 97 號，1899 年 4 月 17 日，英國外交部檔案，F.O.881/7226，第 70 頁。

地部也一口咬定中國軍隊參加了抗英，於"保衛香港之武備有所妨礙"，建議迫使"中國官兵立即撤出九龍城，……由女王陛下政府對包括九龍城在內的整個租借地實行全面控制"。①

4月20日，殖民地部大臣張伯倫電示卜力說："如果您能弄到中國當局參與騷動的任何共謀的證據，將有助於我迫使他們接受立即撤出稅關和九龍城的要求。"②卜力於是從廣州英國領事館弄到一份據說是譚鍾麟發給中國海軍要塞司令的命令，作爲清政府支持參與新界人民抗英的又一個"證據"。此後，卜力又捏造事實，說什麼新界以北界外東莞等地"莠民"已計劃"入侵"租借地，要求清政府予以阻止。③

英方於製造以上三個"證據"後，即以此爲口實，先後指示艾倫賽和卜力分別向兩廣總督和總理衙門施加壓力，要求"補償"，即壓迫中國自九龍城撤退駐軍。當中方拒絕這一無理要求後，英國就威脅說要"就地解決"拓界的事，"採取自衛措施"，也就是說，要悍然出兵佔領九龍城和深圳。④*

---

① 〈殖民地部致外交部密函〉，第98號，1899年4月18日，英國外交部檔案，F.O.881/7226，第72頁。

② 〈張伯倫致卜力電〉，1899年4月20日，英國外交部檔案，F.O.881/7226，第88頁。

③ 〈艾倫賽致索爾茲伯里電〉，第226號，1899年5月7日，英國外交部檔案，F.O.881/7226，第114頁。

④ 同上；〈艾倫賽致索爾茲伯里函〉，第111號，1899年4月20日，英國外交部檔案，F.O.881/7226，第85頁；〈卜力致張伯倫函〉（無日期），英國外交部檔案，F.O.881/7226，第72頁；〈索爾茲伯里致艾倫賽函〉，第146號，1899年4月26日，英國外交部檔案，F.O.881/7226，第113頁，第174號，1899年4月30日，英國外交部檔案，F.O.881/7226，第114頁；〈艾倫賽致索爾茲伯里密函〉，

　　5月9日，索爾茲伯里建議張伯倫下令卜力"採取⋯⋯佔領九龍城的必要措施"。①應該指出，索爾茲伯里並不主張佔領深圳，他只是建議佔領九龍城。但張伯倫自作主張，未經索爾茲伯里同意，於5月14日向卜力發出了同時強佔九龍城和深圳（包括沙頭角）的命令。②張伯倫此舉進一步激化了他與索爾茲伯里的糾葛。

　　5月16日，駐港英軍司令加士居奉命率軍將九龍城、深圳和沙頭角同時佔領。是日，六艘英艦滿載英國皇家威爾士火槍隊和100名香港志願隊在九龍城外碼頭登陸，先集合在九龍中國海關前，然後悍然闖入城內，將"官弁兵丁一併逐出，軍械號衣悉行搜奪"，在城上升起英國國旗，同時將九龍海關強行封閉③。城內平民，如驅趕牛羊，被英軍集中包圍在一起，強制離開了城寨。

　　與此同時，英國出兵2,000人分三路包圍並強行佔領了深圳，在那裏升起了米字旗。中國駐軍的槍械彈藥及軍需款項，悉為搜刮一空，官兵全數被迫撤離。完成佔領後，駐港英軍司令加士居立即宣佈深圳已屬英國領土,實施英國法律,中國對該地不再有管轄權。④此外，英軍還強行佔領了距深

第488號， 1899年5月12日， 英國外交部檔案， F.O.881/7226，第352頁。

* 參看"資料與評述（十七）"。

① 〈外交部致殖民地部密函〉，第243號， 1899年5月9日，英國外交部檔案， F.O.881/7226，第204頁。

② 〈張伯倫致卜力函〉，第250號，附件， 1899年5月9日，英國外交部檔案， F.O.881/7226，第207頁；〈張伯倫致卜力電〉， 1899年5月14日，英國殖民地部檔案， C.O.882/5，第153頁。

③ 中國第一歷史檔案館，軍機處錄副奏摺，外交類，案卷124－2－1;〈卜力致張伯倫函〉， 1899年5月16日，英國外交部檔案， F.O.881/7226，第239頁。

④ 〈卜力致張伯倫電〉， 1899年5月16日，英國殖民地部檔案， C.O.882/5，第159頁。

圳二十里的沙頭角，在該地"駐兵二百名，云將築炮臺守之"。① 英國出兵佔領以上三個地方，純屬違約的盜匪行徑。清政府懾於英方武力，受制於當時國難形勢，竟未命令當地守軍進行抵抗，英軍乃得以兵不血刃，遂其兇計。

2. 強佔後的交涉

英國違約的武裝佔領，引起中國舉國震怒，促使清政府不得不與英國進行嚴重交涉。事件發生後，兩廣總督譚鍾麟即照會英國駐廣州領事，責問其"以後兩國交涉事件是否仍照條約辦理？"② 總理衙門也照會艾倫賽，並指示中國駐英國公使羅豐祿，向英方提出強烈抗議，指出英方此舉違反《專條》，要求"下令撤走英軍"。③

前已述及，英國內閣中僅在強佔九龍城問題上意見一致，對於強佔深圳和沙頭角，索爾茲伯里並不同意。張伯倫和卜力兩個莽漢在下令佔領深圳、沙頭角時，並未計及可能產生的後果：一、深圳、沙頭角以北的佔領線在何處？是臨時佔領還是永久佔領？應採取什麼管理形式？二、駐港英軍是否有足夠兵力長期佔領這兩個地方？三、此舉的國際影響如何？這些均未經過充分考慮。因此，在佔領深圳、沙頭角後僅僅十天，卜力就感到事情不妙，提出從上述兩地撤

---

① 中國第一歷史檔案館，軍機處錄副奏摺，外交類，案卷 124 - 2 - 1。
② 同上。
③ 〈艾倫賽致索爾茲伯里電〉，第 335 號，1899 年 5 月 23 日，英國外交部檔案，F.O.882/5，第 161 頁；《外交部致殖民地部函》，第 164 號，1899 年 5 月 22 日，附件，英國殖民地部檔案，C.O.882/5，第 160 - 161 頁。

退英軍了，但他又蠻不講理提出兩項條件：因所謂中國正規軍"參加"了新界人民的武裝反抗，故：一、清政府必須公開宣佈將譚鍾麟撤職；二、賠償英國鎮壓新界人民耗去的全部費用。①由於卜力等已經意識到佔領深圳和沙頭角過於冒失，故而英方在與清政府的新的交涉中，只是始終堅持要霸佔九龍城；至於歸還深圳和沙頭角，則並未把嘴封死。

索爾茲伯里本來就不同意佔領深圳和沙頭角。佔領此兩地後，他出於外交考慮，擔心此舉會讓人認爲英國"正在親手肢解中國，而且俄國駐北京公使肯定會以此來製造總理衙門對女王陛下政府的懷疑"。②因而在5月30日給羅豐祿5月22日的覆文中，一方面堅持英國"不能容許中國在該（九龍）城內恢復權力"；對於佔領深圳，則老調重彈，推説此舉係有人企圖"從北面入侵"新界而誘發的"暫時"行動，"關於此地的永久性安排可留待將來考慮"。③這實際上是明確表示可以談判歸還深圳的問題。

6月13日，英國殖民地部於徵得外交部同意後，向卜力下達了如下指示：經英國政府"最後決定"，新界租借地仍以"業經劃定的邊界爲未來的邊界，但在中國政府支付賠償以前，將繼續佔領深圳……，賠款須立即索取"。同一指示又説：英國"不能容許中國當局和中國的管轄權在九龍城內繼續存在，今後該城的治理將一如租借地的其他地

---

① 〈卜力致張伯倫密函〉，1899年5月26日，英國外交部檔案，F.O.881/7241，第33頁。
② 〈外交部致殖民地部密函〉，第356號，1899年5月27日，英國外交部檔案，F.O.881/7226，第262頁。
③ 〈索爾茲伯里致羅豐祿函〉，1899年5月30日，英國外交部檔案，F.O.881/7226，第278－279頁。

方"。①

　　此後不久，英國署理駐華公使艾倫賽與清政府又在北京舉行交涉。6 月 26 日，艾倫賽照會總理衙門，無理要求清政府爲新界居民武裝抗英支付 15 萬元賠款。次日，復向總理衙門大臣們指控兩廣總督譚鍾麟在對英交涉中"遠遠不能令人滿意"，並公然干涉中國內政，藉口譚年老多病，要求將他免職，以"消除摩擦"。7 月 1 日，總理衙門覆照艾倫賽，斷然拒絕了英方的兩項無理要求，稱："九龍百姓最近掀起的騷動是該地移交以前派入英軍引起的，百姓感到震驚，純屬自然。兩廣總督曾派兵前往維持秩序，並於預定日期移交了該地，未作任何反抗。要求中國賠償是毫無道理的"。②

　　中國的斷然舉措引起英國的不安。一方面，深圳、沙頭角的居民對英國佔領軍持"公開的敵對態度"，附近東莞縣民衆對英國强佔深圳等地也義憤填膺，"動盪不安"。英國當局擔心這種局面波及新界，偷雞不成蝕把米；再者，軍事佔領下的深圳和沙頭角沒有民政機關，社會秩序"日益接近無政府狀態"。卜力對此心亂如麻，於 7、8 兩月不止一次函促唐寧街就是否撤退英軍事"速作決定"。③ 9 月 22 日，張伯倫亦以"香港兵力尚且不足"，英軍"不可能長期留在深圳"爲由，函促索爾茲伯里"迅速決定此事"。④

　　索爾茲伯里接獲張伯倫的函件後不久，即指示他命令卜

① 〈殖民地部致外交部密函〉，1899 年 6 月 21 日，英國外交部檔案，F.O.881/7226，第 333 頁。
② 〈總理衙門致艾倫賽函〉，1899 年 7 月 1 日，第 149 號函附件，英國外交部檔案，F.O.881/7241，第 160 頁。
③ 〈卜力致張伯倫密函〉，第 239 號，1899 年 7 月 20 日，附件；1899 年 8 月 19 日，英國外交部檔案，F.O.881/7241，第 237、263 － 264 頁。
④ 英國殖民地部檔案，C.O.882/5，第 254 號，第 355 頁。

力"就深圳歸還中國一事作出安排",但是堅持要霸佔九龍城。對於因歸還深圳而向清政府索賠之事,則絕口不提。①

張伯倫同意索爾茲伯里永久霸佔九龍城和歸還深圳的主張,但又花樣翻新,提出三個條件要求清政府事先作出保證,即:歸還後應在深圳保持秩序;尊重英國在新界租借地的邊界;歸還後不得加害親英的當地居民,否則就"重新予以佔領"。這些無理要求,半是虛聲恫嚇,半是給自己尋找下台階。關於索賠問題,張伯倫堅持在收回深圳以前中國必須支付賠款;索爾茲伯里則認爲,兩廣總督和粵省官員"均不曾以任何方式挑動或參與騷亂",而英國又佔了依約本應由中國管轄的九龍城,因而他不打算"迫使中國付款"。張伯倫並不示弱,説如果索爾茲伯里不同意索償,則鎮壓新界抗英運動的費用當由英帝國國庫支付,不應由港英政府支付。索爾茲伯里反駁道,香港拓界已使港英當局獲益匪淺,此款應由港英政府支付。他還責備張伯倫在佔領深圳的問題上獨斷專行,自作主張。二人唇槍舌劍,互不相讓。②這件事在一定程度上激化了張伯倫和索爾茲伯里之間的矛盾。這次爭論的結果是英國後來放棄了賠款的要求,而鎮壓新界抗英運動的費用,似乎還是由英帝國國庫負擔了。儘管如此,二人對待深圳和九龍城問題的根本立場,還是一致的。

在英國內閣研究上述對策的同時,清政府指示駐英公使羅豐祿照會索爾茲伯里,要求"將深圳即行退還,並將九龍

---

① 〈殖民地部致外交部密函〉,第 27 號, 1899 年 10 月 9 日,英國外交部檔案, F.O.881/7280,第 27 - 28 頁。

② 同上,並參見〈外交部致殖民地部密函〉,第 37 號, 1899 年 10 月 17 日,英國外交部檔案, F.O.881/7280,第 41 頁;〈殖民地部致外交部密函〉,第 41 號, 1899 年 10 月 21 日,英國外交部檔案, F.O.881/7280,第 46 頁。

城照約仍歸中國管轄"。對此，索爾茲伯里覆文稱："所踞
深圳地方，自應即與藩部（即英國殖民地部）商明退還。至
九龍城仍歸中國官員管轄一節，……不能照辦，實屬萬難商
議也"。羅豐祿收悉覆照後，又前往面謁索爾茲伯里，索爾
茲伯里故態依然，說"退還深圳一節，自應踐言"；九龍城
雖然照《專條》"應由華官自理"，但因華民在新界反抗，英
兵有所"損傷"，"前後情形大異"，故不能退還。①態度蠻橫，
不由分說。通過這次面談，中方雖已取得英方歸還深圳的保
證，但九龍城的命運，已無法挽回。

3. 深圳撤軍與九龍城的喪失

英方向中國作出歸還深圳的保證後，旋於 1899 年 11 月
2 日向港督卜力正式下達了自深圳撤退佔領軍的命令，並於
4 日將此事照會清總理衙門。②

11 月 13 日，英國深圳佔領軍司令普倫德加斯特
（ Prendergast ）將英國侵略軍集中在深圳附近的上埔兵
營，渡深圳河撤退到新界。儘管當時根本不存在中國軍民乘
勢渡河進入新界的可能性，加士居仍然下令在深圳河南岸陳

---

① 中國第一歷史檔案館：外務部、中英關係、疆界相地、〈駐英國大臣羅豐
　祿關於索還深圳等事致外務部函〉，並附件，〈譯英外部大臣沙力士伯里
　（ 即索爾茲伯里 ）覆文〉，案卷 0435；英國外交部檔案，F.O.881/7280，
　第 47 頁。
② 〈張伯倫致卜力函〉，第 11 號，（ 未注明日期 ），附件，英國外交部檔
　案， F.O.881/7280， 第 46 頁；〈艾倫賽致總理衙門函〉，第 21 號，
　1899 年 11 月 6 日，英國外交部檔案， F.O.881/7464， 第 8 － 9 頁。

兵示威，如臨大敵，① 一以嚇唬中國：英軍隨時可以渡河重
佔深圳；二以保全面子：英軍不是“被趕走”的。但是無論
如何，英方畢竟爲其莽撞暴行丟了面子，不得不從其違約侵
佔的深圳和沙頭角撤走。

九龍城的情況適得其反。深圳撤軍後，清政府仍繼續向
英國交涉歸還此城的問題。1899 年 11 月 15 日，總理衙門
照會艾倫賽，對深圳撤軍表示滿意，同時强烈要求英方“恪
守條約”，歸還九龍。②駐英公使羅豐祿也照會索爾兹伯里，
指出佔領該城是明目張膽地違反《專條》，且《專條》九龍
城條款與中俄《旅大租地條約》有關金州城的條款相仿。如
果英國繼續霸佔九龍城，勢將引起俄國效尤，希望英國不要
給中國“製造麻煩”。③

12 月 14 日，慶親王奕劻面晤回國休假後返任的英國駐
華公使竇納樂，再次要求英方“重新考慮他們（關於九龍城）
的決定”。竇納樂胡說該城“就在本殖民地（香港）的大門
口”，歸還中國“對香港是個大威脅”，④ 悍然予以拒絕。此
後不久，清政府屈於英方壓力，將兩廣總督譚鍾麟免職，改
由李鴻章署理。李鴻章於離京赴任前對竇納樂說，英國不喜
歡譚鍾麟，今已將他解職，希望英國依約歸還九龍城。竇納
樂立即表示反對，推說此事他應於離京赴穗途經香港時“同

---

① 〈加士居致卜力函〉，1899 年 11 月 13 日，英國外交部檔案，
F.O.881/7464，第 40 頁。
② 〈總理衙門致艾倫賽函〉，第 21 號，1899 年 11 月 15 日，附件，英國
外交部檔案，F.O.881/7464，第 9 頁。
③ 〈羅豐祿致索爾兹伯里函〉，第 81 號，1899 年 11 月 14 日（11 月 15
日收），英國外交部檔案，F.O.881/7280，第 93 頁。
④ 〈竇納樂致索爾兹伯里函〉，第 108 號，1899 年 12 月 15 日，英國殖
民地部檔案，C.O.882/5，第 388 － 389 頁。

港督商談"。①

　　1899 年 12 月 27 日，英國悍然違約修改承認中國對九龍城享有管轄權的 1898 年 10 月 20 日〈樞密院令〉第 4 條，頒發了新的〈樞密院令〉，將九龍城正式併入英國直轄殖民地香港。＊至此，英國強租新界的"大業"，算是最終完成；英國掠奪中國香港地區的侵略三部曲，也結束了它的尾聲。

　　英國強租九龍新界，使中國的領土和主權蒙受了重大的損失。自此，深圳河以南、九龍界限街以北的大片土地，爲數衆多的離島（其中包括面積大於香港島的島嶼大嶼山）連同大片水域，被英國強行租借九十九年。此外，中國在新界的稅關被無理驅逐，九龍城被違約霸佔，新界人民的正義反抗被血腥鎮壓，深圳和沙頭角被一度非法佔領。在整個強租談判中，英國一再推翻成約，違背承諾，想改就改，恣意宰割，清政府只得忍氣吞聲，逆來順受。這是一幅活生生的弱肉強食的圖畫，説明了殖民主義者的極端兇惡、貪婪和當時中國人民的悲慘處境，也向人們昭示了"弱國無外交、落後必挨打"這樣一條顛撲不破的真理。自強租新界迄今，一百年快過去了。根據1984年《中英聯合聲明》，中國將於 1997 年 7 月 1 日對包括新界在內的整個香港地區"恢復行使主權"。至此，歷史正義終得恢復，百年國恥始獲洗雪。

---

① 〈竇納樂致索爾茲伯里函〉，第 118 號，1900 年 1 月 5 日，英國外交部檔案，F.O.881/7464，第 69 頁。
＊ 參看"資料與評述（十八）"。

資料與評述

資料與評述

（一）英國醞釀租借香港新界的經過

早在 1863 年，即第二次鴉片戰爭後三年，英國陸軍大臣即企圖在維多利亞港東面入口處要衝鯉魚門北面擴界修築炮臺，港英當局對此尤爲主動。次年，英軍違約偷佔九龍西北面的深水埗，是爲英國蠶食新界之始。二十多年後，英軍將領薩金特（E.W.Sargent）、卡梅倫（W.G.Cameron）等進一步提出將英國界址向北拓展到北面山嶺和佔領若干島嶼的建議。因當時英國在華享有最大的侵略特權，英國政府擔心此舉引起他國效尤，於己不利，此議未獲採納。

（參看〈英國陸軍部致殖民地部函〉，1863 年 10 月 24 日；〈羅便臣致里彭密函〉，第 23 號，1894 年 11 月 9 日，附件，英國殖民地部檔案，C. O. 537/34; G. B. Endacott, *A History of Hong Kong*, Hong Kong, 1973, pp. 260 －

261 ）

1894 年甲午中日戰爭爆發後，港英當局及香港軍、商兩界認爲趁火打劫的時機已至，迫不及待地謀求香港拓界。港督威廉‧羅便臣（Sir William Robinson）率先向英國殖民地部大臣里彭勳爵（Lord Ripon）提出拓界的問題，理由是維多利亞港東西兩面的入口鯉魚門和青洲屬於中國，九龍城也屬於中國，"中國本身，或是對中、英作戰的一個外國，可以在珠江北岸或鯉魚門外的大鵬灣登陸，南下九龍半島，不僅可以乘隙攻擊我要塞，而且可以從中國領土上炮轟維多利亞港，並截斷本殖民地的食物供應"。爲此，他建議，"從防禦着眼"，應將香港陸界向北推進到大鵬灣至深圳灣一線。此外，設有英國燈塔的加普礁和橫瀾島，以及薄寮洲和所有距香港三海浬以內的全部島嶼，均應納入展拓界址的範圍内。"應當在中國來得及從失敗中恢復過來以前，向它強行提出這些要求"。

（參看〈羅便臣致里彭密函〉，第 23 號，1894 年 11 月 9 日，英國殖民地部檔案，C.O.537/34 ）

與此同時，香港巨商遮打（ C.P.Chater ）等人也要求拓界。他們除了舉出"防禦需要"的"理由"外，又強調中國在香港附近設立稅局（稅關）於英國不利，香港水源不足，禽畜和蔬菜匱乏等作爲要求拓界的"依據"。遮打還預言"五十年後，中國將成爲武備充足的強國"，拓界的事"機不可失，……要幹就得現在幹"。

1895 年 8 月 1 日，福建古田發生教案，斃傷英國教士多人。遮打等人認爲這是拓界的天賜良機，他在香港總商會的支持下，代表香港立法局非官守議員致函港督羅便臣，要求展拓香港界址。這個要求得到後者的大力支持。羅便臣等後來又補充提出香港需要墳場、打靶場、練兵場等等，作為拓界的"理由"。支持香港拓界的還有英國海陸軍聯合委員會、英國陸軍部、海軍部、英商中華社會（China Association）倫敦總部及其香港分會等。

（參看〈羅便臣致里彭密函〉，第 24 號，1894 年 11 月 14 日，英國殖民地部檔案，C.O.537/34;〈羅便臣致張伯倫密函〉，第 43 號，1895 年 9 月 25 日，同上案卷;〈寶納樂致索爾茲伯里函〉，第 102 號，1898 年 5 月 27 日，英國外交部檔案，F.O.881/7139;英國內閣檔案 Cab, 8/1; 18/22A ）

　　儘管英國和香港軍商兩界和港督羅便臣等人要求拓界的心情急如星火，並得到英國內閣中權臣張伯倫和貝爾福等的全力支持，但是這一要求卻遭到代表英國傳統對華方針的首相兼外交大臣索爾茲伯里第三世侯爵等人的頑強抗拒。他們指責港督羅便臣"似乎是個有些好衝動的紳士"，說他"頭腦發昏"，"越權"干預外交和軍務，說這個時候去展拓香港界址將是"致命的錯誤"。索爾茲伯里對香港拓界改變態度，是在 1898 年 3 月德國租借膠州灣、俄國強租旅大、法國要求租借廣州灣以後的事。自然，他與張伯倫等人的分歧僅僅屬於策略性質。

（參看 G.B. Endacott, *A History of Hong Kong.* 2nd ed.

Hong Kong, 1973, P.261; Peter Wesley — Smith, *Unequal Treaty, 1898 — 1997, China, Great Britain and Hong Kong's New Territories*, Hong Kong, 1980, p.14 ）

（二）英方以 "保衞香港" 爲拓界理由不能成立

前已述及，在英方醞釀索租新界時曾提出種種 "理由"。這些理由歸納起來不外兩類：一曰展拓界址是爲了 "保衞香港的需要"；一曰香港水源、肉禽、蔬菜、墳場、練兵場等等均感缺乏。中英關於展拓香港界址的談判開始後，英方談判代表、駐華公使竇納樂認爲，如果以上述後一種作爲拓界 "理由"，將難以向中國索租大片土地，因爲這些 "理由" 均過於瑣細，清政府正可藉此只租給一小塊地方，與英國的目標不符。他於是決定以 "香港防禦需要" 作爲談判索租新界的唯一 "理由"。

（參看〈竇納樂致索爾茲伯里函〉，第 102 號，1898 年 5 月 27 日，英國外交部檔案，F.O.881/7139 ）

作者按：英方在談判中以 "保衞香港" 爲由索租新界是完全不能成立的。港督羅便臣關於防止中國或其他國家進攻香港的說法，純屬編造，子虛烏有。當時中國積弱已久，內外交困，外患頻仍，清政府自顧尚且不暇，豈能冒險進攻香港？至於其他列強，日本於甲午戰爭後受制於俄、德、法，不得不將遼東半島歸還中國，擴張氣燄有所收斂，何況日本侵華的着重點在中國的東北地區。俄國態是英國在華的主要對手，但其主要目標是從東北經華北到西北的長城以外的地區，未聞俄國當時對華南或香港有何野心。德國強租膠州灣，在中國初試鋒芒，正忙於消化新嚥下的山東這一塊大肥肉，無暇顧及其他地方。在列強中，對華南感興趣的唯有法國。英國正是以法國提出租借廣州灣作爲其強租新界的“理由”。即便如此，也不存在法國威脅或進攻香港的任何可能。當時法國爲了爭奪對尼羅河上游的控制權而和英國的關係十分緊張，幾乎發生戰爭。最後，法國政府認爲自己“沒有條件進行一場殖民地戰爭來反對最大的海上強國（英國）”，而在所謂“法紹達危機”中對英國讓步了（ *The New Cambridge Modern History*, Vol. XⅡ, "The shifting Balance of World Forces". 2nd ed., Cambridge University Press, 1980, ch. 5 ）。法國在非洲的利益遠重於華南。它在非洲已在英國的壓力下退卻，豈能在東方冒極大的風險去進攻香港，與英國進行軍事較量？可見，英國以“保衛香港的需要”作爲拓界的理由，純屬無稽之談，是它爲了侵略目的而編造出來的彌天大謊。這一謊言連他們自己也是不相信的。後來英國首相索爾茲伯里在一次議會答辯中承認，索租新界時“不能說（香港）面臨什麼危險”，“看不出危險會來何方”（〈答韋伯斯特（ R.G.Webster ）的質詢〉， 1898 年 6 月 14 日，英國外交部檔案， F.O.17/1360 ）。這是對所謂“保衛香港”論的絕好的自我駁斥。儘管如此，這並不妨害索爾茲伯里本人指示在中英《展拓香港界址專條》中，於保留中國對九龍城的管轄權一語之後，塞進“惟不得與保衛香港之武備有所妨礙”的文字。（詳見後文）。

此外，“保衛香港”論不能成立還有更重要的理由，那就是，香港島和九龍半島南端本來就是英國通過兩次侵略性的鴉片戰爭從中國強行割去的。把侵略説成“防禦”本是帝國主義的故技。如果説爲了莫須有的“保衛”從中國搶去的土地就有權強租中國另一塊土地，這個雪球長此滾下去，整個中國就只好成爲大英帝國的殖民地。“普天之下，莫非王土”，大英帝國就更是一個“日不落國”了。

（三）李鴻章等在《專條》談判中之失計

中國在九龍租借地的談判中所以出租了大片土地又喪權辱國，主要原因固然是國力太弱，列強環伺而迫於形勢；然而，這和清政府長期閉關自守，暗於知彼，不甚了解和拙於國際外交，也有一定的關係。

在中英《專條》談判中，清總理衙門大臣們至少在以下幾個問題上的表現是相當笨拙的：

其一，沒有及時識破英方代表竇納樂利用中方力保九龍城的心理而大肆勒索的計謀。爲了保住一個九龍城，不惜以大片土地租與英國，所失甚多。在中德《膠澳租界條約》（1898 年 3 月 6 日）中，有租借地内“自主之權，仍全歸中國”，“該地中派駐兵營，籌辦兵法，仍歸中國”的規定（見王鐵崖：《中外舊約章彙編》，第 1 册，第 739 頁）。在中俄《旅大租地條約》（1898 年 3 月 27 日）中，亦有租借地内俄國“斷不侵中國大皇帝主此地之權”的規定（同上書，第 1 册，第 741 頁）。事實上，中國官員並沒有撤離以上兩個租借地，金州、膠州皆然。李鴻章等雖曾據此二例，指出英國既云對華友好，又"堅持索取俄德兩國認爲不必要的東西，不太光彩"（《同總理衙門會談記錄册，1897－1899》 ["*Record Book of Interview with Yamen, 1897－1899*"]，英國外交部檔案，F.O.233/44，第188頁），堅持中國對九龍城的管轄權，但他沒有揭破英方以九龍城爲討價還價籌碼的詭計，因而爲了保留九龍城，而在租借地的範圍上付出了過分高昂的代價。

其二，在英國同意保留中國對九龍城的管轄權後，又輕率地讓英方在《專條》内塞進"唯不得與保衛香港之武備有所妨礙"的文字，而沒有意識到這是對方埋下的一顆定時炸彈。英國同意保留中國對九龍城的管轄權本非真意，後來它正是利用上述那句附加的話，作爲霸佔九龍城的主要藉口之一。這是李鴻章等的疏漏失策。

其三，在英國幫助中國保護税收、防止走私的問題上，李鴻章等曾先後得到英方的多次保證，但是如何保護税收、防止走私？英方將採取什麼辦法？一概沒有涉及。尤其是作爲此問題的關鍵——保留設在新界的中國税關問題，既未得到英方具體承諾，甚至未提出討論。這樣，英方的所謂"承諾"就成了虛無縹緲的空中樓閣。當英方作出承諾但建議此點不寫入《專條》時，李鴻章等也昏昏然贊同了。後來英國自食其言，悍然驅逐中國設在新界的税關，提出代中國徵收鴉片税，説什麼這就是"幫助"中國保護税收，防止走私，清政府也只得照辦。（以上參看：*Record Book of Interview with Yamen*, F.O.233/44, pp.192－193;〈索爾兹伯里致竇納樂電〉，第198號，1898年6月6日，F.O.881/7118，第136頁;〈竇納樂致總理衙門函〉，1898年6月10日，F.O.881/7139，第61頁）。

其四，關於廣九鐵路問題。中英《展拓香港界址專條》

談判前後，正值列強爭奪在華鐵路利權的高峯期。甲午中日
戰爭後，清政府廷臣和地方大吏認識到戰敗的原因之一，是
中國鐵路太少，戰時調兵運械極爲不便。兩江總督劉坤一
說：“富強之本……莫急於鐵路”（中國科學院歷史研究所
三所編：《劉坤一遺集》，第 2 冊，第 882 頁）。清政府於
是下決心興修鐵路。但因資金匱乏，築路必須舉借外債。帝
國主義列強認爲奪取鐵路讓與權是政治、經濟上控制鐵路沿
線廣大地區，即奪取在華勢力範圍的主要手段之一，於是一
哄而上，你爭我奪，推推攘攘，熱鬧非凡。參加這一爭奪的
有英、俄、法、德、美、比等國，涉及的鐵路有蘆漢、津鎮、
粵漢、山海關內外等線。在這場對列強是鬧劇、對中國是悲
劇的大角逐中，清政府成爲衆矢之的，險些被擠成肉餅，撕
爲碎片。在中英有關香港拓界的談判中，李鴻章等提出中國
擬從廣州修一條鐵路直抵九龍城，遭到英方固拒。李鴻章等
竟自作聰明，將原來修築廣九鐵路的要求改爲“將來中國建
造鐵路至英國管轄之界，臨時商辦”，載入《專條》。所謂“臨
時商辦”，即是與英方商辦。這是在列強爭奪在華鐵路讓與
權的互相廝打、互相拆臺、互相陰謀暗算中，不待邀請，自
動入於英人甕中，愚不可及。難怪英方代表竇納樂要爲此心
中暗喜了。果然，次年 3 月 28 日，英方成功地利用了《專條》
上述規定，將他國排斥在外，由英商怡和洋行並代表匯豐銀
行及中英有限公司，與清政府督辦鐵路大臣盛宣懷就議定之
《九廣鐵路草合同》五款簽字畫押，其中第一款稱：“今議
定造辦鐵路，由廣東省之廣州府府城至英租地九龍，……”
（《清季外交史料》，光緒朝，第 141 卷，第 2 頁；王鐵崖編：
《中外舊約章彙編》，第 1 冊，第 865－866 頁）。廣九鐵
路的利權，終爲英國所獨攬。

　　以上四端，說明了英國的恃強凌弱及其外交上之詭譎，

也說明清政府的軟弱及其外交上之無能。

（四）英方拓界修改方案與中英最初協議之比較分析

　　1898 年 5 月 2 日中英關於香港拓界達成的最初協議是，北部陸界——從沙頭角海至深圳灣最短距離的直線；東界——東經 114°26′；西界——東經 113°47′；南界——北緯 21°48′。協議達成後，竇納樂報告英國政府，引起英國殖民地防務委員會和海軍部的嚴重不滿，因為在達成協議前四天，殖民地防務委員會曾經提出一個拓界方案，要求租借地北部陸界應按照"天然界限"劃分；東界——沿大鵬灣海岸到東經 114°30′；西界——沿大嶼山西海岸而北，抵東經 113°52′處，然後沿此經線直北抵北緯 22°32′處，再東抵深圳灣，沿該灣海岸接北部陸界的起點；南界——北緯 22°09′，由此而西循該緯線到大鴉洲西端，延伸至大嶼山南端（〈殖民地防務委員會備忘錄〉，第 139M 號，機密，1898 年 4 月 28 日，英國內閣檔案，Cab.8/2）。這個方案除了想多佔陸地外，主要是企圖將大鵬灣全部水域納入租借地範圍。如將原協議的東界由東經 114°26′向東面擴大 4 分到東經 114°30′，則租借地東界可沿大鵬灣海岸而東而南再按此經度而行，即可將整個大鵬灣水域奪去。中英最初協議將東界定爲東經 114°26′，不能包括大鵬灣全部水域，因此也引起對水域特別"關切"的英國海軍部的強烈反對（〈英國海軍部致外交部密函〉，第 193 號，1898 年 5 月 5 日；第 217 號，1898 年 5 月 11 日；英國外交部檔案，F. O.881/7118，第 91、99 頁）。顯然，英國殖民地防務委員會的拓界方案是一個更符合英國侵略利益的方案。

　　論者或許會認爲，此方案雖然比中英 5 月 2 日達成的協議向東、向北推進了，但在西面收縮了五分，在南面收縮了二十一分，有進有退，有伸有縮，"公平合理"。這個說法其實是大謬不然。此方案提出的南面拓界範圍較小，是由於向南展拓太遠對英國並無多少實際價值；西界向東收縮五分，是爲了讓出通向廣州的唯一深水通道和控制珠江口狹窄水道的伶仃島。中英 5 月 2 日的協議將此等通道及島嶼納入拓界範圍，"可能引起列强在其他條約口岸如法炮製，有損英國利益"（〈海軍部致外交部密函〉，第 217 號，1898 年 5 月11 日，英國外交部檔案，F. O.881/7118，第 99 頁）。由此觀之，殖民地防務委員會主張在西面和南面收縮，考慮的還是"英國利益"。而在東面和北面伸張，則可將要害水域大鵬灣全部劃入租借地範圍。這樣一來，中國原擬建立的南洋艦隊，事實上已經喪失基地了。這對中國來說，當然是莫大的損失。後來寶納樂按照索爾兹伯里的指示，向總理衙門提出的修改協議方案，即是上述英國殖民地防務委員會的方案（僅北部陸界改爲按照"天然界限"暫時未提），並壓迫中方接受，使其列入中英《展拓香港界址專條》及其〈粘附地圖〉，這是英國在索租新界過程中違反協議、背信棄義的一起嚴重事件。

（五）中英《展拓香港界址專條》

　　1898 年 6 月 9 日，光緒二十四年四月二十一日，北京。

　　溯查多年以來，素悉香港一處非展拓界址不足以資保衛。

今中、英兩國政府議定大略，按照粘附地圖，展拓英界，作爲
新租之地。其所定詳細界線，應俟兩國派員勘明後，再行劃定，
以九十九年爲期。又議定，所有現在九龍城內駐紮之中國官員，
仍可在城內各司其事，惟不得與保衛香港之武備有所妨礙。其
餘新租之地，專歸英國管轄。至九龍通往新安陸路，中國官員
照常行走。又議定，仍留附近九龍城原舊碼頭一區，以便中國
兵、商各船、渡艇任便來往停泊，且便城內官民任便行走。將
來中國建造鐵路至九龍英國管轄之界，臨時商辦。又議定，在
所展界內，不可將居民迫令遷移，產業入官，若因修建衙署、
築造炮臺等官工需用地段，皆應從公給價。自開辦後，遇有兩
國交犯之事，仍照中英原約、香港章程辦理。查按照粘附地圖
所租與英國之地內有大鵬灣、深圳灣水面，惟議定，該兩灣中
國兵船，無論在局內、局外，仍可享用。

此約應於畫押後，自中國五月十三日，即西曆七月初一號
開辦施行。其批准文據應在英國京城速行互換。爲此，兩國大
臣將此專條畫押蓋印，以昭信守。此專條在中國京城繕立漢文
四份，英文四份，共八份。

大清國太子太傅、文華殿大學士一等肅毅伯李（鴻章），經筵
講官、禮部尚書許（應騤）

　　　　大英國欽差駐箚中華便宜行事大臣竇（納樂）

　　　　　　　　光緒二十四年四月二十一日

　　　　　　　　西曆一千八百九十八年六月初九日

　　　　　　　　（中國第一歷史檔案館：軍機處錄

　　　　　　　　副奏摺，帝國主義侵略類，租界項，

　　　　　　　　案卷 487 — 3 — 9；《清季外交史

　　　　　　　　料》［光緒朝］，第 131 卷，第

　　　　　　　　18 — 19 頁；*British Parliamen-*

　　　　　　　　tary Papers, China 26, Corres-

pondence...*relating to the Affairs of Hong Kong*, 1882 － 1899, pp.629 － 630。）

　　作者按：本條約 1898 年 8 月 6 日由清政府出使英、意、比國公使羅豐祿會同英國外交大臣索爾茲伯里在倫敦交換批准（ *British Parliamentary Papers, China 26, Correspondence...relating to the Affairs of Hong Kong*, p.629 ）。中文原檔記載的交換批准日期爲光緒二十四年陰曆六月二十一日，合公曆 1898 年 8 月 8 日（見中國第一歷史檔案館：軍機處錄副奏摺，帝國主義侵略類，租界項，案卷 487 － 4 － 3 ）。以上二者記載不符，待考。

　　又：國内外一些香港史的有關著作，多認爲中英《展拓香港界址專條》確定的九龍租借地北部陸界是深圳河，這種説法是不準確的。《專條》所確定的租借地北部陸界是連結沙頭角海與深圳灣最短距離的直線，而不是深圳河。關於這一點，有《專條》〈粘附地圖〉爲證。租借地北部陸界確定"沿深圳河北岸"而行，乃是 1899 年 3 月中英代表勘定具體界線時，英方違反《專條》規定擴大侵越的結果，載於 1899 年 3 月 19 日中方定界委員、廣東省補用道王存善與港英政府輔政司駱檄（駱克、駱任廷）簽定的《香港英新租界合同》中（參見王鐵崖編：《中外舊約章彙編》，第 1 册，第 864 頁及本書"資料與評述（九）"）。這個事實不容混淆。

（六）英國爲何推遲接管新界？

英方强租新界的心情本來是急不可待的，《專條》也明確規定此約應於 1898 年 7 月 1 日 "開辦施行"。可是《專條》簽字後，英方爲何拖拖沓沓，直到九個半月以後才正式接管呢？原因有三：

一、英國對新界的情況茫然無知，對接管的準備不足。《專條》簽字的第二天，英國首相兼外交大臣索爾兹伯里和殖民地部大臣張伯倫即電示護理港督布力和寶納樂，由於接管的 "事先安排" 需要時間，將不在 7 月 1 日接管新界（ *British Parlia mentary Papers*, Irish University Press Area Studies Series, China 23, *Correspondence Respecting Foreign Concessions in China, 1898 － 1899*, p.226;〈張伯倫致護理港督電〉， 1898 年 6 月 10 日，英國外交部檔案， F. O.881/7118， 第 154 頁）。 6 月 23 日，張伯倫又致函外交部，指出 "目前對要接管的地方幾乎還是一無所知,似乎應該先做些調查"，以便就在新界採取何等管理措施，增加多少官員，在多大程度上能利用原有管理體制等事作出決定。他還建議正回國度假的港英政府輔政司兼華民政務司駱克立即離英返港，前往新界調查，並於同年 10 月向政府提出報告（〈殖民地部致外交部密函〉， 1898 年 6 月 23 日，英國外交部檔案， F. O.881/7118， 第 153 頁）。

二、《專條》甫經簽字，英方就企圖破壞條約規定霸佔九龍城，將租借地北部陸界由《專條》〈粘附地圖〉標明的那條 "直線" 向北推移，並不顧已經作出的承諾，蓄謀驅逐中國在新界設立已久的稅關。在這些違約勾當實現以前，英國並不打算匆忙接管。而要實現此等侵越，又必須對清政府施加壓力。英國施加壓力，反過來又引起清政府、尤其是兩廣總督譚鍾麟的嚴重不滿和雙方曠日持久的交涉。譚鍾麟甚至對英方嚴正表示，如果英方堅持要挾持中國自租借地移關，"即一切作罷。《專條》也作罷，邊界亦不復存在"（中國第一歷史檔案館：軍機處錄副奏摺，外交類，〈兩廣總督譚鍾麟等辦理九龍租界情形由〉，案卷 124 — 1 — 17），就是說，要拒絕移交新界（G. B. Endacott, *A History of Hong Kong*, p.264）。這樣，由於英方的貪得無饜，大大推遲了它對新界的接管。

三、1898 年 4 月，美國為爭奪古巴，對西班牙宣戰。美國海軍上將喬治·杜威（George Dewey）率領的艦隊曾一度泊於香港，以之作為對菲律賓西班牙人的作戰基地。英國為了保持局外中立，要求美國艦隊離開香港，於是杜威在同月 25 日將艦隊駛往大鵬灣。5 月，杜威率領艦隊從大鵬灣出發，一舉摧毀泊於菲律賓馬尼拉灣的西班牙艦隊，佔領了馬尼拉，美國在遠東聲威大振。同年 6 月，中英《展拓香港界址專條》簽字，並定於 7 月 1 日開始生效。由於大鵬灣被納入租借地範圍，美、西兩國仍處於交戰狀態（1898年 12 月美西才簽訂《巴黎和約》），英國如按時接管新界，勢必又要受到破壞中立法的指責。此外，當時英國在遠東處境孤立，俄、法、德三國為了打破其在華壟斷地位，正一齊向它提出挑戰，迫使它謀求與美國結盟。為了討好美國，給它提供方便而又不致被人抓住破壞中立法的把柄，英國便故意推遲接管新界，直到美西戰爭結束。這是新界接管延期的又一重要原因。

（七）駱克《香港殖民地展拓界址報告書》

（1898年10月8日呈交英國殖民地部）（摘要）

一，報告書涉及的內容有：新界的面積、港口、山脈、流域、水系、灌溉、地質、土壤、產品、水果、植被、耕地、島嶼、人口、村莊、居民、工業、現有道路與橋樑、建議修築的道路、電線、鐵路，現政府關於未來政府的建議、歲入、歲出、貸款建議、邊界、防止走私、九龍城等等，並附有大量地圖、照片和文件。

二，關於新界的管理。報告書寫道：

"我的意見是：在未來的新租借地政府中，應該盡可能利用現存的機構"；"我建議（新界的）村法庭應該保留，並容許其在適當的監督下行使現有權力"，"正如在錫蘭那樣，全部審判的案件記錄均須細加保管，並隨時由一位巡察官作定期檢察，巡察官應對各個村法庭實行嚴格監督"。

三，關於新界的北部陸界，報告書寫道：

"《專條》〈粘附地圖〉標出的邊界線是一條從海到海的最短的線，從地圖上計算是十一英里。從深圳灣沿深圳河至深圳再從該地沿道路至沙頭角海的實際距離大約是十三英里。

"這條界線容易遇到激烈反對。它把以深圳為中心的河谷一分為二，不僅將該鎮排除在外，而且將迄今由家族紐帶及共同利益連結在一起的各個村莊分開，這些村莊現在由一條寬約100英尺的潮水河所分隔，而且從深圳到沙頭角海並無任何分界線。所有這些村莊視深圳為其最重要的集市中心，它們在這裏銷售和購買貨物，如果水流或道路一邊的村莊歸英國管轄，另一邊的歸中國統治，肯定會發生許多困難或摩擦。

　　"深圳不應排除在租借地以外的另一個重要理由是，該地是與縣知事所代表的、駐在南頭的清帝國政府作對的當地人'公會'的所在地。該'公會'掌握了新安縣'東路'的所有村莊及其他法庭，東路是該縣納入《專條》的那個部分。該'公會'對各個村莊有巨大影響。

　　"還有，要記住，各河流域的各村莊主要從事水稻種植業，這需要經常的充足供水。如果遵照《專條》地圖所標的界線，英中兩國管轄下各村莊必會隨之發生用水權上的沒完沒了的爭端；將會造成不滿；使得治理更加困難。

　　"建議中的邊界線還將使走私成爲輕而易舉的事，鑒於已對中國作出的保證，應該避免出現這樣的事。

　　"讓一個中國城鎮出現在英國領土邊沿近在咫尺的地方，其不利之處在九龍城問題上已經有所體會，該城多年來一直是個無止無休的麻煩和香港及中國政府間經常發生摩擦的源泉。如果允許深圳留在中國領土內，歷史肯定會重演的。

　　"據熟悉此地的人的意見，無論屬於海軍的、陸軍的、還是文職的人士，均認爲，爲了有效施政，爲了保持和中國的友好關係，重要的是應該將深圳納入租借地。

　　"兩個國家之間引起摩擦最少的邊界，不是有一條寬深的河流，就是有一個構成不同河谷的分水嶺的山脊。新安縣內沒有一條可構成邊界的寬闊河流，但是有可用於此目的的山脊。

　　"擬議中的包括重要市鎮深圳、大鵬灣北部和東部陸地、深圳灣以西陸地的那條線，形成一條沿山脊而行的良好的自然邊界，易於防禦，又利於防止走私。這樣就不必分割迄今連在一起的各個村莊，消除了關於用水權爭執的一切危險，排除了對現存地方自治制度的一切干擾，而英國對新界的治理如要成功的話，在很大程度上是有賴於這種地方自治制度的"。

四，關於防止走私，報告書寫道：

"來自香港的走私問題，是香港殖民地成立以來幾乎比任何其他問題造成的麻煩更多的一個問題。

"全部困難就在於香港殖民地處於這樣一個地理位置，這個位置使得對中國的走私可以制止，但是根本不能完全防止。本殖民地的展拓顯然不會使走私更加不便，尤其是如果僅僅選擇一條小河而不是一條界線分明的山脈作爲邊界的話。

"鴉片從來就是主要的走私品。香港政府爲了防止走私，曾經有專門的立法。

"鑒於英國已向中國保證要盡可能防止走私，如果想要進一步控制從香港向中國出口鴉片的話，我認爲最有效的辦法是存關制度。

"所有自印度運抵香港的鴉片，均應存關，除非就其運抵目的地作出適當的保證，不得搬移，非有船政司發的裝貨單，亦不得裝運。

"應向中國海關提供全部運載品的定期報告。

"香港的鴉片承包商應飭其對提供給他的每箱生煙作出明白的彙報，其經營的生煙，數量不得超出香港和新界鴉片吸食者的需要和預計對澳洲和美洲等地鴉片出口貿易的需要。

"這些預防措施肯定會減少香港的稅收。如果採取這些措施，則中國政府應立即同意租給整個新安縣，或是採用對有關各方最有利的邊界線"。

五，關於九龍城，報告書說：

"Kowloon City中文叫‘九龍城’。中國人通常把一個城市叫做‘城’，它本來似乎是指圍繞着一個空間的土牆；但現在總是用來指由城牆或土牆圍繞的一個城市，所有的中國城市都是這樣的。《專條》提到保留（中國）‘在九龍城內’的管轄權，這就清楚地表示指的是‘城寨’。

"九龍城位於距海岸四分之一英里處，四周自 1847 年修建的城牆環繞，盡量形成一個正方形，長闊各 700 英尺和 400 英尺，城內面積 6.5 英畝。城牆外砌方塊花崗石，牆頂寬 15 英尺，平均高 13 英尺。城牆有六個哨樓，現用作家庭住宅，還有兩個城門，城門爲木質，護以鐵皮。護牆用花崗石砌成，有 119 個射擊孔。登上四段石階即可抵達護牆。

"……九龍城的總人口爲 744 名；駐軍達 544 人，平民 200 人。駐在城內的官員，除了一名文官外，全是以一名協領爲首的軍官。這位軍官是新安縣軍官的首領，直屬提督，即廣東省的陸軍司令管轄。他的管轄權純粹是軍事性的，權力及於整個新安縣及附近島嶼。他原來駐在大鵬，他的正式官銜仍然是"大鵬協"，在那裏有他的衙門。他駐紮在九龍城，原因是讓他和香港殖民地的關係更加密切。

"由於該協領所屬的駐軍是爲了保衛新安縣及鄰近島嶼而設立的，又由於該縣的大部分及大多數島嶼將租給英國政府，因此該協領屬下的絕大多數士兵勢將解散或調往別處，同時，那些留下的士兵，是要求他們在《專條》所説的地方以外而不是以內服役。這樣，該協領及其軍隊就完全沒有必要駐紮在九龍城內了。即使有必要，保衛香港的武備需要也必然不可能容許在租借地的心臟地帶保留一支屬於外國的駐軍，無論那個國家是多麼友好。

"該城內駐着的唯一文官……並不是爲了控制城內的 200 名平民（這些人實爲軍人的從屬人員），而是對城外行使某種廣泛的管轄權，即對新界的大部分地方行使管轄權。當該地區接管以後，看不出有什麼理由讓該人的機關繼續存在下去，因爲他目前所行使的管轄權將併入英國統治地的行政機關。

"九龍城內的平民人口爲數 200，他們住在那裏僅僅是因爲他們從屬於軍人。他們並不經商，城內連任何商店都沒有。

軍人一離城，平民必隨之而去，中國官員也就無人可管了。

「容許一個像九龍城這樣一個駐軍的市鎮長期爲中國官兵佔據，看來無論如何均不合保衛香港武備的需要。如果同意這個看法的話，則在城內保留任何形式的中國管轄權都是毫無道理的，因爲如果沒有駐軍，人口肯定會減少爲零。

「軍人撤走後，如果還有平民留下的話，可以准許他們成立一個由紳耆主持的當地人的法院，但是，該法院當然要像全新界其他當地人法院一樣，要服從巡察官的節制，與此同時，他們也享有向委員會及最後向專員上訴的權利。」

六，報告書還在結論中寫道：

「最後，我相信，從關於新界的上述報告中可以得出這樣的印象：它將形成一個有價值的香港展拓地。它的位置好，得地利，擁有良港和安全的碇泊地，土地肥沃，居民勤勞，艱苦節儉。……該地資源將會得到開發，該地的繁榮將有增無已」。

（本書作者譯自 *Extracts from Papers Relating to the Extension of the Colony of Hong Kong,* pp,181 — 198 ）

（八）九龍中國稅關的由來

英國長期利用香港作爲對華走私鴉片及其他貨物的中心，人所共知。第二次鴉片戰爭期間，英、美、法三國於1858 年 11 月脅迫清政府簽訂《通商章程善後條約》，其中第 5 款規定中國准許外商在中國通商口岸銷售「洋藥」（鴉片），每擔（ 100 斤）收稅銀 30 兩（王鐵崖：《中外舊約

章彙編》，第 1 册，第 116 － 117 頁），鴉片進口從此合法化，
鴉片及其他商品的進口稅成爲清政府和地方當局收入的重要
來源。但是英國爲了牟取暴利，無視 1858 年條約規定，繼續
鼓勵走私。據上述《通商章程善後條約》，鴉片等物只能由
外輪運載至通商口岸銷售並在那裏繳納進口稅和釐金。但港
英當局爲了自私利益，縱容不法商人用木船載運鴉片等物到
通商口岸以外的地方去非法銷售。港督堅尼地（ Arthur
Kennedy ）也承認，爲數不少的不法商人利用 "本殖民地
（香港）的地理位置" "而違反中國海關法，將本殖民地變
成走私買賣的基地"（ *Correspondence Relating to the
Complaints of the Mercantile Community*, p. 363 ）。這種
猖獗的走私，使中國財政蒙受了巨大損失。

爲了制止走私，確保國家財源，清政府粵海關 1871 年
在其後九龍租借地内的汲（急）水門、長洲、佛頭洲及九龍
城外設了四個稅關（局），依法對鴉片等物徵收進口稅，並
派出武裝緝私船，巡拿從香港出發的走私船。一經查獲，船
貨予以没收。這是九龍中國稅關設立之始（這些稅關和澳門
附近的拱北稅關一樣，只對從事地方貿易的中國木船收稅，
對外國船隻的收稅不歸其管轄）。

對於中國這一正當措施,港英當局和香港商界十分敵視,
他們大嚷特嚷什麼中國 "封鎖香港"（ Hong Kong
Blacade ），誣衊中國緝私船是 "新型的海盜船"，説中國
在九龍設關和緝私威脅香港的自由港地位,損害香港的地位。
清政府要求在香港設立領事館，也遭到港督麥當奴（ R. G.
MacDonnell ）的悍然拒絕。後來比較開明的軒尼詩
（ John Pope Hennessy ）接任港督，他認爲走私有害於香
港的正常貿易，不利於香港的繁榮穩定，多次建議取締走私。
他的主張被視爲異端邪説，受到英國和香港政界和商界的激

烈反對而未能如願。

到了上世紀八十年代，法國在中國南部邊疆和印度支那大舉侵略，英國爲了與法國競爭，不願在華南同中國鬧得過僵，加之中國爲了反對走私，不得不對來往香港的船隻進行檢查。致使從事正常貿易的船隻受滯，至此，英國才從中英貿易和對華關係的全局出發，比較積極地對待走私問題。經過長期談判，中英兩國於 1886 年 9 日 13 日在香港簽訂了《管理香港洋藥事宜章程》，英文本稱作《香港鴉片貿易協定》（王鐵崖：前引書，第 1 冊，第 487 － 488 頁），對鴉片走私作了一些限制，英方正式認可了中國九龍稅務司的合法地位（本來不需要其認可，這是中國主權範圍內的權利），但規定由英人赫德控制的中華帝國海關的"稅務司官員負責管理九龍局"。

1887 年 6 月 3 日，港英當局根據上述《協定》，通過了《香港鴉片條例》（ IMC, *Returns of Trade and Trade Reports for the Year of 1887*, Shanghai, 1888, p. 402 ）。同年，英國人摩根（ F. A. Morgan ）擔任中國海關九龍稅務司，代替原粵海關監督的職能，接管設於汲水門、長洲、佛頭洲和九龍城外的四個稅關；同時，經港英當局默許，在港島皇后大道中設立一個中國海關非官方辦事處，發賣鴉片稅單，各稅關亦於同年春開始陸續對鴉片及一般貨物徵收釐金和進口稅（ IMC, *Decennial Reports, 1892 － 1901*, vol 2, London, 1906. pp.201, 213 ）。

《香港鴉片貿易協定》和《香港鴉片條例》的實施在一定程度上約束了鴉片走私。 1889 年九龍稅務司所收關稅總額 596,083 海關兩，其中鴉片稅 269,817 海關兩（ IMC, *Returns of Trade and Trade Reports of the Year of 1898*, p. 543 ），這説明九龍稅關的設立和運作對打擊走私、保護中國財政尚有成效。但是港英當局仍然視走私爲它的搖錢樹，對上述《協定》和《條例》陽奉陰違，繼續予以縱容，結果仍有大量鴉片從香港走私進入中國（同上書，第 534、538 頁）。港督卜力曾經直言不諱地説：“鴉片問題有很大的困難，因爲如果加以有效制止，本殖民地定將受到嚴重損失”（Peter Wesley－Smith, *Unequal Treaty*, p. 20）。英國所以視九龍的中國稅關如芒刺在背，必欲除之而後快，其秘密正在於此。

其後，在中英談判展拓香港界址時，英方雖一再承諾幫助中國反對走私、保護稅收，但又自食前言，於 1899 年 5 月 16 日非法佔領九龍城時强行封閉了位於城外的中國稅關，其餘汲水門、長洲、佛頭洲三個稅關，也在英國的强制壓迫下，於 1899 年 10 月 4 日午夜停止了工作。

英國驅逐九龍租借地中國稅關給中國造成了巨大損失。展拓香港界址後，新界北部陸界長 60 英里，較原九龍割讓地北界長 20 餘倍，香港領水四周由原先的約 20 海里擴大到約 80 海里，使中國“需要警戒的線大大延伸，……使制止走私十分吃力”。爲了代替被逐的新界稅關，清政府不得不在遙遠的大鏟、伶仃（代替原汲水門稅關）、沙魚涌、三門（代替佛頭洲）及東澳（代替長洲）另設稅關、後來又在深圳、沙頭角設立稅關，並在赤灣、鬼廟、龍津墟、深圳、羅坊、沙頭角、鹽田、溪涌、沙魚涌、下沙、南澳設立一系列哨所。中國緝私船也不得不在很大一個水域內活動。這種情況不僅額外耗去中國國庫大量資金，而且給走私大開方便之門，大大減少了中國的關稅收入（IMC, *Decennial Reports on the Trade, 1882－1891*, vol. 2. pp. 203－205; Peter Wesley－Smith, lbid., p. 138.）以上詳細情況，請參看劉存寬：〈十九世紀下半葉的九龍中國海關及其有關交涉〉，載《近代史研究》1988 年第 6 期）。

（九）《香港英新租界合同》

1899 年 3 月 19 日，（光緒二十五年二月初八日）
香港

　　北界大鵬灣英國東經線 114 度 30 分潮漲能到處，由陸地沿岸直至所立木樁，接近沙頭角（即土名桐蕪墟）之西，再入內地不遠，至一窄道，左界潮水平線，右界田地，東立一木樁，此道全歸英界，任兩國人民往來。由此道至桐蕪墟斜角處，又立一木樁，直至目下涸乾之寬河，以河底之中線爲界線，河左岸上地方歸中國界，河右岸上地方歸英界。沿河底之線直至逕口村大道，又立一木樁於該河與大道接壤處，此道全歸英界，任兩國人民往來。此道上至一崎嶇山徑，橫跨該河，復重跨該河，折返該河，水面不拘歸英歸華，兩國人民均可享用。此道經過山峽，約較海平線高五百英尺，爲沙頭角、深圳村分界之線，此處復立一木樁，此道由山峽起，即爲英界之界線，歸英國管轄，仍准兩國人民往來。此道下至山峽右邊，道左有一水路，達至逕肚村，右山峽之麓，此道跨一水線，較前略大，水由梧桐山流出，約距百碼，復跨該水路，右經逕肚村抵深圳河，約距逕肚村一英里之四分之一，及至此處，此道歸入英界，仍准兩國人民往來。由梧桐山流出水路之水，兩國農人均可享用。復立木樁於此道盡處，作爲界線。沿深圳河北岸下至深圳灣界線之南，河地均歸英界，其東、西、南三面界線，均如專約所載。大嶼山島全歸界內；大鵬、深圳兩灣之水，亦歸租界之內。

光緒二十五年二月初八日

一千八百九十九年三月十九日

廣東補用道　王存善

香港輔政司　駱檄

見證人　蔡毓山　祺威

（王鐵崖編：《中外舊約章彙編》，
第 1 冊，第 864－865 頁，*Despatches and Other Papers relating to the Extension of the Colony of Hong Kong*, pp. 4－5）

　　作者按：本《合同》將租借地北界劃在深圳河北岸，已屬違反國際舊例，欺人太甚。《合同》簽字後，港英當局藉口《合同》內有“潮漲能到處”數字，經常派船闖入大鵬、深圳兩灣自北面入海各河流的河口，甚而遠及各內河沿岸的一些村莊，詭稱此等地方爲“潮漲能到”之處，英方“有權”前往。其蠻橫霸道，可謂無以復加。爲此，清政府和港英當局屢次發生爭執。由於英方實屬無理，1901 年 5 月 31 日，英國駐廣州總領事司格達（Benjamin C. G. Scott）才按照港督卜力的意見照會兩廣總督陶模稱：“新租界水面英國之權至何處一事，……本港政府並不認爲英權可至流入海灣之河港與流入租界深圳河之河港，但可至各海灣潮漲能到之處，與深圳河全河至北岸潮漲能到之處耳。至於流入各海灣及流入租界深圳河之各河港，本港政府甚願於各該河港口，由此岸漲潮能到之處至對岸漲潮能到之處，劃一界線，爲英國權所至之止境。……本總領事查香港總督文內有‘深圳全河至北岸’一語，自是指租界內之深圳河至陸界相接之處爲止”。對此，陶模咨文總理衙門稱，“英港總督謂英權不能至流入海灣之河港與流入租界內深圳河之河港，尚屬公允。惟謂各海灣潮漲能到之處與深圳全河至北岸潮漲之處爲英權所可至，語頗寬泛，易滋誤會。嗣後新界各港與華界毗連者，應以沿灣水盡見岸之處爲界。其劃歸租界內之深圳河，則仍照王道（即王存善——作者）所訂合約，以北岸爲界。所有大鵬、深圳兩灣及租界內之深圳河毗連各河港，俱以口門對岸相對直線爲界"。與此同時，陶模將此意照覆轉致英方（《清季外交史料》（光緒朝），第 113 卷，第 20－21 頁）。這樣，通過雙方交換照會，將新界大鵬、深圳兩灣及與深圳河毗連各河港，俱以"水盡見岸處""口門兩岸相對直線"爲界，多年糾葛，至此始得合理解決。

（十）1899 年 3 月 28 日在屏山張貼的抗英揭帖

　　吾等痛恨英夷，彼等即將入我界內，奪我土地，貽患無窮。大難臨頭，吾等夙夜匪安。民衆對此定爲不滿，決心抗拒此等夷人。然武器不精，決不能抗敵。是以吾人選定練兵場，集合全體愛國志士，荷槍實彈演習。優勝者有獎，以資鼓勵。一以襄助政府，一以防患於未然。願我全體親友持械前往操練場，竭盡所能，消滅賣國賊。祖宗有靈，幸甚，鄉鄰幸甚。是所至望。操練於每日舉行。

　　一等獎獎給棉上衣一件，千枚爆竹一封。

　　二等獎獎給棕色棉褲一條，五百枚爆竹一封。

　　三等獎獎給草帽一頂。

陰曆二月十七日

1899 年 3 月 28 日

（本書作者譯自英文，*Despatch-es and Other Papers Relating to the Extension of the Colony of Hong Kong. Laid before the Legislative Council by the Command of His Excellency the Governor*, p.6，按：未發現此揭帖的中文件）

（十一）抗英領袖致吳某的信函

（一）

英夷現即將入我境內，奪我領土，各區居民公憤填膺，渴求自衛之道。

吾人故煩兄明日備一處所，以接待各區前來之親友，以商討吾人今後安全之計。祈勿遲延。不勝切盼。謹候
安吉

鄧儀有

鄧積善

積善　　　　　　　　　　　　　鄧芳卿

（鄧積善用印）　　　　　　　　鄧植亭

1899 年 2 月 18 日

（3 月 29 日）

（Ibid., p.48）

（未發現中文原件，此件係本書作者自英文檔案回譯）

（二）

今日余與吾廈村族人聚會，定於明日召開大會，以謀求自
衛之道。余曾致函相告，諒必兄已收悉。茲特煩請兄等選擇並
備一會議處所，以便各鄉紳耆議事。特此預爲致謝。

鄧芳卿

（未注明日期）

（ Ibid.,p.49 ）

（未發現中文原件，此件係本書作
者自英文檔案回譯）

（十二）兩廣總督譚暨廣東巡撫鹿佈告[*]

鑒於九龍已奉詔租讓，界線已按總理衙門提出之原地圖劃
定，與外國官員已達成如下協議：

（1）對百姓須特別善待。

（2）不得强行購買房舍及土地。

（3）租借地之墳墓永遠不得遷移。

（4）當地之風俗習慣須按照居民願望不得更改。

在此等方面，租借地內之各村各墟與華境內之村墟並無不
同。

是以發出此通告，俾爾等週知，凡中國境內各村墟發生之
事，俱與（住於租借地之）爾等無涉。任何人不得以任何藉口

---

[*]　作者按：譚即譚鍾麟，鹿爲鹿傳霖。

挑唆或煽惑人心。居住租借地內各村墟之爾等應各守其業，照舊奉公守法。

若爾等不服從皇上諭令，竟敢製造衝突，或以任何口實挑起事端，本地駐有重兵，定將予以捉拿治罪，決不姑寬。爾其懍遵，特此通告。

光緒二十五年二月二十四日

（1899 年 4 月 4 日）

（未見此佈告的中文原文。本件係作者譯自英文：*English Translation of the Proclamations issued by the Magistrate of the San On District and the Viceroy of Canton Regarding the New Territories*, p.1 ）

（十三）卜力及駱克的佈告

佈告（一）

欽命總督香港等處地方提督軍務兼

二等水師提督軍門佩帶頭等寶星

卜（力）佈告（摘要）

（1899 年 4 月 7 日）

（〈佈告〉宣佈新界已租與英國，説明了租借地的範圍，通知英國定於 1899 年 4 月 17 日進行接管後，又"示諭""各色居民"。）

"照常安居樂業，守分營生，愼毋造言生事，煽動人心。
凡確屬爾等自置田產，仍歸爾等自行管業。爾等善美風俗利於
民者，悉仍其舊，毋庸更改。擬遴選爾鄉中耆老爲素日衆望所
歸者，以佐辦地方事務……作奸犯科者，定必按律懲治，決不
姑寬。凡有田產屋宇之業主，須將契券呈出，速行註冊，以便
查核誰是眞實業主，無得蒙混"。……

（英國殖民地部檔案，C. O. 129/
290; *Despatches and Other Pap-
ers Relating to the Extension of
the Colony of Hong Kong,*
p.21 ）

佈告（二）
香港法律適用於新界的佈告

根據聖馬可暨聖喬治最高大十字騎士勳章獲得者、香港殖
民地及其屬地總督及總司令、海軍中將亨利·阿瑟·卜力爵士
閣下之命。

鑒於 1898 年 10 月 20 日之女王陛下樞密院令稱，1898 年
6 月 9 日女王陛下暨中國皇帝陛下訂立之《專條》規定展拓毗
連香港殖民地之英國界址，按照該《專條》所述方式租與女王
陛下；而爲了在租借期內治理女王陛下按該《專條》所獲之地，
作出一些規定是方便的，茲命令如下（其他內容除外）：

1. 茲特宣佈：該《專條》所說的界內之地，租期內爲女王
陛下香港殖民地之重要組成部分，與原來即爲該殖民地之一部
分無異。

2. 香港總督有權經該殖民地立法局建議和同意制定法律，
以維持該地作爲該殖民地之一部分的和平、秩序和有效施政。

3. 自香港總督佈告指定之日起，凡是在香港殖民地有效之一切法律與法例，同時適用於該地，直到女王陛下或香港總督經立法局建議並同意予以修訂或廢除爲止。

同時鑒於爲方便起見，自 1899 年 4 月 17 日起，凡是在香港殖民地有效之一切法律及法例，同樣適用於該地，直到女王陛下或香港總督經立法局建議和同意予以修訂或廢除爲止。

是以，我，亨利·亞瑟·卜力爵士，按照女王陛下該樞密院令賦予我的權力及其他種種權力，我有權通過此項佈告宣佈並命令，自 1899 年 4 月 17 日起，凡是在香港殖民地有效之一切法律與法例，同時適用於上述地方，直到女王陛下或香港總督經立法局建議並同意予以修訂或廢除爲止。

輔政司駱克爵士令

天佑女王

1899 年 4 月 8 日於香港

維多利亞城督憲府

（ 本書作者譯自 *Hong Kong Government Gazette 1899*, p.522 ）

（十四）駱克在元朗會堂搜獲之抗英文件（選譯）

（一）

英夷即將入我領土，吾等村舍面臨滅頂之災。我全體村民必須熱忱奮起，予以武裝抗擊，並一致行動。戰鼓一響，吾等均須響應支援。任何人等如徬徨不前，或阻撓吾人軍事計劃，定予嚴懲不貸，特此預告。

（發自元朗，無日期）

（二）

　　茲通知您等將於（三月）初八（4月17日）晨7時開始作戰。敬請貴地區武裝人員四更天（即凌晨3—4時）携帶口糧直趨廈村作好戰鬥準備。勿須等候擊鼓爲訊。致
下八鄉諸朋友

廈村宗祠

1899年4月18日（按：應爲4月16日）

（三）

　　茲通知您等已定於初八日晨7時開始作戰。貴地區武裝人員應於四更天早餐，俟天明即逕直前去青山參戰，勿須候擊鼓爲號。致
屏山地區族人

1899年4月16日

（四）

　　此信箋是爲了通知您等，鄧逸軒（即吉慶圍鄧三槐）已去公局，稱，本日勿須派軍，可延遲一、二日，再作商議。慎勿輕舉妄動，至要。

（鄧）植亭

（鄧）積善

（鄧）儀石

（發自元朗太平公局，無日期）

（五）

　　貴函收悉。爲全力抵抗，需在大埔設崗重兵。應於青山、沙港兩哨廣樹旗幟，以迷惑敵人。貴區青壯隊伍應派往參戰，六成人馬留下自衛。如自安田派來軍隊，應如數派往大埔。此事不容猶豫。此兩處（青山與沙港）敵人絕不會前往。吾人獨須注意大埔。

（本書作者譯自 *Despatches and Other Papers Relating to the Extension of the Colony of Hong Kong*, pp.49 — 50 ）

（十五）所謂 “錦田之戰” 實爲上村之戰

　　丁又著《香港初期史話》（ 1958 年北京三聯書店出版 ）第 106 頁稱：“ 4 月 18 日，羣衆 2,500 人在上涌與英軍激戰，把英軍打敗”；“（ 1899 年 ）5 月，英軍大舉反攻，炮轟錦田圍，奪去鐵門作爲戰利品”。此書出版後，許多有關著作沿襲此説，所謂 “錦田之戰” 的説法不脛而走。其實丁又此説極不準確。爲避免以訛傳訛，兹考訂於下：

　　一，所謂 1899 年 4 月 18 日新界羣衆在 “上涌” “把英軍打敗” 之説不實。當天抵抗者與英軍確曾發生激戰，但地點是在 “上村” 而非丁又所説的 “上涌”。查英文檔案所載激戰地作 Sheung T'sün （上村）而非 Sheung Chúng （上涌），且錦田附近僅有地名 “上村”，而無所謂 “上涌”，足見丁又之誤。至於説抵抗者當日在“上涌”“把英軍打敗”，則與事實恰恰相反。實際情況是，當天二千六百名抵抗者向上村石頭圍的英軍發起反攻，遭到英軍伏擊，抵抗者受到重大損失後被擊潰，此後已無力進行戰鬥。（“Report of the Hin‐an Hsien”，28th, April, 1899, F.O.881/7241, p.211; C.O. 129/292, p.107; *Despatches and Other Papers Relating to the Extension of the Colony of Hong Kong,* pp. 27, 62、63) 李宏《香港大事記》一書亦稱“4月18日，新界人民2,500多人在上涌和英兵激戰，挫敗英軍”（1988年人民日報出版社出版，第52頁），可能係源於丁又。

事實證明，1899年4月18日新界人民與英國殖民軍之戰，發生在上村石頭圍，而不是發生在錦田，故應稱作“上村之戰”。

二，所謂“（1899年）5月，英軍大舉反攻，炮轟錦田圍，奪去鐵門作為戰利品”之説，紕漏亦復不少。英軍奪去錦田吉慶圍的鐵門，確有其事，但此事發生在上村之戰的當天，即1899年4月18日。港英政府輔政司駱克是此事的見證人，他寫道：上村“作戰我一直在場，戰後我們開往錦田，炸下了兩個圍（吉慶、泰康兩圍）的大門後，回到上村過夜”（*Despatches and Other Papers Relating to the Extension of the Colony of Hong Kong,* p.38）。可見，奪取鐵門之事，發生在1899年4月18日，而不是在該年5月。4月18日上村之戰以後，抵抗者四處逃散，抗英領袖已逃奔廣州、南頭等地，不復能組織戰鬥。駱克也寫道，上村之戰是抗英者的“最後一次”作戰（lbid., p.27）。那末，英軍又有什麼必要，於5月份對抗英者“大舉反攻”呢？李宏上引書也稱，“（1899年）5月，英軍大舉反攻，炮轟吉慶圍"（第52頁），可能也是源出於丁又之誤。

在此附帶一提，丁又前引書（第106頁）和李宏前引書（第52頁）均云港英政府於"1899年1月開始接管新界"，也是不對的。當時新界北部勘定界址尚未進行，關於英國強制中國撤走新界中國稅關所引起的爭端尚未了結，根本談不上接管新界的問題。英國開始準備接管是在1899年3月底，新界的正式接管是在1899年4月16日。本書已有詳述，茲不重敍。

（十六）駱克發佈的告示

（1899年4月20日於屏山兵營）

所有善良村民應返回各自村莊，照常各操其業。若有壞人試圖妨礙，當立即報告，對壞人將嚴懲不貸。

輔政司　駱克

（本書作者譯自 *Despatches and Other Papers Relating to the Extension of the Colony of Hong Kong*, p.42)

（十七）英方佔領深圳和九龍城的"理由"純屬捏造

英方提出強佔深圳和九龍城的藉口有三：一、英方在大埔繳獲一面抗英者的旗幟，上書"太溪奉憲團練──文"七個大字，且抗英民眾"有穿號衣者"，這"證明"中國官方，尤其是兩廣總督和中國正規軍參加了抗英活動；二、一個中國告密者向英方提供了一份據稱是譚鍾麟發給中國海岸要塞司令的命令，内稱"如有三艘以上的英艦未經允許進入港口）不問其是否深入，堅決向其開火"（英國外交部檔案，F.O.881/7226，第 87 頁）；三，據説新界北部界外東莞縣一些"莠民"正計劃"入侵"租借地八鄉等地。因此，英國有權要求"補償"，並採取"自衛措施"，意即强佔深圳和九龍城。

以上三種説法，全是無稽之談。當時清總理衙門即已向英方指出，華南民眾"使用假旗幟及身穿號衣司空見慣"，不足以證明中國政府和正規軍參加了抗英事件，此事"從無任何（中國）軍隊參加"（英國外交部檔案，F.O.881/7226，第 113 頁）。就連英國首相兼外交大臣索爾兹伯里也私下承認，兩廣總督及粵省"均不曾以任何方式挑動或參與騷亂"（英國外交部檔案，F.O.881/7280，第 41 頁）。當事人駱克也説："據我查明，對我軍作戰的中國兵不是正規軍"（*Despatches and Other Papers Relating to the Extension of the Colony of Hong Kong*，p.36）。

關於所謂譚鍾麟給海岸司令的"電令"，總理衙門當時即已指出"其可靠性殊屬可疑"（英國外交部檔案，F.O.881/7226，第 113 頁），堅決予以否認。清政府其時正爲列强提出的各種要求弄得精疲力盡，甚怕出現事端，授人以柄，豈能容許譚鍾麟向英艦開火？譚鍾麟身爲兩廣總督，亦斷不敢逆清中央政府之意而獨行其是。足見，英方這一捏造也不合常理。事實上，譚鍾麟在英方壓力下，曾不得已而發出佈告，勸告新界民眾不要武裝抵抗，並派兵 600 名去新界幫助"維持秩序"，他怎會主動去與英國進行軍事對抗呢？

　　所謂東莞縣有人計劃"入侵"新界之說，同樣是捕風捉影，意想天開，或是港督卜力出於掠奪需要而產生的幻覺。譚鍾麟曾於 1899 年 5 月 9 日函告英國駐廣州總領事滿思禮否認有此事；新安、東莞兩縣知事經過充分調查後，指出這是"無稽之談"；就連駱克本人也函告卜力說，"我並不認爲該傳聞屬實"（英國殖民地部檔案，C.O.129/291，第 361，376 － 378 頁），這是相當說明問題的。

　　以上考訂說明，英方提出的佔領深圳和九龍城的理由完全不能成立，連英國人自己也是不相信的。

（十八）有關新界及九龍城的兩個《樞密院令》

（一）
有關香港新界的英國樞密院令
（1898 年 10 月 20 日於巴爾莫勒爾宮）

　　鑒於英國女王陛下與中國皇帝陛下 1898 年 6 月 9 日所訂《專條》規定展拓毗連香港殖民地的英國界址，並據該《專條》所述方式租與女王陛下：

　　並鑒於爲便利租期內治理女王陛下按該《專條》所獲土地，需要有所規定：

　　茲遵照女王陛下命令，並據女王陛下樞密院建議，命令於下：

　　1，茲特宣佈，上述《專條》所述的界內領土，租期內應視同並實際上成爲女王陛下香港殖民地的重要組成部分，與原來即爲該殖民的一部分無異。

2，香港總督有權經該殖民地立法局建議和同意制定法律，以維持該地作爲該殖民地之一部分的和平、秩序和有效施政。

3，自港督宣佈的指定日期起，所有在香港生效的法律與法例，同時適用於上述地方，直到女王陛下或港督經立法局建議予以修訂或廢除爲止。

4，無論本樞密院令包含何等內容，九龍城內現駐紮之中國官員，仍可在城內行使管轄權，惟不得與保衛香港之武備有所妨礙。

茲授權女王陛下主要國務大臣之一約瑟夫・張伯倫閣下據此發出有關的必要指示。

（本書作者譯自 *Laws of Hong Kong*, Hong Kong, 1964, P.J. 1 — 2）

（二）
有關九龍城的樞密院令
（1899 年 12 月 27 日於溫莎宮）

鑒於女王陛下和中國皇帝陛下 1898 年 6 月 9 日簽訂的《專條》規定展拓毗連香港殖民地的英國界址，並根據上述《專條》所述方式將該地租與女王陛下：

並鑒於女王陛下 1898 年 10 月 20 日樞密院令，除其他事項外，曾命令，上述《專條》所說的界內土地，在租期內，宣佈爲女王陛下香港殖民之重要組成部分，與原來即爲該殖民地之一部分無異。香港總督有權經該殖民地立法局建議和同意制定法律，以維持該地作爲該殖民地之一部分的和平、秩序和有效施政。

又鑒於上述樞密院令第四條規定，無論該樞密院令含有何等內容，該樞密院令發佈時九龍城內現駐紮之中國官員，仍可繼續在城內行使管轄權，惟不得與保衛香港之武備有所妨礙。

又鑒於已發現中國官員在九龍城內行使管轄權妨礙保衛香港之武備，上述樞密院令第四條應予廢除，九龍城內之中國官員應停止在城內行使管轄權，該九龍城在上述《專條》之租期內應該實際上成為女王陛下香港殖民地的重要組成部分。

故此女王陛下樂於接受其樞密院之諫議，茲命令於下：

1，1898年10月20日女王陛下樞密院令第四條作廢，據此作出的任何合法之舉，均不得加以損害。

2，茲宣佈，在《專條》所提的租期內，九龍城為女王陛下香港殖民地之重要組成部分，實際與原來即為該殖民地之一部分無異。

3，上述1898年10月20日樞密院令之條款同樣適用於九龍城，一如該樞密院令曾宣佈該城為女王陛下香港殖民地之重要組成部分一般。

茲授權女王陛下之主要國務大臣之一約瑟夫張伯倫閣下據此發出有關此事的必要指示。

（本書作者譯自 *Laws of Hong Kong*, App. IV, pp.L 1－2）

作者按：英國樞密院令是英國內閣依法頒佈的法令，在理論上係英國君主根據樞密院 (Privy Council) 的奏議並會同樞密院頒發的命令。以上兩個樞密院中的第一個，英國曾在正式接管新界時予以公佈並由港英政府輔政司駱克在接管升旗儀式上當眾宣讀過，承認中國繼續對九龍城享有管轄權。孰知為時方過一月，英方即悍然出兵強佔九龍城，這是公然破壞中英《展拓香港界址專條》，背棄英方自己發佈的1898

年 10 月樞密院令的不義之舉。 1899 年 12 月英方公佈的第
二個樞密院令，無非是給這一不義之舉塗上一層"合法"的
油漆。其所謂中國行使對九龍城的管轄權妨礙保衛香港之武
備云云，純屬信口開河，自欺欺人之談。英方就此提不出任
何證據，倒是歷史檔案表明，英國政府是一貫蓄謀霸佔九龍
城的，他們所需要的僅僅是等待時機、尋找藉口而已。關於
這一點，本書已有說明，在此毋庸贅述。

附　　錄

一 英漢人名對照表

Aberdeen, George G.H.	阿伯丁
Adams, W.K.	亞當斯
Airlie, Shiona	艾爾利
Aldrich	奧爾德里奇
Auckland, G.E.	奧克蘭
Balfour, Arthur James	貝爾福
Bax-lronside, H.O.	艾倫賽
Belcher, Edward	貝爾徹
Berger	伯杰
Black, William	布力
Blake, Henry	卜力
Bowring, John	包令 (寶寧、保陵)
Bremer, J.J. Gordon	伯麥
Brenan, Byron	璧利南
Bridges, W.T.	布烈治
Brown	布朗
Bruce, F.W.A.	卜魯斯
Buller, Admiral	布勒
Caine, W.	威廉·堅 (金尼)
Caldwell, D.R.	高和爾
Cameron, W.G.	卡梅倫
Cardwell, E.	卡德威爾
Cazalet	卡扎勒特

二 英漢地名對照表

Boundary Street	界限街
Canton	廣州
Castle Peak (Bay)	青山 (灣)
Cheung Chau	長洲
Deep Bay	深圳灣 (后海灣)
East Point	東角
Fanling	粉嶺
Fa Tóng Mun	佛堂門
Fotouchow	佛頭洲
Green Island	青洲
Ha Tsuen (Tśün)	廈村
Hong Kong	香港
Kam Tin	錦田
Kang Hau Tśun	逕口村
Kang To Tśun	逕肚村
Kap Shui Mun	汲水門 (急水門)
Kat Hing Wai	吉慶圍
Kellett Island	奇力島
Kowloon (Cowloon)	九龍
Kowloon City	九龍城
Kowloon Walled City	九龍寨城
Kowloon Penisular	九龍半島
Kowloon Promontory	九龍岬角

Kowloon Sub-District (Township of Kowloon)	九龍巡檢司
Kwang-tung	廣東
Lamma Island (Pok Liu Chau)	南丫島（薄寮洲）
Lantau Island	大嶼山
Lei Yue Mun (Lymoon Passage)	鯉魚門
Ling Tin Island	伶仃島
Mirs Bay	大鵬灣
Nan Tau	南頭
New Territories	新界
Ng Tung Shan	梧桐山
Pan Ch'ung	涖涌
Pat Heung	八鄉
Ping Shan	屏山
Possession Point	佔領角
Queen's Road	皇后大道
San On	新安縣
San Tin	新田
Sham Chun	深圳
Sha Pat Heung	下八鄉
Sha Tau Kok	沙頭角
Shatin	沙田
Shek Tau Wai	石頭圍
Sheung Po	上埔
Sheung Ts'un (Tsuen)	上村
Soko Islands	大鴉洲
Stanley (Chik Chu)	赤柱
Starling Inlet	沙頭角海

Stonecutters Island	昂船洲
Sun-an District	新安縣
Tai Hang	太坑
Tai Kái	太溪
Tai Po	大埔
Tai Po Hü	大埔墟
Tsim Sha Tsui (Tseem-sha-tsuy)	尖沙咀
Tun Kun	東莞縣
Tung Ng Hü	桐蕪墟
Victoria Harbour	維多利亞港
Victoria, Town of	維多利亞城
Wag Lan Island	橫瀾島
West Point	西角
Yuen (ün) Long	元朗

三 主要參考書目

中國史學會主編：中國近代史資料叢刊《鴉片戰爭》，上海：
　　上海人民出版社，1962年版

文慶等編：《籌辦夷務始末》(道光朝)，北京：中華書局，1964
　　年版

佐佐木正哉編：《鴉片戰爭 (資料篇)》，東京，1964年版

佐佐木正哉編：《鴉片戰爭前中英交涉文書》，東京，1967年
　　版

中國第一歷史檔案館編：《鴉片戰爭檔案史料》，天津：天津
　　古籍出版社，1992年版

胡濱譯：《英國檔案有關鴉片戰爭資料選譯》，北京：中華書
　　局，1993年版

賈楨等編：《籌辦夷務始末》(咸豐朝)，北京：中華書局，1979
　　年版

中國史學會主編：中國近代史資料叢刊《第二次鴉片戰爭》，
　　上海，1979年版

靳文謨：《新安縣志》，康熙二十七年 (1688年) 版

舒懋官：《新安縣志》，嘉慶二十四年 (1819年) 版

顧炳章編：《勘建九龍城炮臺全案文牘》

王鐵崖編：《中外舊約章彙編》，第1冊，北京：三聯書店，
　　1955年版

王鐵崖編：《中外舊約章彙編》，第1冊，北京：三聯書店，
　　1957年版

中國第一歷史檔案館: 軍機處錄副奏摺, 帝國主義侵略類,
　租界項; 外務部, 中英關係, 疆界租地; 軍機處錄副奏摺,
　外交類

王彥威編:《清季外交史料》(光緒朝), 北京, 1934年版, 第
　131卷、第138卷、第141卷

翁同龢:《翁文恭公日記》

梁啟超:《飲冰室合集》

＊　　　　　＊　　　　　＊

丁又:《香港初期史話》, 北京: 三聯書店, 1958年版

李宏編著:《香港大事記》, 北京: 人民日報出版社, 1984年
　版

余繩武、劉存寬主編:《十九世紀的香港》, 北京: 中華書局,
　1994年版; 香港麒麟書業有限公司, 1994年版

＊　　　　　＊　　　　　＊

Auckland Papers　ADD.MS.37,715.

British Cabinet Records　　Cab. 8/1, Cab. 8/2, Cab. 18/22A.

British Colonial Office Records　　C.O.129/284, C.O.129/285,
　C.O.129/291, C.O.129/292, C.O.129/365...; C.O.537/34;
　C.O.882/5.

British Foreign Office Records　　F.O.17/1338, F.O.17/1343,
　F.O.17/1373..., F.O.228, F.O.233/44, F.O.881/75A, F.O.881/
　75B, F.O.881/7118, F.O.881/7124, F.O.881/7139, F.O.881/
　7226, F.O.881/7241, F.O.881/7280, F.O.881/7464...

British Parliamentary Papers (B.P.P.), Irish University Press
　Area Studies:

　　China 23, *Correspondence Respecting Foreign Con-*

cessions in China, 1898-1899, 1971.

China 26, *Correspondence ... Relating to the Affairs of Hong Kong, 1882-1899*, 1971.

China Mail, 1899.

Despatches and Others Papers Relating to the Extension of the Colony of Hong Kong, Laid before the Legislative Council by the Command of His Excellency the Governor, Hong Kong, 1900.

Extracts from Papers Relating to the Extension of the Colony of Hong Kong, Laid before the Legislative Council by the Command of His Excellency the Governor, Hong Kong, 1900.

Foreign Office Records   F.O.17, F.O.228, F.O.881.

Hong Kong Government Gazette, 1853-1861, 1900.

IMC, *Returns of Trade and Trade Reports for the Year 1887*, Shanghai, 1888.

IMC, *Decennial Reports on the Trade, ... 1882-1891*, Shanghai, 1893.

IMC, *Decennial Reports on the Trade ... 1892-1901*, Shanghai, 1906.

Journal of the Hong Kong Branch of the Royal Asiatic Society, 1961-1990, 30vols.

*   *   *

Airlie, Shiona, *Thistle and Bamboo, The Life and Time of Sir James Stewart Lockhart*, Hong Kong, 1989.

Algood, C., *China War 1860, Letters and Journal*.

Belcher, E., *Narrative of a Voyage round the World*, 2 vols.,

London, 1970.

Cameron, Nigel, *From Bondage to Liberation, East Asia, 1860-1952*, Hong Kong, 1975.

Endacott, G.B., *A History of Hong Kong*, 2nd ed., Hong Kong, 1973.

Garvin, *The Life of Joseph Chamberlain,* London, 1934.

Grenville, J.A.S., *Lord Salisbury and Foreign Policy, the Close of the Nineteenth Century*, London, 1964.

Knollys, H., *Incidents in the China War of 1860.*

Lane — Poole, Stanley, *The Life of Sir Harry Parkes*, Vol.I.

Morse, H. B., *The International Relations of the Chinese Empire. The Period of Conflict, 1834 — 1860*, London, New York, 1910.

Norton — Kyshe, J.W., *The History of the Laws and Courts of Hong Kong*, 2 vols.

Polcovits, Nathan A., *Old China Hands and the Foreign Office*, New York, 1948.

Sayer, G. R., *Hong Kong, 1841 — 1862, Birth, Adolescence and Coming of Age*, Hong Kong: Hong Kong University Press reprint, 1980.

Schiffrin, H.Z., *Sun Yat-sen and the Origins of the Chinese Revolution*, Berkley, 1970.

Taylor, E.S., *Hong Kong as a Factor in British Relations with China, 1834 — 1860*, M.Phil. thesis, London, 1967.

The Chinese Repository   1832 — 51, 21 vols.

The New Cambridge Modern History, vol. 12, *The Shifting Balance of World Forces*, Cambridge University Press, 1900.

Walrond, T., *Letters and Journals of James, Eighth Earl of Elgin.*

Wesley-Smith, Peter, *Unequal Treaty, 1898-1997, China, Great Britain and Hong Kong's New Territories*, Hong Kong, 1980.

Wolseley, G.J., *Narrative of the War with China in 1860.*

Young, L.K., *British Policy in China, 1895-1902*, London, 1970.

編著者簡介

余繩武，1926年生，江蘇揚州人。1952年畢業於清華大學研究院。歷任中國社會科學院近代史研究所研究員、所長、全國政協委員、中國中俄關係史研究會會長等。學術專長為近代中外關係史。

合著或主編的著作有《帝國主義侵華史》、《臺灣歷史概述》、《沙俄侵華史》(1－4卷，合著)、《十九世紀的香港》、《二十世紀的香港》(合著)、《割佔香港島》等。此外，還有《辛亥革命時期帝國主義列強的侵華政策》、《殖民主義思想殘餘是中西關係史研究的障礙》、《近代中緬北部未定界的由來》等學術論文二十餘篇。

本書"割佔香港島"部分係由余繩武教授編寫。

劉存寬，1928年生，四川南充人。1952年北京大學本科畢業，1955年中國人民大學研究生畢業。1955－1964年在吉林大學歷史系任教。之後到中國社會科學院近代史研究所工作，先後任該所研究員、學術委員、中外關係史研究室主任，兼任中國社會科學院中國邊疆史地研究中心學術委員會副主任、中國中俄關係史研究會副會長等。

著作有《沙俄侵華史》(1－4卷，合著)、《十九世紀的香港》(主編)、《二十世紀的香港》(合著)、《租借新界》、《香港史論叢》、《望山書屋詩詞》等。此外，有譯著多種及學術論文約百篇問世。

本書"租借新界"部分係由劉存寬教授編寫。

劉蜀永，祖籍河北省定州市，1941年生於四川省永川縣(今重慶市永川區)。1966年畢業於天津南開大學外文系。1982年畢業於中國社會科學院研究生院，獲歷史學碩士學位，指導教師余繩武、劉存寬。1982至2001年，任中國社會科學院近代史研究所助理研究員、副研究員、研究員，並任中外關係史研究室副主任、香港史課題負責人，兼任廣東省社會科學院客座研究員、西安交通大學兼職教授。2003－2004年任中國社會科學院"香港中產階級現狀研究"課題負責人。2005年9月起，任香港嶺南大學榮譽教授、香港地方志辦公室副主任、《香港通志》副主編。

主編、獨著或合著的著作有《十九世紀的香港》、《二十世紀的香港》、《二十世紀的香港經濟》、《簡明香港史》、《香港的歷史》、《香港歷史雜談》、《香港史話》、《香港歷史圖說》、《割佔九龍》、《一枝一葉總關情》、《〈新安縣志〉香港史料選》、《揭開淇澳歷史之謎》、*An Outline History of Hong Kong*（《香港歷史概要》）等。

本書"割佔九龍"部分係由劉蜀永教授編寫。